河合隼雄著作集

第II期

「日本人」という病

10

岩波書店

序説　日本人の生き方

心理療法と日本文化

日本人ほど、自国の文化や自国民に対する関心の高い国民はいない、と言われる。私もその一端にかかわっているが、「日本論」は常に盛んである。かつて、私が国際日本文化研究センターの所長をしていたとき、外国の友人から、自国の文化に関する研究センターを国内にもっているのは日本だけだろう、と冷やかし半分に言われたことがある。そう言われれば確かにそのとおりである。

自分自身のことを考えても、専門は「心理療法」であり「臨床心理学」である。にもかかわらず「日本文化」について発言し続けている。この著作集のなかでも、本巻と次の第11巻のみならず、他の巻の多くのところでも、日本文化に言及しているのが認められるだろう。普通、日本文化というときに連想される、日本の伝統的な芸術、芸能、工芸などのどれをとってみても私の専門ではない。にもかかわらず、国際日本文化研究センター所長になったのみならず、文化庁長官にまでなってしまった。これはいったいどうしたことだろうか。自分がどうして、どのような方法で日本文化ということに深くかかわることになったのか、ここで考えてみるのもいいことであろう。

心理療法は心の深層にかかわる仕事である。そして、「個人」ということが極めて大切である。したがって、「個人」としての私自身がまず問題になる。アメリカに留学したときに、分析家になるために教育分析を受けることになって、もっぱら自分の考え方、感じ方、生き方などについて検討し、分析する。アメリカに行くまでは、自分は相当に西洋化されているなどと思っていたが、アメリカに住んで、そして自分の分析をすると、自分が

「日本人」であり、西洋人とは異なることを痛感することが多くあった。しかも、そのことを英語で話し合うということに意義があった。平素何の気もなく使っている日本語の「甘える」「もったいない」「素直」などという語を、英語で説明するのが、どれほど難しいかを経験した。

続いてスイスに行き、教育分析は続けられたが、自己理解を通じて日本文化を考える作業はますます深くなっていった。その上、ユング研究所では、東洋、日本の文化に対する理解や尊重の度合いが高かったことも、この作業を加速させることになった。ユング研究所の講師の多くは、老子を読んでいたし、仏教に造詣の深い人もいた。「曼陀羅」という言葉さえ私は知らなかったのだが、それについて知ったのも、ユング心理学を通じてである。日本にいたときはハナから馬鹿にしていた「易」について、『易経』を読んだのも、チューリヒにいる間である。

有難いことに、これらのことを「知識」として勉強するのではなく、自己理解という筋道に関連づけながら、興味に従って読んでゆけたのである。このようなことを続けているなかで、日本の神話が自分にとって意味があることが夢分析の過程でわかってきたときは、ショックを感じざるを得なかった。

第二次世界大戦の間、「日本は神国なり」という考えをたたき込まれたが、その基礎として用いられたのが日本神話であった。敗戦のときに、日本人の非合理性、非論理性が、その大きい要因であると考え、日本神話などは、それを支えた馬鹿なこととして、全否定の対象であった。憎しみさえ感じていた。それが日本人としての自己を掘り下げる重要な道筋として現われてきたのである。拒否したいほどの気持だったが、それを乗りこえてゆくと、それだけの成果はあった。

スイスより帰国後、日本人のクライアントにつぎつぎと会ってゆくうちに、自分がチューリヒで行なってきた自己理解が、日本人としてのクライアントの理解に大いに役立つことがわかった。そして、スイスで学習してきたことは基本的には日本人に対しても役立つものではあったが、いろいろと細部においては、そのままで役立つものでないこともわかってきた。日本人の生き方は、やはり欧米人とは相当に異なるのである。

心理療法においては、「個」が大切であると述べた。しかし、その「個人」としての在り方が、欧米人と日本人とでは相当に異なるのである。日本人は欧米人ほど明確な「個」を確立していない。このことが、私にとっての大きい課題となった。心理療法の場面で、クライアントがそれぞれの人生の生き方を探ってゆくときに、その人がどのような「個人」となってゆくのがいいのか。その成長の過程につき沿いながら、あれこれと考え、それはまた自分自身の生き方に対する反省にもなって、迷い迷い生きてきた、と言っていいだろう。

「病」の意味

ユング研究所に学んだことのひとつは、「影」の肯定的な意味ということである。ユングは、各人の「生きられなかった半面」としての「影」が、マイナスのイメージをもつものではあるが、全体的な観点からみると、自我に対する補償的な意味をもつことを明らかにした。この考えに私は強く魅了された。子どもの頃から、自分のもつ「悪」ということを常に意識して生きてきたからである。悪とは何か、悪そのものは存在するか、などの難しい問題はさておいて、自分があるいは一般に「悪」として考えてきたことのなかに、光を見出す可能性が、ユングの説のなかに感じられたからである。

ユングは二十世紀の初頭、二重人格の症例が多く見いだされ、多くの精神科医、心理療法家がその病理的現象に心を奪われているときに、それは病的な現象ではあるが、第一人格の一面性を補償しようとする人間の心の全体性のはたらきとして見られることを指摘している。当時の精神科医としては、ずいぶんと思いきったことを言ったものである。病を治療して、もとの普通の状態に戻そうと考えるのではなく、病を契機として、病がもたらすものを正面から受けとめてゆくことによって、それ以前と異なる高い、あるいは望ましい状態に至ろうとするのである。受けとめ方によって、病がポジティブな意味をもってくる、と考える。

「病の意味」をもっと端的に表現することが、ユングの死後大分経ってから、精神分析医のアンリ・エレンベルガーによってなされた。興味深いことに、そのような彼の考えは、ユングやフロイトなど、深層心理学研究の先達者の伝記を研究することによって得られたものである。彼はその大著『無意識の発見』(上・下、木村敏・中井久夫監訳、弘文堂、一九八〇年)のなかで、無意識の発見に寄与した人々の研究歴を明らかにしてゆく上で、「創造の病」という考えを提示したのである。

このような創造的な活動をした人は、あるとき相当な行きづまりを経験し、まったくの袋小路に入りこんだようになって混乱し、心の病になってしまう。フロイトはノイローゼの症状に悩まされるし、ユングの場合は精神病とまがうほどのひどい症状に襲われる。そのような混沌とした状況のなかで苦闘しているうちに、徐々に霧が晴れるように方向が見えてくる。そのうちに、心の平静を取り戻してくるが、そうなると、自分の病の克服を通じて得たいろいろな考えを体系化し、他人にも理解できる言葉で発表できるようになる。このようにして、フロイトもユングも自分の心理学を築いていったのである。この過程をエレンベルガーは詳細に検討し、そこから「創造の病」という説を打ち立てることになった。

「創造の病」の考えは、実にはっきりと病のプラスの意味を示している。しかし、それが実に危険な道程であることも知らねばならない。病に落ちこんでしまうと大変なことになる。実際に創造的な人で、そちらの道筋に迷いこんで帰れなくなった人もある。それはともかくとして、「創造の病」という考えは、私のように、病んでいる人に会うのを仕事としている者には、有難いヒントを与えてくれることであった。

エレンベルガーの考えを確かめるという点もあって、アメリカではいろいろと創造的な仕事をした人を研究してみると、多くの人が中年に何らかの「つまずき」を体験していることが見いだされてきた。エレンベルガーは、「心の病」に着目したが、それよりも広く、身体の病や事故などまで拡大して、「中年の危機」が危機であるがゆえに、かえってそれが創造に結びつくことがわかってきたのである。

このような点を踏まえて、私はエレンベルガーの考えを、もっともっと拡大して考えられるのではないか、と思うようになった。つまり、個人のこととしてのみならず、ある文化にとっても、「文化の病」というのがあり、それは確かに困ったことではあるが、そこからあらたな文化の創造が可能となるのではないか、と考えたのである。そう考えて日本の歴史を見てみると、そのときどきの日本文化の病のなかから創造活動が生まれてきているのを見いだすことができる。このことを現代に当てはめて見るのも面白いのではなかろうか。

おはなしの効用

「病の意味」や「創造の病」という考えは、以上に簡単に記してきたが、多くの人の賛同を得るものである。むしろ、当然とさえ言いたくなるが、このような考えがなかなか出て来なかった、つまり、誰も思いつかなかったのはどうしてだろう。これは、近代的な思考法ということに関係する、と私は考えている。近代医学にとって、

「病気」は健康状態からのズレであり、それを「客観的」にとらえ、その原因を明らかにし、原因を取り除くことによって、それ以前の健康な状態に戻さねばならない。この方法によって、多くの病気の治療法や予防法が見いだされ、われわれ現代人はその恩恵を受けている。このことは忘れてはならない。しかし、このような方法で大成功を収めすぎて、近代医学は人間の身体を客観的に見ることに力を入れすぎて、人間を全体としてみることを怠るようになったのではないだろうか。

これは実に医学のことに端的に示されているが、もっと広く、近代というのは、人間がものごとを断片化してとらえることに力を注ぎすぎ、全体としてものごとを見るのをおろそかにし過ぎた、と言えるのではなかろうか。そのために、当然と言えば当然のような「病の意味」などを考えつかなかったのではないかと思われる。

「病の意味」というのは、言うなれば、病の主観的側面である。病を主観的にどう体験するか。そこから創造活動も生まれるのだ。主観と客観とのつなぎ目が大切なのだ。つなぎ目と言えば、心と体のつなぎ目も大切と言えるだろう。そこから「病の意味」が生まれると言える。しかし、近代の科学は、それらのつなぎ目を切って、対象を明確にし、それを分析して学問体系をつくってきた。つまり、つなぎ目を切ることで科学を構築してきたのだが、そこで「意味」などということを考えるなら、その切られたつなぎ目を回復することを考える必要があるということになる。

主観と客観、心と体、自と他などをつなぐものとして「物語」があると考えてみてはどうだろう。長らく入院したり、手術を受けてきた人は、他人に対して、自分の病気の「記述」をするのではなく、病気についての「おはなし」を語りたがるのではなかろうか。そのような「おはなし」を通じて、その病気の体験の意味が伝わってくるし、共感をもって聴くことができるのである。人と人とが接し、その関係を深めようとするところでは、必ず「おはなし」が生まれる、と言っていいのではなかろうか。

本書のなかでも、「ニュースは事実を、お話は真実を伝える」という表題で文章を書いているが、自分の感じた主観的真実は、話を語ることによってしか伝えられないのである。しかし、このことは逆に、近代の「事実主義」のなかで「物語」がおとしめられていったことにつながってくる。近代科学は「物語」を嫌うのである。近代科学には確かに誤りがない。そこで「物語」抜きの近代科学的思考にのみ人間が従おうとすると、人と人、人と物、人と自然などの「つながり」の切れたギスギスした生活になってしまう。

日本人の生き方を実感をこめて考えようとすると、「おはなし」によるのが効果的なのだ。というわけで、本書は短い「おはなし」に満ちたものになっている。人間存在ということを丸ごと問題にしようとするなら、近代科学の枠を破って「物語」に頼る新しい科学を打ち立てる必要がある、と私は考えている。もちろん、本書に収められているのはエッセイであり、科学論文ではない。しかし、新しい科学論文の芽をあちこちに含んでいる、と思って読んでいただくと有難い。

このようなことを考えていたら、最近になって、「ナラティブ・ベイスト・メディスン」(物語を基礎とする医療)ということを考える人たちが出てきたことを知って、ほんとうに心強く思った。これは私の考えている、人間を対象とする新しい科学のひとつと考えていいのではなかろうか。同名の書物の訳本が出版され(T・グリーンハル／B・ハーウィッツ編、斎藤清二ほか監訳、金剛出版、二〇〇一年)、有難いことであるし、これに注目する日本の医療関係者も増加しつつある。同書によると、患者は「物語」をもって医者を訪れ「診断」を下されて帰る、とあるが、まさにそのとおり。いろいろな物語のなかに生きていた人が、下手をすると、「診断」という事実によって一挙に「物語」を破壊されてしまうのである。

ここは医療のことを論じる場ではないので、このあたりでこの話題はやめにするが、日本の「病理的現象」を理解するときにも、このような考え方が通用するのではないだろうか。すなわち、その病理的現象に診断名を下すのではなく、その病を生きる物語の展開としてそれを見る方が、自分自身がその中に生きていく者としての自覚や生き方を探ろうとする態度がはるかに生まれやすいと思われる。「診断」を下す人は、現象の外に立って裁断し操作しようとする。しかし、自分は日本人として、日本文化の中に生きていることはどうしようもないのだから、そんなに明確にものごとの操作など出来ない。そこで、どうしようもないところで、何とか「おはなし」を見いだし、そのおはなしを通して理解し、生きようとする。本書には、そのような「おはなし」がたくさんあるというわけである。

無自覚な病

日本人の生き方を見ていると、自分の病の自覚がないのではないかと思う。これは大変危険な状態である。高血圧でも何かの自覚症状があれば気がついて予防ができるが、何もないと安心しているうちに、突然の発症で命を奪われることさえある。

日本人の病の無自覚さは、本稿の最初に述べたように、「個」の確立ができていないのにもかかわらず、自分は欧米人と同じ様な生き方をしていると思っている状態に示されている。あるいは、自分は「現代的」に生きていると思っているが、かつての日本の伝統的な生き方を否定しているだけで、欧米人のもつ個としての責任感が薄く、ただ自分勝手に行動している人の姿にもそれが認められる。あるいは、このような若者を非難する人も、ともすれば「昔はよかった」という論議になって、昔の日本がどれほどの病に苦しんでいたかということについては、まったく無自覚ということになる。

日本人が自分の病について無自覚であることは、あながち攻撃ばかりもしておられない。本来、日本人の生き方は、明確な意識化を行わず、「自然に」事が運ぶのをもってよしとしてきたところが多いからである。言うなれば、すべてが全体としてうまく収まることを暗黙の知として生き、個々の人間の判断や責任はあいまいにすることによって、上手に生きてきたのである。それはそれでうまく機能していたのだが、現在のように社会の状況がまったく変化したなかで、そのままでいることは許されない。

しかし、ここで大きな問題は、日本の病を克服するために、欧米をモデルにして努力しようというのではないことである。欧米をモデルとして、それと照らし合わせることで日本人を批判するのは、簡単なことであり、その批判がいかに厳しいものであるにしろ、そこに自分の実態を見ていない——欧米のこともしっかりとは見ていないことになる——「無自覚」が存在している。自分自身を知ることは、なかなか大変なことである。自分が日本人であることを忘れて、その外に立って批判することをしても、自分が実際にいかに生きるか、ということにはつながって来ない。

たとえば、日本人にリーダーシップがない、と最近はよく言われるが、そのように指摘することは簡単である。日本の総理大臣とアメリカの大統領を比較したりもできる。しかし、ひるがえって自分の生き方を検討してみて、自分はどれだけのリーダーシップをもっているのか、あるいは自分はないにしても、リーダーシップをもつ人が、それを実現できるように協力しているのかについて、明確に答えを出したことがあるだろうか。日本人にとって、なぜリーダーシップを発揮するのが難しいのか、自分の生き方と関連して答えを見いだそうとしない限り、ほんとうに自分の病を自覚したことにならない。

日本人の多くは、日本の現状を嘆いたり、憤慨したりするが、それに自分自身が加担していることに、あまりに無自覚である。自分のかかわりのないところの制度や組織を改変することで、日本を「改革」したいと漫然と願っているが、自分自身の意識改革ということに思い至らないのである。

まず自分の病の自覚が必要である。と言っても、これまで述べてきたところからわかるように、それを単純にネガティブな意味で言っているのではない。病は自覚と克服への努力によって「創造性」をもってくる。私はすべての病は、本人のそれへの対処の姿勢によって、創造の病になると思っている。それにグローバリゼーションということがあるために、それぞれの文化が、文化の病を意識し、それと取り組むことによって、各文化の固有の価値を認めながら、世界に貢献するということが可能になってきつつある。日本の病が、日本だけの病ということではなく、あんがい他の文化と通底してくるのである。本書のなかでも、他文化に関する言及があちこちに認められるのもこのためである。

日本人の病の自覚と、それからの脱却の試みが、じつは国際理解につながってくる。己に対する理解の深さが、他への共感の土台となるのである。

文化ボランティア

最初に述べたように、芸術や文芸などの領域とあまりかかわりのない人間が、心の問題を扱っているうちに日本文化のことに関心を持たざるを得なくなったのだが、その果てに、文化庁長官になるなどとは、思いもよらないことであった。昨年(二〇〇一年)末に、就任についての打診があったときは、さすがにすぐには決めかねたが、ここに述べてきたこととの関連において言えば、次のようなことを考えて受けることにした。

日本は今、不況に喘いでいる。どこへ行っても経済の行きづまり、先の暗さの話である。ところで、不況という言葉は英語でデプレッションであり、これは心理的な抑うつ症と同語である。つまり、経済における抑うつ状態が不況というわけである。そう考えてみると、日本中が抑うつ症に罹っているような気さえする。それを個人のレベルで受けとめると、中・高年男性の自殺の増加という現象になるのである。

抑うつ症の心理療法について考えてみると、これこそ「創造の病」にピッタリの場合が多いことに思い至る。もっとも、現在は「抑うつ剤」という薬物が発達して、心理療法などしなくても薬を飲むだけで治る場合も多い。それはそれでいいのだが、薬物で治っても再発する人がある、それを何回か繰り返しているうちに薬が効かなくなる。そんな方が心理療法を受けに来られる。

これに対してわれわれ心理療法家が何か名案を持っているわけではない。しかし、その抑うつの苦しみ——自殺したくなることも多い——を共にしていると、徐々に心の深層のはたらきが活性化され、それは何らかの創造活動として顕現してくる。こう言ってしまえば簡単だが、死にたい気持ちをかかえている人と共に、そこに至るまでの道を共に進むのは大変なのだが、そのことはしばらくおくとして、ともかく、何をする気もしなかった人が、絵画、音楽、文芸、写真、詩歌などのどれかの文化的な領域へ関心が動き出すのは、不思議と言えば不思議である。われわれとしては、ただその動きについて行くのだが、そのように心が活性化されてゆくにつれて、仕事への意欲も湧いてきて、抑うつ状態を脱け出せる。

このようにして病を克服した人は、単に元に戻ったというよりは、以前より幅が広くなったとか、人間に深みがでてきた、と感じられるようになる。創造的な活動によって、それまで使用されていなかった心のエネルギーがうまく利用されるようになるのだ。

このような抑うつ症の治療経過は、日本の不況の克服にヒントを与えてくれるのではないか。経済の不況をいろいろな経済対策によって乗り切ろうとしたのは、抑うつ症の薬物治療のようなもので、効果はあるのだが、そのうちに「再発」する。そうしてどうにもならないというのが、現在の日本の経済状況ではなかろうか。そうすると、ここで、不況の打開のためには、日本人全体がもっと創造的な文化活動に関心を向けることによって、日本人のエネルギーをもっと流動させることが必要ではないのか。こう考えてくると、現在において私が文化庁長官になることは、あんがい時宜を得ている、と考えられた。

文化庁長官になって、以上のような考えを表明すると共に、国民の皆様にお願いしたことのひとつは、「文化ボランティア」のすすめである。実は本書にもそのアイデアを述べているが、これは確か、一九九五年頃だと思う。その頃から欧米でこのような仕事をしているのに接することが多かったので、日本でも是非と思っていたのだが、それを今度は、全国的にお願いしたのである。そうすると、これには予想外の反響があった。乾いた草に火をつけたような感じで、火の手はみるみるうちに全国的に広がったと言ってよい。これは、「うつ状態」の背後に溜りこんでいたエネルギーが急に流れ出してきた状況のように感じられた。

この「文化ボランティア」は「日本人の病」に対するひとつの強力な克服法である、と私は考えている。そもそも日本人には「ボランティア」というのはなじみにくいものであった。つまり「個」がまず主体となって行動を起こすことが考えにくいからである。しかし、阪神・淡路大震災のときは、ボランティアが活躍し、日本人もボランティア活動ができることを立証した。しかし、その後は下火になっていた。日本人はボランティアというと「福祉」と考えすぎるからである。そこで、「文化ボランティア」というアイデアを提供すると、日本中が動きはじめたのである。

このことはもうひとつの大切な現象を生みはじめる。文化ボランティアがいろいろと企画を考えても、そこに資金が必要になる。そうなると、地方自治体などと協力し、公の力と個人の力がうまく嚙み合って、新しい企画が実行されることになる。日本人はこれまで「公」というと、「お上」の力が下へと及ぼされることと考えがちであった。ところが、文化ボランティアの場合、個々人の力が「公」を動かし、下から盛りあがってゆく「公」がつくり出されるのである。これは、「新しい公」と考えてもいいだろう。小渕内閣のときの「二十一世紀日本の構想」懇談会で、「個の確立と公の創出」を提案したが、まさにそのことが「文化ボランティア」の運動を通じて成就されようとしている。日本人の病のなかから創造活動が生まれてきつつあるのである。

河合隼雄著作集第Ⅱ期 第10巻　「日本人」という病　目次

序説　日本人の生き方

I

「日本人」という病……3

「日本人」という病を背負う私……4

震災後の復興体験……19

II

おはなし　おはなし……39

明恵三題／うちの話／主人公／男と女／ただ座っていること／自己実現／サンタクロース／白鳥のお話(I)／白鳥のお話(II)／マージャン／ガムラン音楽／大和魂／おくればせ／安部公房さんの思い出／神話を語る／がんとクロッパー先生／魔法のまど／無気力学生／指揮者／二次災害／テスト／ウソツキクラブ／ゆとり／たてとよこ／国際理解／回帰現象／中年危機／文学とおはなし／下宿の溶鉱炉／おはなしのこ

わさ／物語と殺人／鼎談／物語と女性／一流病／スミイチ／何を目標にするか／二十一世紀のおはなし／韓国のおはなし／韓国の白雪姫／玉ねぎ／公案としての子ども／近代科学と心／太平洋／朝の友／こわい話／偏食／うつほ物語／偶然と必然／文化の病／日本人の家族／心理学公害／アイデンティティ／香具師／多重人格／死のはなし／青春／宗教と心理療法／話の種

Ⅲ

平成おとぎ話……163

ニュースは事実を、お話は真実を伝える／キカイなる上司／葛藤からこそ新しいものが生まれる／日本は大変革のとき／ほんとうにほんとうの話／文化ボランティアのすすめ／さて、平成の「おとうさん」は／バッハ、マタイ受難曲のふしぎ／はてな、はてな／「日本的なもの」への拒絶や反撥／幼少児の親子関係の大切さ／箱庭療法における地水火風／思いがけない数学の幽霊／教育の新しい改革の試み／三つ子の魂は恐ろしい／アメリカ先住者のコトバのない音／すべての人は「デカセギ」に来ている／無意識の発見と仏教の「唯識学」／まねをしないで／センチメンタルの効用／おもしろ精神ともったいない精神／日本人は「諍」と「友」の両立が難しい／伝統文化が新しく甦る／「だから」と「だって」／「これは危ない」というバランス感覚／人ニ教ヘラレタル理屈ハ皆ツケヤキバナリ／非現実によって現実を語る／夢と現実の不思議な関係／死を迎えることの困難さ／我は我なくして我なり／「十四歳」

の恐ろしさ／感性と理性の両立／一言……が難しい／アイヌの昔話「父親殺し」の物語／日本人女子留学生の問い／韓国の核家族化志向／アメリカの仏教／かなう夢もある／無力の自覚が大切／それぞれ勝手やけど／「おはなし」は人間関係の潤滑油／心理療法のプロは難しい／あがらない大家はいない／「あいまい」の再評価を／ただ「存在」することの大切さ／心のなかの「世界」の表現／苦しみの伴わない面白さは長続きしない／言、文、生の混然一体／「落とされた」と「落ちた」／京都らしい発想で『創造の世界』／グローバル・リテラシィ／編集者におだてられ旧悪の暴露／自分の場を確保する

解説——村上龍『イン　ザ・ミソスープ』……277

初出一覧……283

I

「日本人」という病

「日本人」という病を背負う私

きょうのタイトルは「臨床心理と日本文化」で、「学」と「論」が抜けているわけですが、私がそもそもこの臨床心理という仕事を始めたとき、こういう学問をするというよりは、ともかく人の役に立ちたいという気持ちが先行していました。

京都大学を出て高校の教師をしておったときに、生徒たちがいろいろ相談に来ました。その役に立ちたいと、臨床心理の勉強を始めました。そのころ、臨床心理をやる人など、ほとんどいませんでしたが、私としてはなによりも「好きでやってる」ということと、「なにか人の役に立ちたい」という気持ちがあったと思います。実際は、人の役に立ちたいからと思ってやると、ろくなことはないんですが、その頃はまだわかりませんでした。

私は、数学科の出身でしたから、臨床心理をもっと科学的に勉強しなくてはならないと思うようになりました。その頃よく議論になったのは、誰かが相談に来たとき、その人を診断するのが大事なのか、診断よりも、その人を治療することが大事なのか、という問題でした。なぜかというと、はっきり診断して、科学的な判断がないと処置ができないんじゃないかと考えたわけです。もう一方の人たちは、相談者を「こいつ何病だ」なんて怖い目で見ているからダメなんで、まず治療することが大事なんだという考えでした。「診断派」と「治療派」に分かれ、私は「診断派」の急先鋒みたいだったんですね。

でも、勉強しているうちに、これでは自分は人を治すことはできない、なぜなら、自分がそもそも人間を知らないし、自分のこともわかってないじゃないかと思うようになりました。まず人間を知ること、自分自身を知ることが大事だと。京大の学生時代に、藤岡喜愛さんがロールシャッハテストという心理テストを熱心にやっていて、それを受けた兄貴の河合雅雄(動物行動学者)が、「よくあそこまでわかるなあ。本当に大したものや」と感心していたんですね。それが私の印象に残って、ひとつロールシャッハテストを勉強しようと決めたんですが、その頃だと、本気でやるには日本では指導者がいない。だから、アメリカへ行くよりしかたがないというので、アメリカのカリフォルニア大学(UCLA)へ行きました。

自分自身を知らないと話にならない

そこでついたのが、クロッパーという先生だったんです。クロッパーはロールシャッハテストでは世界で超一流ですが、彼の講義を聴くと、「診断派」も「治療派」もない。診断も大事、治療も大事、一人の人間が一人の人間に向かうということは、全部込み。しかも、見事にそれが行われているわけです。ものすごい人がいると思いました。

そのクロッパーがもとにしていたのは、ユングの心理学で、ユングのことについて書いた本を読むと、「臨床家になるためには、自分自身を知っていないと話にならない。だから、自分自身が分析を受けるということが絶対条件である」と書いてある。これを見て、「その通りだ」と思ったけど、反面、恐ろしいなとも思いました。でも、これをやらずに臨床心理学をやるのはおかしいんじゃないかという気持ちがあり、シュピーゲルマンという人に分析を受けることになりました。

近代科学とは方法が違う心理学

シュピーゲルマンはクロッパーの第一の弟子で、ＵＣＬＡを卒業した後、スイスのユング研究所へ行き、そこで資格をとって、ロサンゼルスに帰ってきて分析を始めたばっかりだったんです。シュピーゲルマンは、私が行くことになったとき、夜、西の方から太陽が昇る夢を見たそうです。これは大変なことになった、日本から太陽がやってくると思っていたら、私が行ったらしいのです。

私の方は、「なるべく自分の悪いことは言わないようにして、いいとこだけ見せて」と思って行ったのですが、おもしろいもので、シュピーゲルマンに会って握手をすると、もう何でも平気で喋れるのですね。自分はこういう人生を送ってきて、こうでこうだったということを、勢い込んで喋りました。下手な英語で喋っているのですが、相手はものすごくよくわかるのです。私の英語をほとんど聞き返さない。私も、本当に英語が上手になったのかなと錯覚するぐらい(笑)、よく話をしました。

その後、シュピーゲルマンとクロッパーの推薦で、スイスのユング研究所に行き、三年間、自分の分析に専念しました。私にとって非常に大きい意味を持ったのは、そこで資格をもらって、自分がスイスの患者さんに会って、分析するという経験をしたことです。私には敗戦体験がありますし、英語もできないので、欧米人に対しては相当な劣等感があるのですが、それにもかかわらず、自分のことを信頼しきって相談に来るスイス人がいるということは、すごく大きな体験でした。そういう信頼関係というのは人種を超えて成立するのだということですね。しかも、それによって治っていかれる人がいたわけですから。

そうして帰国したわけですが、日本では心理学は自然科学の一つであるという歴史がありました。人間の

「心」なんていうわけのわからないものは放っておいて、観察できる、人間の行動を科学するのが心理学だという考え方が非常に強かったわけです。だからスイスから戻った私が下手なことを言うと、「河合は非科学的である」と言われかねない。非科学的であるということは、学者としてはダメだと言われることに等しいですね。

「スイスから帰ってきて、あなたは何をしているんですか」と訊かれて、「私は夢ばかりやっています」なんて答えたら、「そんな夢みたいなヤツは大学に置いておけん」と思われたと思います。だから私は、夢の話はあんまり公にはしませんでした。そして、みんなが科学が好きで、科学、科学と言っている日本で、私が勉強してきたようなことを、どうやって浸透させていくのか、ということをずいぶん考えました。

そんななかで気がついたのは、私が習ってきた心理学は自然科学ではないということでした。少なくとも近代科学とは違う。近代科学とは方法論がまったく違っているんだと。どう違っているかというと、臨床心理学はフロイトにしろユングにしろ、自分のことから始まっているんです。

フロイトはもともと、ものすごいノイローゼ、神経症がありました。自分の神経症を治すために、いろいろ自分の分析を始めたわけです。そして、自分の病気を治すために、「自分はこういう夢を見たから、こういうところがあるんじゃないか」とか、「人間は意識していなくても、こういう気持ちがあるんじゃないか」と考え抜いて、それを何とか体系化して、精神分析学を作ってきたのです。

ユングの方は、普通の医者が診たら精神病と思うような症状で、幻聴や幻覚がある、ものすごい体験をしているのです。その体験を克服し、自分で自分を治していく間に、自分で分析をしているわけです。自分で自分を治していったその体験を、なんとか普遍的な言葉に置き換えて、そしてユングの心理学を作り上げていった。

話の聞き手がいたことの大事さ

だから、力学の研究で、物の落下を研究するようなのとは全然違うのです。近代科学の場合、非常に大事なことは、客観的に現象を観察するという方法を完全に確立したことです。だから、物が落下するときでも、私とは関係なく観察し、測定し、それを記述する。そうすると、記述している私と関係のない客観的な因果関係がわかってきますから、そこに出てきた法則は誰がやっても通用する。

ところが、フロイトやユングは、自分で自分の研究をした。深く深く心を研究していくと、こういうことがある——と言っているわけですから、これは近代科学とは全然方法が違うわけです。つまり、研究する人もされる人も同一人物です。

ただ、ここで非常に大事なことは、ユングもフロイトも、自分自身でやっているのですが、話の聞き手がいたということです。やはり、自分だけで自分を分析するということは、人間にはできないだろうと思います。フロイトの場合はフリースという男友達がいました。ユングの場合はトニー・ヴォルフという女性がいました。その人に話をし、ただ一生懸命聴いてもらっているわけです。

聞き手がいるということによって、ある程度の客観化と、ある程度の普遍化が行われる。ある程度であって、絶対的にではありません。自分のことですから。私も、自分のことを知るために分析をしたけれど、聴いてくれる分析家がいたのです。分析家がいるからできたのです。

病のあとに発揮される創造性

物理学であれば、私が客観的に研究した物の理論を、他の物体の運動に適用できます。でも、私がいろいろ考えた自分のことは、そのまま他人に適用できません。適用はできないけれども、そのときの経験を支えにして、私のところに来た人が、自分で自分のことを考え始めたときの手伝いはできるということです。

そして、もっとも大事なことは、治療者とクライアント（来談者）の二人の人間関係なのです。悩んでいるクライアントの内的な世界に、本気で一緒に入っていこうという態度で人間関係を作る人がいなかったら、心理療法なんて、こんな苦しいことはできません。クライアントが来られたら、その人が自分の内界の探索をやっていくような場を提供し、それを助けていく人間関係を作り、その人が自分でやれることを手助けする。自分はそういう仕事をしているんだということが、はっきりわかってきたのです。

スイスで、こういう人がいました。「分析をお願いします」と来られて、部屋の中を見ておられるのです。「分析機械はどこにあるのでしょう」と。きっと、血か何かを採られて、「あなたはコレステロールがなんとかで、GTPがなんとかで」とか言われて、「こうしなさい」と言ってくれると思っていたのでしょう。そうじゃないのですね。「分析はあなたがやりなさい。それを助けます」というのが本当です。数値とかを調べることなく、話を聴いているだけで、だんだん内界に向かっていく雰囲気がでてくる。で、そうするうちに、二人で辛い仕事を一緒にやっていくというのは、お医者さんが患者を治すのとは違うのです。来た人も私も、実は同じ病人なのではないかと私は思うようになりました。

ドッペルゲンガーという症状があります。現実の世界で、自分とまったく同じ人間をもう一人見るという恐ろしい症状です。たとえば、何か後ろで気配がする感じがして、ひょいと振り向くと、もう一人の自分が座っている。それがドッペルゲンガーです。

また、現実にではなく夢の中で、もう一人の自分に出会うことがあります。これは、「ドッペルゲンガーの夢」と言います。一時期、この夢のサンプルをいろいろ集めていたら、私がそれを見てしまったのです。

今でもよく覚えていますが、京都大学の精神科の廊下を私が歩いていますと、待合室に座っている人がいる。誰かと思ったら、もう一人の私なのです。ただ、着ているセーターの色だけが違うのですが、「あっ、私が待っているな」と思いながら通り過ぎて、それほど不思議には感じていないのです。目が覚めてから、「そうか。私は京都大学の精神科に実習に来ているけれども、もう一人の自分は治療を受けに来ているんだ」と思いました。自分が治療者であり患者でもあるということが、実感としてよくわかりました。つまり、私も患者で、患者同士が一緒に仕事をしているから、「痛いでしょう」「痛いんですよ」と言えるわけです。

アンリ・エレンベルガーという精神分析家が、ユングやフロイトの研究をして『無意識の発見』(上・下、木村敏・中井久夫監訳、弘文堂、一九八〇年)という本を書いています。その中で「創造の病」(creative illness)ということを言っています。どういうことかといえば、フロイトは中年で重い神経症を患い、その病気を克服したあとに、すごい創造性を発揮している。ユングもそうで、クリエイティブな仕事をした人には、中年期に病気になっているケースが多い。心の病だけでなく、体の病もあります。その病気を克服したあとで、クリエイティブな仕事をしているから、これを「創造の病」と考えてはどうかと、エレンベルガーは言いました。日本であれば、夏目漱石は胃潰瘍で死にかけますが、あの病のあとで出てきたクリエイティビティーは、すごいものがあります。

自分で見えてくる人生の「必然」

クリエイティブというと、フロイトのように精神分析の体系を作るとか、あるいはピカソのようにすごい絵を描くとか、そういうことばかり思われがちです。でも、「新しき創造」という点で言えば、私の人生というのはただ一つであって、絶対に他にはありません。だから、私が生きているということは、それ自体、すごい創造をしていることではないかと思い当たりました。すべての人は、みんなクリエイティブで、誰とも異なる自分の人生を、一瞬一瞬、クリエイトしている。いろいろな選択肢の中のどれかを選んで、みんな生きているわけですから。

私のところには、何かしら困っている人が来られます。「どうして私はこんなことになったんでしょう」とか、「世界中で私ほど不幸な人間はおりません」と、来られる。これを単に治すというのではなく、この人はこの病気から、それまでと違う人生をクリエイトしようとしているんだ、私はそれを助けようとしているんだ、と、だんだん考え方が変わってきました。

さらに「病気」についても、心の病気とか体の病気だけではなく、事故に遭ったとか、急に左遷されたとか、親類の変な人が現れて突然金を借りに来たとか、そういった人生における躓きは全部「創造の病」の中に入れていいんじゃないかと思うようになりました。だから、クライアントがものすごく嘆かれるのを「大変だろうな」と思って聴きながら、「そこから何が生まれるのか」ということを私は見ているわけです。

たとえば、月給袋を丸ごと落とした後、競馬に行ったら大穴を当て、それからサラ金にのめり込んでいった人がいました。聞いてみたら気の毒で、若いときはクソまじめな人で、借金なんて絶対に考えられなかったという。そんな人が、ある日突然、月給袋を落としてしまうんです。

その人に言わせると、「あのときに偶然、お金を落としたから」「偶然に競馬に行ったから」「偶然に大穴を当てたから」と偶然の重なり合いのように言われるのですが、私が聞いていたら、人生を硬く硬く生きてきた人が、もう少し柔らかくクリエイティブに生きようとするために、どこかでちょっと変えねばならない、まさにそうした過程が、そこに起こっているのではないかとも思えてくるのです。もちろん、そんなことは言いません。「残念でしたね」とか「偶然が重なりましたね」とか言っているけど、その人はだんだん自分でそういう必然が見えてくるわけです。

とうとう発症した「日本人病」

ところで自分を振り返って、自分の病気はいったいなんだろうと考えました。ユングの場合は分裂病で、フロイトの場合はノイローゼと診断されるかもしれませんが、私の病名は何なのか。日本で臨床心理の経験を積んでいくうちに、それがわかりました。私の病名は「日本人」なのです。

日本人であるということは、すごい病気です。これは、私にとっては、という意味です。みなさんにとっては、そうでないかもしれません。病原菌と同じで、いくら病原菌が入っても、病気にならない人もいますし、病気になる人もいますが、私は「日本人」というヤツが、とうとう病気になって発症したわけです。この「日本人」という病を、私はどう生きるのか。

振り返りますと、小さいときから、自分も含めての「日本人病」について気づいていたように思います。私が子どもの頃、日本は一丸となって、世界を相手に戦争をして、勝たねばならないという病気にかかっていました。大人になったなら、軍人として国のために死ぬことが、男には非常に大事なことだったのです。ところが、私はそれがイヤだったのです。人殺しもイヤなら自分が死ぬのもイヤだと、一人で思っていました。みんなと違うことを一人で思っていることはしんどいことです。誰もが疑問を感じていないときに考え始める人は、病むことになります。

私の仕事は病を深めること

しかも、日本の場合は非合理な体系が強くて、竹槍さえあれば敵に勝つような話になるのですが、私は妙に理屈好きなところがあって、「こんなんでは勝てんのではないか」と思っていました。みんなと一緒のときは「大日本帝国のためにガンバロー!」なんてやっているわけですが、一人で考えると「負ける」と思っている。病は深まるのです。

そして、戦争が負けたとき、「日本の大和魂の精神は素晴らしいのに、アメリカの物量に負けた」と言う人もいました。私は、それにすごく腹が立ったのです。日本は完全に精神的に負けたのだと思いました。欧米人の持っている合理主義に負けたのだ、と。合理精神を持った科学的な考えをする国に、竹槍で立ち向かおうなどという国が勝てるはずがないと思ったのです。だから、日本人が戦後やるべきことは、科学を勉強することだと思ったわけです。

その延長でアメリカに行ってみたら、どうもこれはおかしいと思いました。自然科学は非常に大事ではあるけれど、自然科学で自分の人生全部を考えようとすることは、科学信仰になってしまう、と。だから、合理精神だけではなく、人間の持つ非合理性とか、人間の心の不可思議さを考慮に入れなければダメだと思ったのです。

そういうことを考えていましたから、日本人が今世紀から来世紀にかけて、どういうふうに生きるべきなのかを考えてしまうのです。相談に来るのは日本人の方ですから、この人がどういう人生を生きたらいいのかということもひっくるめて、どうしても「日本人論」を考えざるを得なくなってきたのです。要するに私の病気である

「日本人病」をいかに治すか、です。

私の結論は、これは治らないということです。そうでしょう。治ったら日本人でなくなるのですから。私は死ぬまで日本人ですから、治らない病気になっているのだとわかったわけです。そして私は、自分の病を癒すとか治すのではなく、私の仕事は病を深めることであるというように考えるようになりました。病気をうんと深くする。深く病むと、あまり他人に害を与えません。病気を深く深くもっていけば、病気であるということは、ほとんど他人にわからなくなってきます。

こんなことを思っていましたら、昨年、日本人病の中でも最大の病気にかかりました。名前は、行政改革委員というやつです。本当にうまくできているものだと思いました。病を深めなければ、大病をしなければダメだなと思っていたら、本当にポンとそういう病気が来るのですね。委員の顔ぶれを見ればわかりますが、たいていは政治や経済、法律の専門家ばかりです。そのなかに、そういうことに関係のない私が入った。私は、これは天の配剤だと思いました。私はここで、日本人病を深めるべきなんだな、と。

行政改革委員をしていますと、どの省も、自分の領域を減らさないでおこうと思っているのがわかります。各省の方々が次々と、「ちょっとご説明にうかがいたい」と来られる。委員の中には、時間がないからと面会を断る人もいるのですが、私は病を深めないといかんと思っていましたので、どの省の人にも全部会いました。Aの省が来る、Bの省が来る、Cの省が来る。私は、冗談半分に、こう言ったのです。「話を聴いていて、本当に官僚の方というのは、お国のために一生懸命やっておられるとよくわかった。でも、どうしてみなさん、結論は違うことを言われるんでしょうね」と。そして次第に、日本人がいかに錯綜した世界に生きているかということがわかってくるのです。

行政改革のとてつもなさ

ある一部分だけをとって批判することは簡単です。「全く腐敗しきっている」とか、「こんなものやめてしまえ」とか言えるわけです。ところが、全部聴いていると、なかなか簡単には言えなくなってきます。網の目のように複雑に関係し合っているものを変えるということは、いったいどういうことなのかと考え込みました。でも、考えてみたら、一人の人間を変えるというのも大変なはずです。五年かかるとか、十年かかるとか、本当に大変なのです。そうだとしたら、日本の国の行政改革をするということは、とてつもないことなんです。だから、私は行政改革について、日本人としてはよくあそこまでできたと考えています。「あんなの、ちょっとしかやっていない」とか「やらんほうがましだ」とか言う人もいますが、そうでもないと思います。

ああいう中に入ってみて気がつくのは、いろいろ簡単に批判的な評論をする人は、ほとんど自分の病を忘れているということです。自分も日本人病にかかっているはずなのに、まるで健康であるかのような言い方で、「あれやれ」「これやれ」と言われるのです。「お前、本当に日本人か」と言いたくなるときがあります。「そんなに簡単にいくか」って。自分も同じ病を病む日本人として何をなすかという議論が少なくて、外からものを言う議論がすごく多い。かっこいいことが言えるし書けるけれども、ほとんど実際的には意味がない場合が多いのです。

「文化の病」の代表選手として

私のところに来られる人を見ていますと、この人自身が病んでいるのか、あるいは日本が病んでいるのか、疑問をもつようなことが多いのです。たとえば学校に行っていない子どもが来ます。話を聞いていたら、どうも父親があまり強くない。父親が息子に正面から「どうして学校に行かへんのか」と言えばいいのに、言えない。奥さんに、「お前、なんとかせえよ」と言ったりする。そういう問題を見ていたら、家の問題は父親が弱いということだと気がつくのです。だから、そのように言いたくなるのですが、偉そうに言っている自分自身が、やはり弱い父親なのです。そうすると、父親が弱いということを病んでいる子どもは、日本の病を病んでいると考えられます。

だから、私はそこで「文化の病」ということを考え始めました。この子がダメなのではなく、みんなの代表選手として日本の文化の病を病んでいるのではないかと。だからこそ、その子と話し合っていると、その子も変わるし、その子の父親まで変わってくる。この場合、父親が強くなってくるのです。子どもの中には、それを知って、わざとやっているんじゃないかと思いたくなる子さえいます。

それは、創造的な文化の病なのです。その子が日本の文化の病を病むことによって、日本人の生き方を変えようとしている、というわけです。しかも、人間全体が「地球病」にかかっているとしたら、日本人が、日本人のクリエイティブ・イルネスを治す仕事をしているということが、世界のためにも役に立つのではないかというふうに思います。

私が、一人の日本人が何とか変わろうと思って努力した経過を話すと、ニューヨークでもローマでも、みんな喜んで話を聞くのです。「ああ、日本はあんな変わったことをやっているのか」とは全然思っていない。自分たちが自分の人生をどう生きるか。私流に言わせると、それぞれの国の人が、自分の病をいかに深めるかということに、すごく役立っているのではないかと思うのです。

ゴリラの腹の下に入った子羊

日本人が日本流にやるとおもしろいことが起こるという例を、一つだけ挙げたいと思います。

箱庭療法というものがあります。そのアイデアというのは、砂が入った箱庭と、いろいろなおもちゃを使って、クライアントに「何でもいいから作ってください」と言うだけの話です。箱庭といっても別に庭を造る必要はありません。戦争の場面を作ってもいいし、砂だけできれいな模様を作る人もいます。根本の精神は、そこに来られた人が自分で自分の表現をし、あるいは自分のクリエイティビティーをそこに出すことによって、自ら治っていかれるということです。

だから、箱庭療法でものすごくうまくいった場合は、私は見ているだけで、治ってしまわれる人がおられます。欧米人はまだ近代科学の考え方に縛られていますから、治療をするというと、忠告するとか分析するとか、患者さんに役立つことをすると思う人が多いのですが、私のやり方は、私は何もせず、患者さんが一人で治っていくというやり方なのです。

最近、その箱庭でおもしろい経験をしました。その方はクライアントではありませんでしたが、「一度、箱庭を作りたい」と作られたのです。それを見ているうちに、私はものすごく怖くなってきたのです。

最初は、普通の野原に子羊が遊んでいる。のどかな世界でしたが、そこにものすごく大きな、真っ黒いゴリラをポーンと入れたわけです。そして、ゴリラが子羊を襲い、食べてしまう。これはえらいことになったなと思っていたら、一匹の子羊がすっと逃げて、ゴリラの腹の下に入った。腹の下にいるから、ゴリラからは見えない。助かるのか、ああ、よかった、と思っていたら、「ゴリラもやっと気がつきました」とか言って、せっかく腹の下に入った子羊も食べてしまうのでした。

焦点は、このゴリラを誰がやっつけるかです。そして、ゴリラはこっちを向いてガーッと頑張っているわけです。私の方にやってくる感じなのです。そしたら、今度は鬼を探してこられて、ゴリラと私の間に置いた。鉄棒を持っている鬼なのですが、非常に小さいのです。ゴリラがいて、私がいて、間に鬼がいます。なんか鬼が私の分身みたいです。「お前、偉そうにしとっても、こんなもんやろ」てな感じです。

箱庭を作ってなごむという解決

何ともしようがないなと思ってみていますと、その人は、今度は小さい箱庭のおもちゃを出してきました。その小さな箱庭を、鬼の前にポンと置かれた。そして、ゴリラが「箱庭を作ろう」と、そこに花を生けたりして、ものすごくきれいな箱庭を作っている。そしてゴリラは、「ああ、おもしろかった」と言っていなくなるのです。帰っていくのです、ゴリラが置いてあった棚へ。

おそらく、こういう解決は欧米ではあり得ないと思います。強いヤツが暴れるのであれば、正しいヤツがそれをやっつけるという解決しか考えられないと思います。ところが、ゴリラは箱庭を作って心がなごみ、帰っていく。これには本当に感激しました。たしかに、こういう解決もあります。いつも正しいものが勝つわけではない。ゴリラが自分で箱庭を作って治していくという、不思議な解決法です。これはやはり、「日本文化の病」から出た創造性ではないかなと私は思いました。

自分は「日本人」という深い病を病んでいて、治ることはあり得ない。だから、死ぬまで病み続ける。死んだ後でも病んでいるんじゃないかと思っています。そんな覚悟で、これからもやっていこうと思っています。

震災後の復興体験

このたびの阪神・淡路大震災では、私も親戚の者が被害に遭い、従兄弟が一人死亡しました。そういう意味では間接的に被災したことになるでしょうか。私自身の家は奈良だったもので、幸い、それほどひどくはなかったのですが、そういうことも織りまぜながら進めたいと思います。

実際に、今度のような大被害に遭われた方の心が、どのように傷ついたり、あるいは傷が残るようなことがあって、そこからどう治っていくか。私は、今まで、そういう方にお会いしたことがありません。ただ、考えてみれば、何か大事なことが起こって、それを乗り越えていこうとする人の相談に立ち会ったり、一緒に考えたりということはたくさんあるわけです。

典型的な例を挙げれば、自分の好きな人が自分の目の前で交通事故で亡くなってしまったというような体験をされて、その後も気分が沈んで何も手につかない、さらには自分も後を追って死にたいというような方が来られて、そこからどういうふうに立ち上がっていくかというようなケースは体験したことがあるのです。

もちろん、震災による体験は本当に様々で、肉親を失った方もいれば、その近くにいながら家も無事だったというような人もいるでしょう。また、非常に大きい被害、大きいショックを受けたときに、そのときのことを全然覚えていないという人もいるようです。

知っている人から、こんな話を伺いました。自分が住んでいるところは、あまり大したことはなかったけれども、すぐ近くに両親が古い家に住んでおられて、これは危ないと思って飛んでいった。すると、お母さんが泣いている。聞くと、まだお父さんが下敷きになって出てこられない。それで、まずお母さんに「僕が来たから安心しなさい」と言って、必死になって皆でお父さんを救い出したのです。

そして、よかったよかったということで、「二人で避難所に行きなさい」と御両親を避難所に行かせて、自分は仕事の関係で、そこを引き上げて、何時間かしてから避難所に行ってみた。お父さんは、すっかり元気になっておられて、そこらへんを歩いておられる。他の人が「大変でしたね」と言ったら、お父さんは「いやぁ、大したことありませんよ」と、自分が下敷きになったことを全然覚えていないのです。全く空白になっておられるのです。

さらに、お母さんに会いますと、お母さんが「お前、今来たんかいな。じつは非常に親切な人に助けてもらったんだよ、お父さんは」と。息子が来て助けてくれたということを、全然覚えていないのです。誰か親切な人が来て助けてくれたと思っているのです。人間というのは、気が動転すると全くわからなくなるものなのですね。

たとえば、こういう経験をした人は多いでしょう。すごい事故なんかで怪我をしても、痛くないというものです。そのときは感覚が麻痺して感じないようになっているのです。それを、そのまま感じたら、ショックで死んでしまうかもしれないからです。だから、自分を守る本能として、パッと切り捨ててしまう。ある意味でいえば、非常に健康なことです。

しかし、人間というのは忘れきることはできなくて、後から徐々にやってきます。今回の震災でも、肉親を亡くされた場合など、そのときは死んでいることがわかっても、あまり悲しくなかったという人がいます。「ひどいこと、やられたなあ」とか、まるでよそごとのような気持ちがしている。悲しいなんていうよりも、こんなに人が死んだらどこに収容するんだろう、などというようなことばかり思ってしまう。そして、一週間たった頃に、だんだん悲しみがやってくるというようなことを体験された人もいるわけです。

このように、非常に大きな悲しみとか苦しみというのは、そのときには体験しないようになっているのです。そのときに体験したら、命が危ないからです。だから、自分の肉親が亡くなったときに、別に悲しみに襲われなかったからといって、私は変な冷たい人間だなどと思う必要はありません。冷たいのではなく、それは本能的に守られているのです。そして、悲しみは後からじわじわとやってきます。震災の場合でも、その瞬間にものすごい恐怖を味わったという人がいますが、恐かったと覚えている人は、覚えられるだけよかったということです。本当に恐怖を体験していれば、それも忘れてしまうくらいなのです。

そういう体験に加えて、たとえば今回の震災などの場合、要するに自分には何の責任もない不幸なのです。同じように非常に困ったという場合でも、たとえば競輪に行って財産をすってしまったという人は、それはそれで大変不幸ですが、やはり自分がやったことですから、「あんたの責任や」というふうになります。

ところが、震災の場合は誰の責任でもない。自分のまったくあずかり知らないところから、すごい不幸がやってくるのです。私は兵庫県の出身で、何か兵庫のためにしたいという気持ちがありましたので、割と早い時期に神戸に行きました。苦労して大阪駅に着くと、学生さんがスキーを担いでスキー列車に乗ろうと並んでいました。見ていて、だんだん腹が立ってきて、「やめろ」と言おうとしましたが、考えてみたら世の中の不幸というのは本当にそういうもので、片方に非常に不幸な人がおられても、不幸でない人を怒ることはできないのです。

自分の責任でないのに不幸を背負っている人がいる。一方では、平気でのうのうと生きている人がいる。だんだん自分の感情が戻ってくるにつれ、怒りが出てきます。これは当然でしょう。なぜ、自分がこんな目に遭わなければならないのか。しかも、被害は人によって違う。肉親を亡くされた方は、一番大変です。それから、自分の家が潰れた人にも、いろいろな段階があるでしょう。ローンを組んでいて、仕事をするつもりでいろいろ買い込んで、準備をしていたところでやられてしまった人もいます。お医者さんなんかで、開業しようと思って全部準備が整ったところでやられてしまったという場合には、全くのマイナスになってしまうでしょう。自分には何の責任もないのに、自分のところにはすごいマイナスが起こって、大阪駅に行けばスキーを担いだ人がいる。もっとひどい場合は、自分の家が壊れたのに、向かいの家は壊れていないというようなことも、実際起こったわけです。

自分はすごいマイナスを受けているのに、まわりの人で平気な人がいる。これは、誰だって怒りの感情が出てきてあたりまえなのです。ものすごく腹が立つ。しかし、ものすごく腹が立つけど、怒りをぶつける相手がいないというのは、余計に厄介です。地球に向かって怒ってみても、「もっと、しっかりせぇ」と言ってみても、仕方がないことなのです。

やはり、人間の感情というものは、人間対人間で怒った方が収まりやすいのです。地球をぶん殴ってスッキリしたということはあり得ない。それよりも、救援に来た人に「もっと早くやれ!」とか、「救援物資の置き方が悪い!」とか、人間に怒らないと収まらないのです。

ここがものすごく大事なところなのですが、地震後、家族の間で喧嘩をしなくてもいいのに喧嘩が増えたという家と、よく喧嘩をしていたけれども地震で仲良くなったという家があります。これは、人間の感情の非常に微妙なところでして、何で自分はこんな損をしなければならないのかと思ったときに、一番受け入れてくれやすいのは肉親なのです。隣の家に怒りに行きたいところだけれども、「お前の家は、壊れずに建っててけしからん！」と言っても仕方がないので、隣の人には「よかったですね」と言って、その分、奥さんに「早くしろ！」とか言って、そしたら奥さんに「私はちゃんとやってますよ」とか言われて、しなくてもいい喧嘩をしてしまうのです。

このときに、たとえば喧嘩ができるだけまだいいというか、もし肉親が亡くなっていたら喧嘩すらできないのだから、夫婦で喧嘩ができるだけでもよかったという気持ちが少しでもあれば、喧嘩をしながらでもそれは収まってきます。こういうときに怒りが出てきてあたりまえなのだということを知っていたり、怒りを分かち合うのは肉親が一番わかりやすいのだということを知っていればいいのですが、知らないと、それをきっかけに本当に仲が悪くなってしまったりします。

私はロサンゼルスに友人が多いのですが、以前のロサンゼルス地震の体験なども聴いていました。今回の阪神・淡路大震災の後の四月にロスに行ったところ、友人たちが「日本人はすごい」と言うのです。なぜかというと、略奪やら暴動が起きなかったからです。ロスでは、そんなことは考えられないと言う。ロスの友人も、それからフランス人の友人も言っていたことですが、外国であれば、「なぜ俺のところだけ不幸になるのか。他の人の上には何も起こっていないのに」という怒りが、もっと顕著だというのです。震災後の避難所の様子は、テレビを通じて海外でも放送されました。たとえば、あれがフランスだったら、みんなもっと憤慨しているというのです。自分たちだけが不幸な目にあっていることに対して。

ところが、日本人は全然そういうことを言わない。マイクを向けられると、「きょうは握り飯一つでした」とか言って、ニコッと微笑む。あれは、どういう笑いなのか。ああいう静かな受け止め方というのは考えられない、と彼らは言うのです。日本人というのは道徳性が高い、倫理観がある、考えられないほどだ、とすごく誉めていました。外国では、怒りが「自分だけ損をすることはない」という方向に働いてしまうことが多い。この際、物を盗んでもあたりまえという感覚に変わって、百貨店なんかにダーッと入り込んで、全部物を奪ってしまいます。それが、今回はほとんど起きなかった。

ご承知かと思いますが、実際に神戸の百貨店に入り込んで貴金属を奪っていった事件がありましたが、これは他府県から来た人が犯人でした。どこの世界にも専門家はいますから、これは仕方がないことなのかもしれませんが、神戸の人は暴動をやっていないわけです。これは、外国人にすごく誉められました。

おもしろいもので、私は嬉しくなってくるわけですね。日本人のことを誉めてくれるわけですから。「日本人は、いいところがあるんだ」と。ところが、そうしているうちに必ず言われることは、「それにしては政府の対応は何だ」ということです。ものすごく対応が遅かったのですね。しかも、考えられないことに、総理が被災地に来たのが、ずいぶん時間がたってからでした。その点、クリントンは、災害の翌日には飛んできて、しかも、心のケアの問題のために日本円にして十七億円くらいの予算をパッと決めている。そういうふうに政府が対応したのです。日本の政府は対応は遅いし、たとえばスイスから救助犬を連れてきて生存者を捜すために入国させようとすると、「これは狂犬病の調査のために一週間空港に置きましょう」とか言っている。いったい、何を考えているのか、わけがわからないと言うのですね。

それを聞いていまして思ったことは、みんなが暴動も略奪もしないということと、政府の対応が遅いというのは、ひょっとしたら日本人の同じ心のあり方から来ていることではないかということです。つまり、日本人の良い面と悪い面が出ているというふうに思いました。これは、復興のことを考える上で大事だと思いますので申し上げます。

非常に割り切った言い方をしますと、人間と人間の関係というのは非常に不思議なものがあって、二人の人間がいたとして、日本語で言うところの「以心伝心」というか、何も言わなくても気持ちが通じ合う、みんな底の方で通じ合っているという感じ方が一方にあって、他方、私は私で、あなたはあなたで別々だけども、もし協力できるのならこういう点は協力しましょうとか、あなたがこう考えるのなら私もこう考えましょう、というふうに、独立しているんだけども話し合いで決めて協力してやりましょうというような、二つの関係があると思うのです。

日本人がこれまでやってきた人間関係のやり方は、話なんかしないでも以心伝心でだいたいピタッとわかるというのが好きなのです。それで皆一緒じゃないか、と。いちいち説明しなくても、一緒にやりましょうという気持ちがあるのです。ところが、これはいいようにばかり言われますが、悪いところもあるのです。どこが悪いかと言えば、みんなとつながりすぎていると、自分の好きなことがやりにくいのです。たとえば、みんなで一緒に酒を飲みに行こうとなったときに、きょうは家に帰って本を読もうと思っても、日本人は滅多にそんなことは言わない。行こうとなったときに、「私は読書をしたいと思います」と言うと、ものすごく嫌われてしまいます。

ところが、アメリカ人やフランス人を見ていますと、一人一人がきっちり分かれていて、話し合いでまとまっている。これについては、日本も外国も、一長一短で、どちらがいいとは言えないと思っています。それを、一方だけが好きな人は、一方をものすごく誉めます。日本は家庭的でみんなが一緒だからいいと言っても、たとえば家族が一体となって何も言わなくてもスーッとやっていますなんて言うところは、案外、お嫁さんが泣いていたりします。しわ寄せを誰かが被っているのです。それを見ないで、よかったと言っているようなところがある。

外国に行くと、一人一人が好きなことをやっているのだけれど、それがちょっとでもうまく行かなくなると、何で俺だけ損をするんだ、物だってとっていいじゃないかということになって、悪くすれば暴動や略奪ということになるのです。日本は、まだまだみんな一体感を持っていたというわけです。

もっとも、昔の日本よりはかなり西洋化していますから、自分の生活を考えられても、割と西洋風に個人個人が独立して生きておられるようにも思います。マンションなんかに住んでいて、上の階の人に会っても、「おはよう」と言うくらいで何をしている人かも知らなかった。それが地震で親しくなったという人は多いのです。「おたく、どうでした?」とか「郷里に帰りますのでよろしく」とか「水は出ますか?」とか言っているうちにだんだん親しくなって、職業までわかってきたりする。そういうことをやろうと思えばできる素地を持っていたということです。

だから避難所なんかでも、もめたところもいろいろあるでしょうが、欧米なんかと比べたら日本の避難所は静かで、みんなちゃんと行動しています。それは日本人のいいところなんです。悪いところはというと、たとえば政府の役人もお互いにつながりすぎている。「震災だから首相として翌日に行った方がいいだろうけど、官房長官はどう考えるかな……」と。官房長官は「私はいいんですが、自民党の方が……」とか言って、まあ、これは別に聞いたわけではありませんが、絶対にそうだと思います。皆でいろいろ考えて、その会議の場にしても「○○さんが、まだ来ていない」とか、朝でしたら「起きられるまで待ちましょう」とか、そんなことをやっているうちに三日ぐらい経ってしまう。

だから、政府は非常に迅速に対応したつもりが遅くなっていた。先ほどの狂犬病の話にしても、「この際、人命がかかっているんだから」というようなことは私たちが言うようなことであって、担当の役人は、勝手に決めてしまって、後からどう言われるかわからないと考えてしまうのです。「お前は勝手なことをやっている」と。

架空の話ですが、スイスから救助犬が来たとき、普通だったら狂犬病の検査で一週間留めるところを、「これは生死に関わる。私の責任で通しましょう」と言ったとします。そして、その結果被災者の命が助かったとなると、「税関の○○さんは偉い人だ、決断をしてルールを破られた」なんて新聞に載ってしまう。そうすると、たいていその人は役所の内部で嫌われると思います。「おいおい、独り占めしやがって」とか「勝手なことをする」とか。皆から誉められるほど、税関の中では嫌われるかもしれません。逆に、狂犬病がどうのこうのとやっていると、新聞からは叩かれるかもしれませんが、仲間同士では何の問題も起きません。「しゃーないな」と言ったらおしまいです。

避難所を預かられた校長先生方にも話を聴きましたが、本当に大変だったようです。自分は教育委員会から校長の辞令をもらっているだけで、何も避難所長を命ずるなんて、どこにも書いていない。ところが、急に避難所長になったわけです。

ある校長先生に聴いた話では、決断しなければならなくなったときは、過去の記録や資料をひっくり返して捜したそうです。関東大震災のときとかの資料をです。つまり、前例があるとやりやすい。前例に基づいてやりましたというと、通りやすいのです。ところが、実際にはそんなものはないから、全部自分一人で判断しないといけないわけで、大変だったことでしょう。

たとえば救援物資がたくさん入ってきたときに、物資の数が人数分に足りなくても受け取って、お年寄りや子どもに配った方がいいのか、百人なら百人分がなければいりません、百なのに二十八個では喧嘩の元だから返しますと言った方がいいのか。こういうことも、校長の判断になるわけです。そんな場合、どんな前例があるのかと捜したところで、記録なんか残っていない。自分の判断で決めるしかないのです。

日本人は、それがすごく下手なのです。みなさん、自分の生き方を見ていただけばわかるように、日本人は何もかも自分で決めるということは滅多にやらないですね。あっちへ行ったり、こっちへ行ったり、いろいろつながりながらやります。申し上げたいことは、これは一長一短だということです。どちらがいいということではないのです。日本の良さがあったから暴動も略奪も起こらなかった。しかし、決断が迫られるときには、馬鹿なことをいっぱいやっている。

みなさんの心の問題で、この大変なマイナスをプラスに活かそうとすれば、そういうふうな日本的なつながりを維持しながら、ここぞというときに決断できる自分があり得るのだろうかということを、よく考えて欲しいのです。私は、常にそういう気持ちでさえいれば、できると思っています。簡単にはいきませんが、心に留めているだけでも、ずいぶん違うと思います。

この際、決断しようと思うときには、とにかくやる。しかし、いつもいつもそういう人間じゃなくて、やはり心のつながりで生きているというのも非常にいい味があるので、これからさらに近代化していったとしても、こういう人間関係というのはある程度維持していっていいのではないかと思うのです。

最初に述べた怒りの感情について考えましょう。震災などの不幸に遭遇した際の怒りや悲しみの感情というのは当然です。いわば、変な異物が心のなかに入ったようなものですから、何とかしてうまく心のなかで消化していかなければならない。

そのために一番いいのは、怒りや悲しみを、出したとしても本当にわかってくれる人に向かって表現することです。これは、よく誤解されていて、そういう悲しみや苦しみはどんどん外に出したらいい、中に持ったままにしておくと傷が残るから出せばいいと簡単に言われすぎて、かえって被害を受けた方もいるかもしれません。親切な人が来て、「震災の体験を喋ってください」「大変でしたね。何か喋ってください」と言ってきたりしますが、見ず知らずの人に喋っても、心が治まるはずはないのです。この人になら言えるという人に喋ってこそ意味があるのであって、そのところが不問にされていることが見受けられたので、これは新聞にも書きました。人間関係があるところで表現するから傷は治っていくわけです。そこがすごく大事なところです。

被災者のみなさんも、もちろん、これまで地震の話はずいぶんされたと思いますが、やはり相手を選んで話したと思います。仲のいい人とか、親類の人とか、あるいは全然知らない人でも同じ体験をした者同士だとか、人間と人間の心の交流があるところで怒りや悲しみを出すから意味があるのです。

自分の子どもが亡くなったとか、夫が亡くなったとかいう場合でも、その涙を受け止めてもらえるから泣けるのであって、悲しかったらどうぞ涙を流してくださいと言われても、できるはずはないのです。だから、ボランティアなどでそういうことをやろうとしている人に私は言ったのです。「あなた方、よっぽど気をつけてください。自分で考えたらわかるでしょ。あなたが失恋したときに急に新聞社が来て、「失恋の悩みを語ってください。だいぶ、スッキリするでしょ」なんて言われたら、「馬鹿やろー」と言いたくなりますね。だから、そんな単純なものではないのです」と。

また、悲しみや怒りを語るということは、ある程度繰り返して話すことになります。一回言ってスッキリするというわけにはいきません。ロサンゼルスにいたときに聞いた話ですが、ロスの地震ですごい被害にあった人が、アメリカ人はよくパーティーをするのですが、その席で被災の苦しい体験を話すと、繰り返しているうちに皆に敬遠されてしまった。そして、われわれのような心理学をやっている者のところに相談に来られたのです。その人が言うには、気の毒なことにパーティーの席で話をしても、相手が本当にがっちりと受け止めてくれないというのです。軽く受け答えされてしまうと、言った側には言った意味がない。つまり、表現する側と聴く側の人間関係が非常に大事だということです。

そしてまた、心の中に大変な異物が入ったような、傷を受けたような、そういう状況が治まっていくプロセスのなかで、そこに伴う感情を表現するということは大事なのだけれども、考えてみたら、悲しかった、辛かったとわかってもらえたところで壊れた家が直るわけではないのです。いくら気の毒がってもらっても、死んだ人が生き返ることはあり得ないのです。代わりにローンを誰かが払ってくれるわけでもない。

そのときに考えることが、「なぜ、こんなことになったのか」ということです。地震でなったという意味ではなくて、「なぜ、自分がこんな目に遭わなければならないのか」ということです。つまり、「私は、これをどう心に収めたらいいのですか」ということです。それを、自分でやっていくしかない。日本人は、その場合「これは運命だ。しょうがない」と思う人が非常に多いのです。

この場合の、もう一つの考え方があります。「これは運命だ」などという考え方をしない。そんなことを考えている暇があったら、「家が潰れているんだから、何とかしよう」とする。今から自分はどこで働こうかとか、新しい場所で心機一転頑張っていこうとするときに、「運命や」などと考えずに、「頑張ろう。頑張ろう」と、ずっと頑張って、克服することによって痛手を治めていく。外国人を見ていると、「運命だ」とはあまり言わない。「ともかく、この場から頑張っていこう」という言い方をする人の方が多いと思います。

興味深かったのは、小学校の子どもさんたちの作文を見ていますと、「こういう運命やったんや」とか、中には「われわれ人間が、あんまり勝手なことばっかりしたので、皆がもっと考え直さないかんというふうな一種の罰だった」とか書いている子どもがいます。その一方で、「われわれは、もっと科学を発達させて、震度八でも九でも潰れないようなものを造ろう」と書いているものもあります。

どちらがいいと言うつもりはありません。人によって、それほど受け止め方の違いがあるということです。ただ、「しょうがない。運命だ」の次に続くものとして、「頑張ろう」と「ほっとこう」の両方があるということです。どのあたりで気持ちが転換するか。あるいはまた、「運命もくそもない。とにかく頑張ったらええんや」と言って頑張っている人で、ときどき二年も三年も経ってから、前の悲しみや怒りがポーンと出てくることもあります。人によって、ずいぶん違うのです。

そこで、自分はどういうタイプかなと考えてみてください。もちろん、一長一短であり、また、あまり人の真似はできません。自分のやり方をやりながら、「自分は、今は頑張っているけれども、もしかしたら、ぶり返しが来るかもしれないけど、来たら来たときのこと」と思ってやるか、「しばらくはボーッとしていたらええわ。それはそれで運命やから、しばらく待って、まあ気分が動いたらやりましょうか」というのも一つのやり方です。

その上で、心に傷があるために不安とか悲しみとかが一年も二年も続いてしまうという人がいます。よく新聞でも論じられていましたが、ＰＴＳＤとかいうような名前がつけられていました。私は、欧米に比べると、まだ日本はそういう傷があとを引くということは少ないのではないかと思っています。さっき述べましたように、日本には全体で受け止めるというところがありますから。皆で受け止めて、皆で分かち合うというところがあるからです。

ロサンゼルスで聴いた体験の中に、こんなものがありました。子どもさんで、不安がきつくて、一年経ってもウロウロして授業もあまり聴いていない。別に知能に問題があるわけでもないし、何も異常はないのだけれども、不安がきつくて困るという子どもさんが、私の知っている心理学者のところに来られました。

そして、われわれがやっている箱庭療法というものをその子にやって、箱庭を作ってもらうと、ものすごく熱心に作り始めました。どういうものを作ったかというと、砂を固めて固めて、すごく大きな山を作ったのです。それを、さらに叩いて叩いて固め、「これ、しっかりしてるやろ。しっかりしてるやろ」と何回も言うのです。そう言いながら、がっちりした山の上にお城を作り、「もう大丈夫。もう絶対大丈夫。もう、これで僕は来んでもいいんや。もう大丈夫や」と言う。その後、本当に不安が消えていったというのを聞いたことがあります。

これは非常に珍しい例です。結局、子どもさんと治療者との間に、非常にいい人間関係ができたわけです。この人ならわかってくれるというか、この人なら大丈夫という感じがしたんじゃないでしょうか。そして、この人に「もっとしっかりした基盤がないと、僕は危ないんや」ということを言っているうちに、だんだんしっかりしたものができてきたわけです。箱庭のしっかりした山を作っているうちに、心の中に、だんだん基盤ができてきて、「もう大丈夫」ということがはっきり言えるようになったと思うのです。

これはすごい体験ですが、子どもたちというものを見ていますと、そういう遊びのなかで心が癒されるということを相当やっていると思います。子どもの描いている絵なんかを見ていますと、不安があったのが、だんだんと治まっていく様子が絵のなかに出てきたりします。ところが、これも誤解されて、「絵を描いたら治るようや」と言って、避難所に行って「地震の絵を描きなさい」というのは無茶な話です。繰り返しますが、人間関係があって、その中で「好きなように絵を描きなさい」というのが大事なんです。無理に地震の絵を描いたら治るというような単純なものではありません。

それで、この人はわかってくれるという人とのなかで自由にやっていくうちに、その人の心が固まって、うまく治っていくのです。森茂起先生は、そういうことを考えながら子どもに絵を描いてもらっている。それを間違えて、子どもをみつけては地震の絵を描かせている人がいましたが、子どものほうこそ迷惑です。自由に描いているなかに地震のことが出てくることもあるし、心が憂鬱だとか、暗いとか、しんどいとかいうことが表現されることもあります。それがだんだん癒されていくんです。

この癒されていくときに、もう一つおもしろいのは、夢というものです。典型的なものは、地震と同じような夢を見るのだけれども、だんだん間遠になって、すーっと消えていくような場合です。夢のなかで「ワーッ、地震や！」と思ってグググラッときても、パッと目が覚めて「ああ、よかった」と思いますね。それが、一カ月ほどして出てきて、あるいはしばらくしてまた出てきて、グラグラッとはくるけど大したことはないというふうに、だんだん薄くなっていって、そのうちなくなっていく。余震みたいに、夢のなかでもちょんちょんと出てきて、スーッと消えていくというようなことがあります。

スイスでお会いしたハンガリー人の話ですが、昔、ハンガリーにソ連の戦車が攻め込んできたときに、ソ連の戦車に追いかけ回され、必死で国境まで逃げて、途中で撃たれて負傷しながらもスイスに逃げてきた人なのです。そのハンガリー動乱から何年も経ってからですが、動乱のときの恐ろしい夢が出てきて、その話を私にされるのです。

どれほどソ連軍が無茶なことをしたかとか、それらを私が一生懸命お聞きして、私としては「大変でしたねえ」と言うしかなかった。それが二回ほどありました。しばらくして、そういう不安がなくなりましたと言っておられましたが、やはり人間の心の中でも、一度治め返すということをするのです。体験しながら治め返すところを、夢のなかでやるわけです。だから、子どもさんのなかには、夢でそれをやっている場合がときどきあるのではないかと思っています。

地震の夢を見て「ギャーッ」と泣いたりするのは、あまり心配いりません。「よしよし。もう大丈夫よ」と言っておけばいいのです。大丈夫、大丈夫と言っておけば、スーッと治まっていきます。

こういうのを見ていると、人間の心はすごいなと思います。うまく消化できなかったものを、もう一度噛んで消化するようなものですね。もう一度夢で体験して心で治め返すというようなことが、自然にできるのです。結局は、なんだかんだ言ったところで、その人自身の治る力というのでしょうか、そういう力によってうまく治っていく。その治まり方には、いろいろあるわけです。そして、だんだんと片づいてきて、辛かったけれども治まってきた。一年も経てば、もうそんなこと言っていられない。自分は頑張っていこうというように頑張っていくことになります。

そして、たとえば三年くらい経って、何かの拍子に「なぜ自分だけが地震でこんなに損をしないとあかんのや」「あの損したことは忘れられへん」なんていうことを急に皆に言いたくなったりすることもあります。もう一度ムカムカと腹が立ってくる。古傷が痛むような体験です。すると、「自分は地震のことは大変だったけれども心に収めてずいぶん頑張ってきたのに、三年も経って出てくるなんて不思議だな」と思うだけではなく、何か、その古傷と対応するような心のあり方を自分がしていなかったかと考えると、わかるときがあります。

具体的に例を挙げますと、地震のことで腹を立てているように思うのですが、たとえば友達五、六人と何か好きなことをしていて、自分だけが車にはねられたりした場合、そういう「俺だけ損した」という感情が地震の体験と共鳴するのです。そんなときは、パーッと怒りの感情が出てきます。そんなときは、「また地震のことを考えてるわ」と思わないで、「ハハーン。また、「自分だけが損をする」というテーマが出てきた。これは、どういうふうに考えたらいいかな」と考え直してみることです。
人生で自分だけが損をしていると思うことは、ときどきあるものです。いわば、これは永遠のテーマなのです。責任も何もないのに、何で俺だけが損をしないとあかんのかなあと言いたくなるようなときは、地震と関係なく、誰の人生にもありましょう。二年、三年後に急に地震のことを思い出してガーッと腹が立ってきたりしたときには、「俺だけが損をしている」というテーマが働いてる」と考えると、なるほどと思い当たることがあると思います。

われわれの年齢でいうと、アメリカに戦争で負けて、日本人としてすごい劣等感があって、アメリカ人を見るとなんとなく偉いように見えたり、逆にやっつけたくなったりという劣等感を持っていたとしても、アメリカに行ったりアメリカ人の友達ができたりすると、スーッと治まったりします。そして、「もう自分には劣等感なんてなくなった。普通にアメリカ人とつき合っていける」と思ったとしても、何かの加減で急に「やっぱり日本人を差別しやがって」とかいう気持ちがガーッと出てくることはあります。

そんなとき、「なくしたはずの気持ちが出てきた」などと思わずに、「ここは劣等感とか差別感とか、日本人とアメリカ人とかいう問題を、もういっちょ考え直さないといかん」と思うようにすれば、いろいろ思い当たる節があります。考えてみたら、劣等感なんて一生つきまとうものなのです。それを、掘り下げ掘り下げして、自分を鍛えていくわけです。または、もっと鍛えないといけないというときに、そのテーマが出てくるのです。

だから、震災に遭った方々も、地震のことが不意に心の中に出てきたら、「まだ、そんなことを気にしていた」なんて思わないで、「これは、もういっちょ自分を深めねばならない。考え直そう」とか、「自分だけ損をするという考え方じゃなくて、もう少し広い見方ができるんじゃないだろうか」と考えますと、せっかく克服したことが出てきたということでなくして、自分を鍛えていく新しい契機ということになると覚えておいてください。

おそらく、震災を経験した人は、そういう体験をされることと思います。十年後に、もう一度地震の夢を見たとすれば、「なんや、十年も経って覚えてるわ」と言わずに、それによって自分がむしろ鍛えられていくんだというような考え方をしてみてください。

II

おはなし　おはなし

明恵三題

「おはなし　おはなし」はアフリカの中央部に住むフルベの人たちの昔話のはじまりの言葉である。遠藤周作さんの「万華鏡」から受けついで随筆を連載することになり、荷が重いなと思ったが、性来の「はなし好き」なので気楽に「おはなし」するようなつもりでお引き受けすることになった。

心理療法家として、私は心の深層を知る上で、夢を大切にしている。鎌倉時代の名僧明恵《みょうえ》は、生涯にわたって自分の夢を記録したことで有名である。彼の残した『夢記《ゆめのき》』を読んで、彼の自己洞察の深さと、それを実生活に生かしてゆく倫理性の高さに私は感動し、彼を心の師と仰ぐほどになった。そして『明恵　夢を生きる』(京都松柏社、一九八七年〔第Ⅰ期著作集第九巻所収〕)という本を書いた。その後五年経ったが、版を重ねて読まれ嬉しく思っている。

その明恵についての話題が二つ重なったので、それを書こうと思ったところに速達が来た。なんとそれも明恵に関することだったので、三題噺になったと喜びつつ、思い出したのが遠藤さんのことである。

読者もお読みになっていた方が多いことだろうが、「万華鏡」にはよく「共時性」のことが論じられていた。共時性とは意味のある偶然の一致、つまり、明恵のことを書いていると、そこに明恵のことに関する速達がつく類の現象に関する考えである。この共時的現象によって、遠藤さんから「しっかりやれよ」とバトンタッチをされたように感じ、心が軽くなった。

ところで、明恵のことであるが、まず第一は私の本が英訳され“The Buddhist Priest Myōe, A Life of Dreams”

(『仏僧明恵 夢の生涯』)としてアメリカのラピス社から出版されたことである。航空便で送られてきたが、原本にはない写真などが入れられていて実に立派な本で感激してしまった。ラピス社の社主は知日家の有名な画家、サム・フランシスさん。訳者はアメリカ生まれの三世で、京都大学にも留学し、仏教にもユングの心理学にも詳しい海野マークさん。お二人の友情には心から感謝している。

もうひとつの話題は、西川流の日本舞踊家西川千麗《せんれい》さんが十日(一九九二年十一月)に「千麗舞の夕」を京都府民ホールで開かれる際に、拙著を読んだことを基にして「阿留辺幾夜宇和《あるべきやうは》」と題する舞を舞われることである。「阿留辺幾夜宇和」は、明恵がその弟子と共に生活の上で守らねばならぬ清規《しんぎ》(規律)の冒頭にかかげている言葉である。この言葉を私は、明恵が各人に対してそのときそのときに「お前のあるべき様は何か」と厳しく問いかけているものと解釈している。その問いを受けて、現代に生きる一人の女性がその答えを舞という形で表現しようとする。現代女性と明恵の心の対話が見られると私は公演の日を楽しみにしている。

明恵もテレパシーのような共時的経験をよくした人としても知られている。お経を読んでいて急に「虫が水に落ちて溺れかかっているので助けてやれ」と言われるので見にゆくと、そのとおりであったりして、弟子たちは「仏陀の生まれかわりか」と驚いた。これに対して明恵は修行すればこんなことは当然のことで、とやかく言うこともないと平然としていた。少しくらいのことで「奇跡」とか「聖人」とか騒ぎたてるのはおかしいと彼は考えていた。

速達便はある新聞社からで、以前に明恵のことを書いたのだが、これを含む連載企画を出版するので、私の部分の校正を、という依頼状であった。この原稿を書きかけたところにあまりにもタイミングよく届いたので喜んだが、明恵さんに「そんなことで喜ぶようでは大したことないよ」と言われそうな気もした。

うちの話

今年(一九九二年)の三月に京都大学を定年で退き、今は京都の西北部にある国際日本文化研究センターに勤めている。「日文研」と通称されているが、国立の大学が共同して使う研究機関で、一九八七年の創設である。日本文化を多角的に研究するのだが、「国際」とわざわざつけてあるように、日本のひとりよがりにならぬように、国際的な視野で、普遍的な考えとのつながりを常に考慮しつつ、日本文化を研究してゆこうというわけである。

各研究者はそれぞれ自分の研究に取り組むと共に、何らかの共同研究もしている。これには所外の研究者も加わるので実に多彩なものになる。私は「昔話」をテーマにした共同研究を主宰している。昔話など研究の対象になるのですかと言う人もあろうが、これが実に興味深く、意味あるものなのである。日本の昔話を他国の話と比較すると、共通点や相違点が明らかになり、そこから文化比較へと進むことができる。

そこで、文化人類学者で昔話に関心のある人や、日本の昔話や神話の研究から領域を拡大して、他文化圏へと調査に出かけた人とかが集まり共同研究をしている。この随筆のタイトルはアフリカのフルベの人たちの昔話の冒頭の言葉であることを前回に紹介したが、それは共同研究者の一人、国立民族学博物館の江口一久さんから教えていただいたことである。いろいろな国や文化における昔話に詳しい人が集まるので、大いににぎやかな研究会になる。

報告者が自分が採集してきた昔話について発表し、その特徴などを論じると、他の研究者がそれについて発言する。「今の話によく似たのが、うちの話にもありますが、そちらの話で海になるところが、うちでは砂漠になるのです」。すると他の人が「それが、うちの話では、森になるんですわ」と言う。このような調子で発言がつぎつぎと続き、それらをよく聞いていると、確かに海のある国とない国ではその点については話は変わるのだが、基本的な共通の型のようなものが見えてきたりする。

ひとつの話について、すぐに韓国、中国、アラブ、アフリカとかいろいろな文化圏の比較がたちどころにできるのが、この共同研究会のいいところである。議論に夢中になっている間に、誰もが「うちの話」という言い方をすることにふと気がついた。江口さんが「うちの話」というのはフルベとその周辺の人たちの昔話のことである。ここで皆が「うちの話」という言い方をして、「あちらでは、彼らは」などと言わないところが面白いのである。

「うちの人」とか「うちうちのこと」とか「身うち」などという表現が日本語にはあって、「うち」というのは大切な感覚であるが、これらの研究者たちが、昔話の「研究」というので、その地域の人たちを外から見ているのではなく、自分もそこにはいりこんで「うち」から見ていることを、この人たちの「うちの話」という言い方は示している。このような感覚で接するから、その土地の人たちも心を開いて昔話を語る気になってくるだろうし、その話のなかに含まれる「心」も伝わってくるものと思われる。「おはなし」というものは、その中に「心」を包みこんでいて、それが伝わってこないときは、文字どおり「おはなしにならない」のである。

「うちにはいりこむ」ことは必要だが、そうなりきってしまうと、またものが見えなくなってくる。やはり、ときには外から見てみることも必要である。その点ではそれぞれが「うちの話」を語りながら、他文化からの視点をも取り入れることを学んでゆくので、その考えが豊かになるのである。考えてみると、井戸端会議もそれぞれが「うちの話」をして比較家族研究をしているわけで、なかなか意義深いものと思われる。

主人公

小説でも演劇でも、そのなかには「主人公」と思われる人物がいる。主人公を中心に物語が展開してゆき、それを読んだり見たりする側の人間は、知らず知らずのうちに主人公に同一化していって、主人公と共に泣いたり笑ったり、何らかの「体験」をする。そんな点で創作をする人にとって、主人公をいかに設定するかは極めて重要なことである。

ふとした機会に、江崎雪子さんの『きっと明日は』(ポプラ社、一九八九年)という闘病記を読んだ。重症筋無力症という大変な病とのたたかいのなかから、『こねこムーのおくりもの』(橋本淳子え、ポプラ社、一九八七年)という児童文学の作品を生み出していった経過が語られている。主人公は黒い木馬。デパートの屋上から淋しい公園の片隅へと移された木馬は悲しんでいたが、そこに猫の親子が現れる。猫は木馬の背に乗って眠るようになり、子猫のムーと木馬は友人になる。しかし親猫は病で死に、ひとりぼっちのムーを木馬が支え励ましてやる。ムーはだんだん元気になってきたが、ある日犬に噛まれて大けがをする。木馬はどうすることもできず、公園によく来るおばあさんに頼んで、ムーを引き受けてもらう。木馬はずっとムーの帰りを待つが、何日経っても帰ってこず、泣くばかりの日が続く。そんななかで、木馬は夕日の美しさにふと気づき、自分が多くの素晴らしい仲間に囲まれていることに気づく。木の葉も夕日も風も……すべてが仲間なのだ。春のおとずれを感じるなかで、木馬の心もはずんでくる。

この物語を小学校低学年の子どもたちが喜んだ。ところが、江崎さんは「とてもおもしろくおもったのは、主人公の黒い木馬より、小さなお友だちのほとんどが、こねこのムーのほうに気持ちをよせてくれていることでした」という発見をする。これは実に考えさせてくれる事実である、とわたしは思った。

華やかな青春の最中に、病に倒れ、働きたくても働けない苦しみを味わった作者が、公園の片隅にあって忘れられがちになる、動くことのできない木馬を主人公に選んだ気持ちは痛いほど伝わってくる。ところが、子どもたちは、子猫ムーを主人公としてしまった。受動的で動かない木馬よりも活動的な子猫の方を、子どもたちは、主人公と考えたかったのだというのは、少し浅い解釈のように思われる。ここで、私が思ったのは、主人公というものはたとえ一番よく活躍するとしても、一番大切な存在ではないのだ、ということである。一番大切な存在は、作品の「主人公」にはなり得ないのではなかろうか、江崎さんの作品の「黒い木馬」は、そのような点で、ややあいまいな性格をもっていた。子どもたちの慧眼はそこのところをいち早く見抜いて、ムーを主人公として押したてたのだ。

江崎さんもそれを感じとったのであろう。その後「こねこムー」を主人公とする連作を生み出し、子どもたちはそれらを歓迎している。このあたりの、読者としての子どもと作者の交流は素晴らしいものが感じられる。大人が真剣に子どもに接している限り、非常に大切なことを子どもから教えられることがあるものだ。子どもに何かを「教えてやろう」とばかり思っている人は児童文学の作者にはなれない。

人間の人生をひとつの物語として見ることは、意義深いことと思っている。自分の人生を物語として見るとき、さしずめ「主人公」は自分ということになるが、それが一番大切な存在ではないことを知ることによって、その物語が深みをもつのではなかろうか。主人公としていろいろと体験をしながら、自分よりも大切な存在とは何かを常に問いかける姿勢をもち続けることによって、たとえ答えは簡単に出てこないとしても、人生が豊かになると思われる。

男と女

日本舞踊家の西川千麗さんの公演を見た。鎌倉時代の名僧明恵上人の夢と生涯を題材として「阿留辺幾夜宇《あるべきやう》和《は》」という創作を舞われることは、この随筆の第一回に紹介した。公演は大成功で、このような公演が外国で催されると日本文化の紹介ということで、大変意義あるものになろうと思った。今回は舞に対する感想というより、それを見ながら連想したことを述べる。

日本舞踊についてはズブの素人なので、まったく勝手な印象であるが、まず「鐘ケ岬」「藤娘」と伝統的な舞、続いて「阿留辺幾夜宇和」の創作舞を見て次のように思った。伝統的な舞における女性の姿は、「男」と「女」の明確な分類の上に立って、男の目から見た「女らしさ」を体現する女性の最高の美を表現しようとする。したがって、それは限りなく美しいのだが、千麗さんという人の個性が感じられにくい。これはもちろん日本舞踊の愛好者が見るとそんなことはないのだろうとは思うのだが。

これに対して、創作舞の方では、千麗さんが明恵という男性を演じるところがある。ところが、男性としてふるまうことによって、前の伝統的作品のときより、こちらの方がはるかに女性性ということが――個性的な在り様をもって――感じさせられるのである。男性としてあることによって、「女らしい」女よりも、ひとりの女性であることを感じさせる、ということが興味深いのだ。

舞を見ながら、私はずっと以前にお会いした女性のことを思い出していた。その人は四十歳を少しこえたころにひどい抑うつ状態に悩まされ、死にたい気持ちさえ強くなって相談に来られた。お話を聞いても何の悩みごともなかった。家族のこと、経済的なことなど、他人から見ればうらやましいほどの状態だった。そんな人が「死にたい」と言っても、誰もが相手にしてくれないと言う。

話し合いを続けてわかったことは、その人は人々が考えている「女らしさ」ということを大切にし、そのように生きることを心がけすぎ、その人の「自分らしさ」を殺してきた、ということであった。一般的な「男らしさ」「女らしさ」にこだわりすぎて、本来の自分の生き方を見失っていたのである。他人の目から見た姿を大切にしすぎて、自分の目を閉じていたのだ。だからといって、この人が「自分勝手」に生きたり、「男らしい」生き方をしたりする方がよいなどとは言えない。

「自分らしさ」の発見は「あるべきようは」の問いに答えることである。それを探し出すのは並大抵のことではない。ただその際に言えることは、「男らしい」「女らしい」などという固定観念に縛られては駄目だということである。前述の女性が「死にたい」と言われるのは、型にはまった「女らしい」自分が死に、そこで本来の自分として生まれ変わりたいと願っていることを示唆している。人間は死ぬほどの苦しみを経ないと、なかなか自分の姿を見いだすことはできない。

男と女という固い分類にとらわれないことによって、女としての自分の生き方が見いだされてくる。考えてみると、千麗さんの舞では、洋楽器と和楽器がうまく溶け合って素晴らしい音楽をつくり出していた。東と西のみならず、夢と現実、生と死などの境界を超える試みもなされていたように思う。ものごとを分けて考えてみることは便利であるし、それができないと話にならない。それを無視したり、単に裏返しにしてみたりしても、建設的なものは生み出せない。それらの分類を踏まえつつ、それを超えようと試みるときに、その人の個性が輝くように思われる。

美しい踊りを見ながら、こんなことを考えているのだから、やはり日本舞踊などわかるはずはない、とお叱りを受けそうな気もするのだが。

ただ座っていること

大学を卒業したときには、高校の教師になることが念願であった。奈良の育英学園に勤めることになり勇躍して数学の教師となった。教師というものは自分自身も何かを学んでいないと堕落してしまうという先輩の忠告に従い、教育の実際に役立つということもあって、京都大学の大学院(旧制)で臨床心理学を学びながら、教壇に立つことになった。

ともかく一生、高校の教師をやろうと決心していたので、嬉しくてたまらず実に熱心に教師の仕事をした。幸いにも「業者テスト」などというものがなかったので、生徒に与える教材やテストなどに工夫をこらし、ガリ版切りに精を出した。クラブ活動もというので、下手をかえりみずテニスや人形劇や、まるで自分もクラブの一員のように張り切って参加した。それと同時にやはり大学院のために勉強もしなくてはならない。服を着たままで机にもたれて寝こんでしまうこともよくあった。「新聞を読んでる暇がない」と思ったことを今も覚えている。

教えることに夢中になり相当なエネルギーを使ったものだが、一年経ってみると、そのようにして必死に教えたからといって、私の教えるクラスの生徒が特別に数学がよくできるようになったわけでもなかった。ここが教育というものの面白いところである。若い教師の熱意がどこかでカラまわりをしているのである。

そんなときにスタニスラフスキイの『俳優修業』(山田肇訳、未来社)を読んだ。これは学園祭に同僚の教師と共に演劇をしたことも関係しているが、教師と俳優は似たところが多いとかねがね考えていたので、よき教師になるためのヒントが得られないかと読んでみたのである。「舞台」に立って「観客」に何かを伝えねばならないという点で、教師と俳優は似たところがある。この書物を読んで印象に残ったのに、次のようなことがある。

俳優志願の生徒に教師である演出家がいろいろと課題を与えるが、「舞台で、ただいすに腰かけているだけ」というのが一番難しい。「恋人を待ちあぐねている」などと言われるとやりやすいが、「ただ座っているだけ」というのは、そわそわしてしまってやれない。ところが演出家がやってみようと舞台のいすに座ると、確かにそれは「ただ座っている」という姿がピタリと決まっていて、生徒たちは感嘆する。

「何もしないことが一番難しい」。このことは教師としての私に強いインパクトを与えた。あれも教えようこれも教えよう、と動きまわっているよりも、教師は「ただ座っているだけ」の方がはるかに教育的なのではなかろうか。教師のピタリと安定して座っている姿を支えに、生徒たちが自主的に動き出し、自分の力で学びはじめるのである。しかし、実際にやってみるとこれは実に難しい。舞台の上で、ただ座ってだけいるのと同じくらい大変なのである。

もちろん、他人と関係なく座っているのだったら誰でもできるかも知れない。観客との関連のなかでするから難しいのだ。それと同様に、教師も生徒と関連をもち、生徒の動きを見ていながら、自分の内面では大いに心をはたらかせつつ、「ただ座っているだけ」だからこそ生徒の自主的な活動が生じてくるのである。

実は心理療法家の読むべき書物について、ある雑誌に連載をしており、今回『俳優修業』を取りあげ読みかえしているうちに、昔のことを思い出した。教師でも親でも子どもに対して、すぐに口や手を出したいときに、

「ただ座って」見ているだけというのは、大変に教育的であるが、実行は難しい。私もこのことを理想として、だいぶ長い年月を過ごしてきたが、まだなかなかその境地には至らないようである。

自己実現

去る十一月二十八、二十九日の二日間、日本臨床心理士会の全国大会が開かれた。心に関する問題や悩みの解決にかかわる専門家としての臨床心理士は現在、三千五百九十八人がいるが、この大会には約千三百人が参加した。ここで公開講演を行い、東京大学教授の村上陽一郎さんが「本当の私」、そして私が「自己実現再考」という話をした。

ノイローゼや悩みの相談を受けているうちに、われわれの先輩の臨床家たちは、単に悩みの解決などということを超えて、「自己実現」ということが大切であると考えはじめた。そのうちこの「自己実現」という言葉も一般化して新聞や雑誌などにも書かれ、今ではおそらくたいていの人が知っているほどになった。しかし、言葉が一般化することは恐ろしいことで、そこには誤解がつきまとい、それにまどわされる人も多く出てきた。そこで、もう一度きっちりと捉え直す必要があると感じたのでその話をした。そして有り難いことに、村上さんは私の話の哲学的な側面を明らかにして下さったと言っていいであろう。

「自己」を実現する、というと、ともかく「自分のやりたいこと」をできる限りすること、そして、それは幸福感に満ちたものなどと思う人がいる。「自己実現を目標にして努力している」とか、「自己実現を達成した」などと言う人さえ出てくる。しかし「自己実現」というのはそんななまやさしいことではない。

実現しようとする「自己」とはいったい何なのだろうか。奥底に存在して「実現」を迫ってくるものは、混沌そのものと言っていいほどつかみどころのないものなのだ。自分の意識では簡単にコントロールできない力に対して、どうしようもないと感じつつ社会の組織や自分を取り巻く多くの人たちとの間に何とか折り合いをつけてゆかねばならない。そのときに出世とかお金もうけとか、一般の評価の方に従いすぎると、社会的には賞賛されるかも知れないが、「自己実現」の道筋からはずれてくるかも知れない。

夏目漱石の『道草』は自己実現ということを感じさせてくれる名作である。主人公である健三という中年男性は、自分の意志とは関係なく、周囲に現れてくる人たちとの間の葛藤や、妻との間のどうにもならない感情の行き違いに、どうしようもない思いをしつつ生きている。健三は自分の「本職」としての大学教授の仕事をやろうとしつつ、変なゴタゴタに巻きこまれ「道草」ばかりくわされていると思っている。しかし、彼が「道草」と思っているそのことが、高い次元から見れば、自己実現の道を歩んでいることになる。『道草』のなかには、そのような高い視点からの見方が、どうしようもないやり切れなさを感じつつ生きている健三の姿の描写のなかに、うまく入り、それが自己実現の道筋であることを示してくれる。

明確な目標があってそれに到達するなんてものではなく、生きていることそのままが自己実現の過程であり、その過程にこそ意味があるのだ。したがって、よそ目には「道草」に見えるかも知れないが、それが自己実現の過程になっている、と考えられる。

こんなことを公開講演でわざわざ言いたくなったのは、「自己実現」というようなキャッチフレーズで、手軽にバラ色の生き方が手にはいると思わせる偽宗教のような、怪しげな商売と言いたくなるようなことに、このごろよく出くわすからである。自己啓発などという呼び方をされることもある。そんなのに乗せられて高いお金を払わされている人もある。自己実現にはそんなに誰にも通用するよい方法などというものが存在するはずがない。何だか難しく「しんどい」話をしたのだが、村上さんの話とうまく呼応していたためもあって、聴衆の皆さんには理解していただいたように感じたが、果たしてどうだっただろう。

サンタクロース

今年もクリスマスが近づいたので、サンタクロースの思い出を書くことにしよう。皆さんの家にはサンタクロースが来るでしょうか。私が子どもだったころ、わが家にはサンタクロースが来たのである。私の両親はクリスチャンではないけれど、どういうわけかサンタクロースだけは取り入れて、十二月二十四日の夜、贈り物がとどけられることになっていた。しかも、それは二十四日の夜、子どもたちが眠っているうちに、家の中のどこかに隠されていて、二十五日の朝暗いうちから起きて、兄弟一同で贈り物を探すことになっていた。

子どもにとって、これほど不思議でまた楽しいことはない。私は朝暗いうちに起きることなどめったにないが、今でも所用で早く起きねばならぬとき、服を着ながらふと子ども時代のサンタクロースのことを思い出すほど、その印象は強烈に残っている。朝早く起きて、兄弟で探すのだが、興奮しているのでなかなか見つからない。サンタクロースは賢いので、年々まったく思いがけないところに隠しているのだ。兄弟への贈り物がつぎつぎ見つかって、自分のだけがなかなか出てこなかったときの心細かったこと。また、それだけに発見したときの嬉しかったことなど、今もなお心に残っている。

わが家の家屋の構造上、煙突からはどうしてもはいってこられないことがわかって、問題になったとき、父親は「うちの家は、ここからはいってくる」と、玄関の上の小さい菱形の飾り窓を指さして教えてくれた。そこで、二十四日の夜、兄たちがひそかに細い糸を張っておいたが、二十五日の朝、それはみごとにちぎられていた！サンタクロースが通ったのだ。

もっとすごいことがあった。小学校五年生の兄が徹夜してサンタクロースをつかまえる、と言い出したのである。私は小さかったので、そんなことをすると贈り物がもらえないのではと大変心配だったが、何と父親が大賛成で協力を申し出た。二十四日の夜、父と兄は徹夜をしようと頑張ったが、兄はついとろとろと眠ってしまい、父親も「お父さんも、つい一緒に眠ってしまって、おしいことをした」というしばらくの間に、サンタクロースはすかさず、すべての贈り物を隠して去っていったのである。これには驚嘆してしまったが、この話は、サンタクロースの素晴らしさを示すものとして、河合家の伝説のようにその後も何度話をされたかわからないくらいとなった。

ところが戦争が厳しくなり、欧米のものに対しては極端な敵意が向けられるようになった。サンタクロースが日本に来るなど考えられないし、来ても断固として排除しなくてはならぬほどの雰囲気になった。子どもたちはクリスマスが近づいてくるにつれ心配が深まってきた。そんなとき、父親が一同に対して、「サンタクロースはもう来ない」と宣言した。しかし、「よう考えてみたら、日本には大きい袋をかついだ大国主命《おおくにぬしのみこと》という神さんがおられる。気持ちが通じるかどうかわからんけど、今年は、お父さんは大国主命にお願いしてみよう」ということになった。

大国主命がクリスマスに来るのも考えてみると妙な話だが、そこはきついことを言わないことにして待っていると、ちゃんと来てくれた。それのみならず、一同に大国主命の絵のついている箱にはいった菓子さえ来たのである。私はその絵を今もよく覚えている。

　このサンタクロースの発明はわれわれ六人の兄弟が家庭をもつようになって、それぞれの家に継承された。そして、家ごとに楽しい物語を生み出す原動力になっていったようである。おそらく次の世代にも継承されるのではなかろうか。私の子どもたちが大きくなって、「どうしてサンタクロースの存在を、長い間信じていたのだろう」と話し合っているのを聞いた。「やっぱり信じたかったからやろ」というのがその結論であった。

白鳥のお話 (I)

　奈良県天理市で天理やまと文化会議主催による「人間環境の内と外」という国際シンポジウムが十二月一日―三日の期間に開かれ、私も参加した。私は「自然と癒し」と題する公開講演をした。そのときに岡山の箱庭療法研究会で会員の平松清志さんに見せていただいた、心身症に悩む小学生の女の子の置いた箱庭について話をした。その箱庭は「癒しの泉」と名づけられており、人間の知らない森のなかにある泉で、疲れ切った動物たちが癒される、という感動的な箱庭であった。

　箱庭療法とは心の問題に悩む人に箱庭を置いてもらい、そこに示される創造的な活動によって、心が自然に癒されてゆく療法である。この女の子の場合も、文字どおり「癒しの泉」という作品をつくることによって、自らの存在の深みにある癒しのはたらきに触れることになり、そこから治癒に至る道が開けてくる。このようなことから「自然と癒し」についての私の考えが広がってゆくのだが、今回ここで述べたいのは、その箱庭に、泉で癒され飛び立とうとしている白鳥が置かれていたのに対して、私が連想したことである。

白鳥というのは人間のイマジネーションを誘う力の強い存在で、上村くにこ『白鳥のシンボリズム』(御茶の水書房、一九九〇年)を見ると、それが詳細に分析されている。それによると白鳥の意味するところは深く広いのであるが、そのなかのひとつにエロスということがある。白鳥は物語のなかでは男にも女にもなり、よく知られている話としては、ギリシャ神話で、デウスが白鳥となってレダという美女と交わる話や、バレエの「白鳥の湖」のように、白鳥が女性になる話がある。いずれにしろ、エロスにかかわってくる話である。

ところで、わが国の物語を調べてみると、『風土記』の近江国の話には、天女が白鳥となって飛来し、その羽衣を隠した男性と結婚し、子どもまでできるのだが、結局は羽衣を手に入れて飛び去り、男はむなしく残されるという話がある。白鳥が乙女になる話は、他にも『風土記』に語られているが、それから少し時代の下る『日本霊異記』には、白鳥が全然出てこない。その後の『今昔物語』や中世の説話を見ても、まったくない。

このことはいろいろ解釈されるだろうが、私は仏教の伝来によるものではないか、と思っている。仏教においてはエロスは煩悩として低い評価を受けるので、せっかく昔にあった白鳥の物語も仏教説話になじまないので消されてしまったのではなかろうか。

一方、西洋においてはロマンチック・ラブという考えが生まれてきて、このために、白鳥の乙女との結婚によって、めでたしめでたしと終わる話が多く語られるようになる。伝説のなかには、日本の『風土記』と同じように悲劇に終わるものもあるが、十八世紀ごろに「お話」として定着するものは、結婚をもってハッピーエンドとする形が多くなっている。昔話でもヨーロッパでは幸福な結婚をもって終わるのが多いのに、日本では悲劇的なものが多いのもこのようなことと関係しているように思われる。

こんなことを考えていると、『風土記』の時代に日本人の心のなかで活躍していた白鳥が、仏教の伝来と共に追いやられてしまって、どこへ行ったのだろうなどと疑問が起こってくるのだが、すでに述べたような箱庭に接すると、「白鳥さん、こんなところにいたの」と言いたくなってくる。現代に生きる小学生の女の子の心の奥深くにひそんでいて、それは癒されて飛び帰ってこようとしている。

つまり、日本人としてはその表向きの話としてはおさえてきたエロスの問題を、西洋の考えとも照らし合わせて考え直さねばならない、そんな課題が現代の日本人には課せられているのだ。そのような警鐘を鳴らす役割を、この心身症の女の子が引き受けているのだなどとさえ考えられるのである。

白鳥のお話 (Ⅱ)

数年前にスイスのユング研究所で、日本の神話について講義をした。予想外にたくさんの聴衆があって嬉しかったが、そのなかの一人が「ケルト神話には、日本神話と似たものがあるので読んでみませんか」と勧めて下さった。気になりながらそのままにしていたが、来年(一九九三年)一月からNHK教育テレビの「人間大学」で「現代人と日本神話」という講義をするので、前から買ったままで置いていた井村君江『ケルトの神話』(ちくま文庫、一九九〇年)をこの際にと思って読んだ。

読んでみると実に白鳥がよく出てくるのである。若く美しい男女が白鳥に変身する。なかには前に紹介したわが国の『近江国風土記』の、天女が白鳥になるのとほとんど同じような話もある。ところがひとつそれらとまったく類を異にするのがあった。「白鳥になったリールの子」という話で、これをどう考えるか、今もうひとつ明確には言えないが私なりに考えたことを次に述べてみよう。

この話の要約を紹介する。新しい国の王としてボォヴという神が選ばれるが、選ばれなかった神リールは腹を立てる。しかしボォヴは和解しようとして自分の長女をリールと結婚させる。二人の間に最初は男女の双子、続いて男の双子が生まれるが、子どもを残して母親が死ぬ。ボォヴはそこで次女のエヴァをリールの妻としておくる。エヴァは最初は四人の子を大切にしたが、皆があまりかわいがるので嫉妬して、四人を魔法で白鳥に変えてしまう。子どもたちは嘆き、永遠に白鳥でいるのかと訴えたので、エヴァは少し心を動かされ、三百年ずつそれぞれ三つの湖や海で過ごした後、北の国の王子と南の国の王女が結婚し、キリスト教の鐘の音が響いたときに、お前たちは人間の姿に戻る、と予言する。

かわいそうな白鳥は親たちとも死に別れ、悲しく九百年を過ごすが、ある朝、不思議な美しい鐘の音が聞こえてくるので、これがキリスト教の鐘かも知れぬと思い礼拝堂に行く。やがて南の国の王女と北の国の王子が結婚することになり、王子は結婚の贈り物として例の四羽の白鳥をつかまえるが、そのとき魔法がとけ四人の老人が現れる。九百年の年月の重みに腰の曲がった老人たちはすぐに死にそうなので、聖者が洗礼をほどこし、それによって彼らの魂は天に昇っていった。

これは白鳥の老人の話で、詳細に考え出すときりがないが、ふと私が思いついたのは、割に長い夢を見た最後のところで救急車が来るというとき、目が覚めると実際に救急車の音が聞こえてくる、という事実である。おそらく、これは眠っている人に救急車の音という刺激がはいり、そのために目覚める直前の少しの時間の間に見たイメージをつなぎ合わせ、それをうまくさかのぼって、ひとつの夢のお話をつくるのではないかと思われる。そうでないと、長い話の夢を見てきて最後のところでうまく救急車が来るのに合わすなどという芸当ができるはずがない。

それと同じように、この話もケルトの神話として語られているが、話ができたのはキリスト教の鐘が鳴り響いたとき、つまり、キリスト教が伝来されたときで、それまでにあったケルトの話の断片をつなぎ合わせてこんな話ができたのではなかろうか。したがって弱く腰の曲がった老人、つまり古いケルトの文化がキリスト教によって教化される話をつくったのではと考えられる。しかし、話を逆行させてみると、案外ケルトの魂は白鳥の姿をとり、古い時代へと戻っていったことになるのかも、などと考えられる。読者はこの不思議な話をどう読まれただろうか。

「白鳥のお話(I)」と(II)の原稿を書く間に、山陰のある心理療法研究会に参加したら、そこでも心が癒されていく過程で、白鳥の話がつくられる例に接して驚いてしまった。現代に生きる日本人の心を癒すため、白鳥さんは全国で活躍して下さっているようである。

マージャン

読者の皆さんは正月をどのように過ごされましたか。正月というと私は「遊び」を連想する。子どものころから正月の三日間は徹底的に遊んで暮らすことになっていて、それは結婚して自分が家庭をもつようになっても続けてきた。三日間、マージャン、トランプ、かるた、ゲームなどをして家族一同で遊び続ける。そんなわけで、遊びにまつわる思い出は多いが、今回はマージャンのことを書いてみよう。

マージャンのような遊びは誰でも夢中になるときがあるものだが、徹底してのめりこむと、どこかで「卒業」するものである。熱中卒業の法則とでも言うべきか。私の父母は共にマージャンが好きで、家庭マージャンをよくした。小学三年くらいから加入して、小学校の間に「卒業」した感じがある。といっても、結婚後も、故郷に帰って兄弟が集まると、ひとつやろうかということになる。随分以前、私の長男が小学五年生のころ——三男が小学一年でまだ早いと、わが家ではマージャンをしていなかったが——家族一同で実家に帰ったときに、われわれ兄弟でマージャンをした。久しぶりのことで一同張り切ったので、河合家のジャン史に残るような凄絶な戦いになった。

子どもたちは、後ろに立ってあちこち見回っているうちに、だいたいのことがわかってきたらしい。「お父さん頑張れ」と自分たちも興奮して、実に楽しい一時を過ごした。ところが、子どもたちはマージャンのとりこになってしまって自分たちもやりたくてたまらなくなった。しかし、「マージャンが欲しい」と言っても簡単には許可がおりそうにない、と悟ったのか、子どもたち三人で何やら相談をはじめた。

どうするかと思っていると、自分たちが見てきたことや百科事典などを参考にし、画用紙を切って、ノリとはさみでマージャン牌をつくり出した。そこで、紙マージャンで三人でやりはじめたが、やはり四人の方がいいのは当然である。こちらは「やってるな」と思うが、おいそれと参加することもないので、それには加わらない。

そこへ、私の母親が遊びにやってきた。「おばあちゃん、マージャンをしよう」とさっそくに引き入れてするが、何しろ紙マージャンなので大変である。「せきをすると飛ぶぞ」と、文字どおり息を殺してやっている。母は老眼鏡をかけて頑張っていたが、手製のマージャンなので図柄が見にくく、「あがり！」と言ったところが、まちがっていた。「おばあちゃんがチョンボをした。罰金、罰金！」と子どもたちは大喜び、母は負け惜しみが強いので、「こんなのは、まちがうのは当たり前や、今度来るときは負けへんで」と捨てぜりふを残して帰っていった。

半年ほどして、また母親が遊びに来た。何とそのおみやげは「マージャン牌」であった。「ほんもののマージャンや」と子どもたちは大喜び。こうなると私も参加することになり、それが夏休みだったこともあって、家族をあげてマージャンに熱中した。こうなると、茶碗が並んでいても、箸が置いてあっても、「マージャン牌」の図柄に見えてくるほどになる。夏休み中マージャンづけになった。

ところが夏休みが終わってしばらくしたころ、子どもの担任の先生から電話がかかってきた。「河合君は夏休みの宿題をろくにしていないし、成績も下がってきた。これはどうしたことか」と本人に尋ねてみると、「マージャンに熱中した」とのこと。マジメな先生なので、「大学の教育学部の先生の家で、そんなはずはない」と思い、確かめのために電話してこられたのだ。真相が判明して、この先生の教育観が変わったかどうかは不明であるが、ともかく、このようにして、私の子どもたちはマージャンを「卒業」していった。何によらず卒業するためには授業料が必要で、少しの成績の低下などは仕方のないことである。

ガムラン音楽

昨年(一九九二年)の末に短期間であったがバリ島に行ってきた。バリでは、これまで二十年以上にわたってバリの研究を続け、最近はバリ州の知事から最高の勲章を受章された大橋力さん(放送教育開発センター教授)が待っていて下さって、おかげで観光コースではなく、ただちにバリ文化の中核に触れるような体験をさせていただいた。

バリ文化には以前から強い関心をもっていたが、実際に経験して感激することが多かった。まず、ガムラン音楽。これはほとんどが打楽器でときに笛がはいるが、三十人ほどの人が指揮者なしで一糸乱れぬ演奏をする。これはまことに不思議な音楽で、そのなかに実にいろいろなものが共存している。早いにぎやかな感じと、ゆるやかで、もの悲しい感じが同時に伝わってくる。拍子も単純ではなく、異なる拍子が共存する。それらが継時的にではなく同時的に起こってくるところが特徴的なのである。

演奏を聴いていてすぐ気づいたことは、演奏している人たちが、無表情と言っていいほどに表情を変えないことである。ある程度のリーダー的存在である最前列でタイコをたたいている人の表情のみ、ときに変化する。私がすぐ思い出したのは、日本の子どもたちがヴァイオリンをグループで演奏をする姿である。一糸乱れずまったく機械的に無表情に、ヴィヴァルディを弾いたりする。ある国際会議で外国の友人たちとそれを聴いたとき、欧米の人たちがまったくやりきれない顔をしているのを見て、ほんとうに恥ずかしい思いをしたことがあった。西洋のものをいち早く取り入れ、子どもたちでさえ西洋人顔まけの精度でそれをやり遂げるが、それを支える「こころ」の方はさっぱり置き忘れている。というより、「こころ」を排除することによって、精度を高めることに成功している、と言っていいかも知れない。

ところが、ガムランはそれとまったく異なるものである。ガムランは聴く人の体全体に作用してくるように感じられるし、多くの欧米人の聴衆も感動している。西洋音楽の名演奏の場合、演奏者の一挙手一投足にさえ、われわれは「表情」を感じる。オーケストラでは、指揮者一人がすべてを統合して表現しているとはいえ、楽員の個々の表情は生き生きとしている。「豊かな感情の表現」ということは、音楽のみならず、他の芸術においても大切にされるところである。それではガムランはどうなっているのだろう。

このことを説明するためには、「こころ」と「たましい」とを分けて考えてみるとよいようである。目に見える感情の表現はこころを通じてなされる。こころを豊かにすることは欧米の近代人にとっても大切なことだ。しかし、それをもうひとつ底で支えているとも言える「たましい」こそ大切なのだ。それは目に見えず、あるのかないのかさえ定かではなく、近代人はその存在を否定しようとしたとさえ言えるだろう。しかし、われわれが本当の安らぎ、こころも体も全体として根づいて感じられるためには「たましい」とのつながりを持つ必要がある。

西洋音楽も素晴らしいものは「たましい」とつながっている。しかし、それは個々の「こころ」を通じて表現される。これに対して、ガムランは個々の人の「こころ」よりも全体としてのたましいが、直に聴く人のたましいへと働きかけてくるのである。したがって、それは強いインパクトをもつのだが、演奏する人の個人的な「表情」や「表現」などは無関係のものになってくる。バリのたましいが直接的に作用してくるのだ。

欧米の文化を急速に取り入れつつある日本人は、焦りすぎて妙な失敗をするのだが、自分の「たましい」を大切にするのにはどんな道があるのだろう。ガムランを聴きながらそんなことも考えていた。

大和魂

前回に日本人の「たましい」などということをちらりと書いたため、右翼と誤解されると困るので、私が子どものころに「大和魂」によってどれほど迷惑したか、という思い出を書いておこう。

私が中学一年生のときに第二次世界大戦がはじまったのだから、私の子ども時代から思春期にかけて、ひたすら日本の軍閥が力を強くしてきた時代と重なるわけである。その間に、彼らは「大和魂」の大切さを強調して、忠君愛国の精神によって死ぬことは、悠久の魂の生存につながる、と言い、子どもたちが兵隊となって死ぬことをもっとも偉大と考えるように指導した。後になってわかったことだが、当時でも都会のインテリの人々は、心のなかではそれに反対し、また少しでも対抗する手段を考えたりしたようだが、私は何しろ田舎に住んでいるし、軍人がやたら尊敬される風潮のなかで育ったので、そんなことは考えられもしない。

マジメな中学生として、「大和魂」というものはすごいと思うのだが、困ったことに自分の実感として一番強くあるのは「死ぬのは嫌だ」し「人殺しも嫌」なのである。おまけに泣き虫ときているので、下手をするとこんなのは「男」のなかに入れてもらえない。そこで、本心を隠して皆と行動しているのだが、ときどきどうしても馬脚が出る。

中学校でグライダーをすることになった。これも将来は航空兵としてお国のために死ぬ準備である。ともかく、成績のいい者は陸軍士官学校か海軍兵学校に進むと誰もが確信しているような中学校だから、私がグライダーに熱心になるのも当然と思われている。ところが、私はそんなものは理屈抜きで嫌いなのである。教師は「グライダーをやらないか」と言う。私は「ともかくやりません」の一点張り。教師はたまりかねて、冗談半分ながら、「お前のような奴は敵国のスパイだ」と言った。それ以後しばらく、同級生に「スパイ」というあだ名をつけられたが、それでもグライダーに乗るよりはよかった。私の「たましい」はそれを断固として……というほどカッコーよくもないが拒否したのである。

戦争も最中になると、優秀な生徒を確保するため陸軍士官学校が推薦制を考え出し、恐ろしいことに、私に白羽の矢が立った。中学三年のときである。「こんな名誉なことはない」と、それを伝えに来た担任の先生は大喜びであるし、両親も「こんな有り難いことはない」とお受けした。私の「大和魂」は有り難さに感激したが、もうひとつの「たましい」は「やめとけ！」と叫ぶ。

やめるとしても、どう言うかが大問題だ。グライダーの一件ですでにスパイにされているのに、下手をすると私のみではなく家族全体が被害をこうむるだろう。しかし、「有り難いこと」と私に告げたとき、母親の目が「嫌やったらやめてもいいで」と言っているのを私は感じとっていた。母親は大和魂と関係なく、自分の子どもが一人でも多く生きていて欲しいと願っているのだ。

「しょうがないから、いくさはわしらがやる。お前は軍人になんかなるなよ」と言い残して戦地へ出かけて行った次兄の言葉も思い出した。私の兄弟は私が軍人に向かないことをよく知っていて常にかばってくれた。そんな記憶に支えられながら、私は長い手紙を父に対して書き、眠っている父の枕元に置いた。翌日の午後、父はまるで何事もなかったかのように、「あれは断っておいたよ」と言った。母親は嬉しそうにしていた。

両親がどのように話し合いをし、父がどのようにして断ってきたのかを今も私は知らない。しかし、理解のある家族に守られて、私の「たましい」は「大和魂」にやられずにすんだ。もっともそのため軍事教練の点を最低にされ、高等学校に入学できなかったが、そんなのは小さい傷である。

おくればせ

前回に戦争中に少年だった私の苦しみと、その親子関係のことを述べたが、ちょうど同じころにドイツで少年としてその時代を生きた作家が、自分の父のことについて書いている感動的な書物に接したので、そのことを紹介してみたい。

ペーター・ヘルトリングは『ヒルベルという子がいた』(上田真而子訳、偕成社、一九七八年)、『ヨーンじいちゃん』(上田真而子訳、偕成社、一九八五年)などの児童文学の名作を通じて知り、対談をしてその温かい人間性に触れたこともあって、心から尊敬する作家である。彼の『おくればせの愛』(上田真而子訳、岩波書店、一九九二年)は、戦争の犠牲者として若くして死んだ父に対して、その存命中には意識できなかった愛を——というよりもっぱら反撥のみを感じていたというべきであろうが——父の死後三十年を経て、心の底に浮かんでくるイメージを頼りに再確認しようとするユニークで味わい深い作品である。

これを読むと、父と息子との対話が西洋においてもいかに難しいものであるかがよくわかる。特に思春期においては、息子はまず父親に反抗することから、この世に打って出る仕事をはじめるものだ。ヘルトリングも思春期には父親に対して何とか反撥しようとする。そして、父母ともにヒトラーに批判的であるのを知って、ならず者でヒトラー・ユーゲント系の少年団にはいっている同級生の少年ニェメッツに接近していく。

ニェメッツは落第生のならず者。ヘルトリングの母親はニェメッツを批判する。「母さんはぼくたちを馬鹿にし、ニェメッツなんて子はがまんできないと言う。それだからこそ、ぼくは彼に与《くみ》せざるを得ないのだ」。「それだからこそ」というところに、少年の気持ちがよく出ている。それでは父親はどうしただろうか。父親は息子に一緒にある町まで旅行に行こうという。「後にも先にも一回きりの二人旅」。いったい父親はどういうつもりで息子を誘ったのであろう。

父親はナチスに迫害される人たちのために弁護士として戦っていた。二人が訪ねていったグリュックさんはナチスに財産を取りあげられかけて困っている人だった。父親はいろいろと考えるが、なすすべが見つからない。グリュックさんは少年ヘルトリングに素晴らしい庭を見せ、深いため息をつく。これも没収されてしまうのだ。「法律があなたの味方でないのですから」としか言いようのない父親は、結局のところグリュックさんを助けることができず、別れ際にグリュックさんを抱きしめて気持ちを伝えることしかできなかった。

当時を回想してヘルトリングは書く。「このグリュックさん訪問で、あなたはニェメツのことに対しての答えを示そうとなさったのですね。そうにちがいないと思います。お父さん、それは成功しませんでした。あなたは話してくださるべきでした。話して、あの方の不幸に同調なさるべきでした」。「たぶん、あなたはわたしの質問を、ニェメツたちに煽りたてられたわたしのあさはかな反抗を恐れておられたのでしょう。わたしはあなたの勇気にも誠実さにも気がつきませんでした。なぜあなたがグリュックさんのような他人を抱きしめたりするのか、疑問に思っただけでした」。父子の対話は成立しなかった。

このようにしてヘルトリングは父とのことを回想し、二人の距離をだんだんにつめてゆき、父への愛を再確認するところへと到達してゆく。その愛の深さ、感傷を排した的確な文が読む者を感動へと誘いこむ。

訳者上田真而子さんのあとがきによると、「おくればせ」と訳された原語の nachtragen は「あとから届ける」「いつまでも怨みに思う」「あとから付け加える」という意味もある、とヘルトリングが語ったという。このような父と息子の間の深い愛は、これらの意味をすべてこめて、おくればせ(nachtragen)にしか体験できないのではないか、と思われもする。

安部公房さんの思い出

年が明けて、一カ月も経たない間に、私が直接に存じあげている方で、国際的に日本人として誇ることのできたお二人の方が亡くなられた。イスラム思想の研究者、井筒俊彦先生と作家の安部公房さんである。私にとってはどちらも手の届かないところにおられる人と思っていたのに、幸運にも少しの機会ではあるが直接にお話し合いすることができた。井筒先生には他に追悼文を書いたので、今回は安部公房さんについて思い出を書かせていただく。

私は実践家タイプというよりも、本をあまり読まない類の人間であるが、『月刊Ａｓａｈｉ』の記者にうまくおだてられて、文学作品を種にしながら中年の問題を考える「中年クライシス」という連載をした(のち、朝日新聞社、一九九三年〔本著作集第九巻所収〕)。そのために柄にもなく小説をあれこれと読んだのだが、安部公房さんの『砂の女』には、まったくたまげてしまった。これは私流の表現で言うと、最高の「おはなし」である。「たましいの現実」は「おはなし」でないと語れないところがある。

『砂の女』を読んでいると、こんなこと実際にはあり得ないとわかっていながら、その話が凄い現実感をもって感じられてくる。昼の間に知らぬ間に砂がたまってきて、夜にそれを除かないと家が押しつぶされる話などを読んでいると、われわれの「たましい」も昼間に仕事に励んでいる間に、知らず知らずのうちに「ほこり」をかぶってつぶされかかっているのではないか、などと思えて慄然としてくるのだ。

他人の相談をしていると、人間関係のしがらみや、人間の心のなかのドロドロとした世界などとはいつもおつき合いをすることになる。しかし、そのようなドロドロのかなたに見え隠れする「たましい」の存在をかすかにでも感じとることによって、このような仕事を続けてゆくことができる。しかし、それはなかなか見えにくく、ともすると見失ってしまう。そんなときに『砂の女』のような作品に出会うと嬉しくなるし、安部さんという人に会ってみたいなどと思ってしまう。

ところが、話がうまくゆくときは不思議なもので、安部さんの最新作『カンガルー・ノート』(新潮社、一九九一年）をめぐって対談しないかという話が出てきて、二つ返事でオーケーした。その上、大佛次郎賞の選考委員とかいうのになって出席してみると、安部さんが先輩委員としておられたというので、この一年ほどの間に急に安部さんに直接お会いする機会ができたのである。

お話し合いをしてすぐ思ったのは、異次元の世界に心が広く開かれている人だということである。日常会話のなかに突如として非日常の世界が姿を現したり、マジメな話のなかで大マジメになって、ストンと滑稽が生まれたりする。極めて論理的・合理的な形態をとりながら内容は途方もなく非合理な話が出てきて、しかも、こちらは何となく納得させせられたりする。安部さんと言えば、誰しも「前衛」ということを思いつくだろうが、それっとばかり皆で前の方に出てゆくと、何のことはない安部さんは一人で後ろにいて、ニヤニヤとしているようなところがある。

こんな話をすると安部さんがノンビリした人だと誤解されそうだが、お会いしているときには、全身が神経で覆われていて皮膚という守りがないと言いたいような感じが、ビリビリと伝わってくることもあった。おそらく創作されるときは、そのような身体をふきさらしの空間にさらして、そこに感じとられるものを素にして作品を生み出していかれたのではないか、と思う。そういえば『砂の女』にしろ『カンガルー・ノート』にしろ、何とも言えぬ皮膚感覚がその作品の基調にあったとも言える。現代人はどうしても視覚のみが優位になりがちなのだが、触覚のような原初的な感覚を活性化しながら、一人で現代の前衛に立ち続けることをなし遂げようとされた。もっと長生きしていただきたかったと思うが、本人としてはこれよりほかにないという想いがあったのではなかろうか。

神話を語る

今、NHK教育テレビの「人間大学」で「現代人と日本神話」という話をしている。なかなか視聴者も多いようで喜んでいるが、このようにテレビで日本神話を語ることなど、私が日本神話を研究しようと思い立ったころは、とうてい考えられぬことであった。私自身も敗戦のときには、軍閥が日本神話を利用してよからぬことをした、という思いが強く、日本の神話など二度と読みたくない、という気持ちであった。

ところが、スイスのユング研究所に行き、自分が分析を受けて、自分自身のことを掘り下げているうちに、どうしても日本の神話を問題にせざるを得なくなってきた。それでも昔の思い出があって迷っているときに、日本の神々についての夢を見た。ユング研究所では分析家の資格を得るためには論文を書かなくてはならず、それには日本の神話を取りあげようかと思いつつ、前記のような抵抗感が強く困っていた。しかし、私の夢を聞いた分析家のC・A・マイヤー先生は、「自分の存在を掘り下げていくうちに自分の国の神話にぶち当たるのは、むしろ当然ではないか」と言われ、私もとうとう決心をした。

すると、先生は「そんなことならケレニイに会うといいだろう」と事もなげに言われ、私の目の前で電話をかけて交渉し、日時を決定して、ケレニイがチューリヒの中央図書館の読書室で本を読んでいるので、そこに会いに行くようにと言われた。これには私は驚いてしまって、ハイハイと言ったものの、どうなることか心配でならなかった。ケレニイ博士はハンガリー生まれの著名な神話学者で、マイヤー先生は友人だからいいものの、日本から出てきた若僧の私などに本気で会ってくれるだろうか、という思いがしたのである。

ともかく言われた日に中央図書館の読書室に行くと、その人のまわりに張りつめた空気が感じられるような端然とした白髪の老人がすぐ目について、その人がケレニイ博士だとすぐわかった。おずおずと自己紹介すると、ここでは話ができないので、とすぐに図書館の近くの喫茶店に行った。

「日本神話について何が書きたいのです」とケレニイ博士に尋ねられ、われながら不思議なことに「太陽の女神について」と答えてしまった。実はそれまでは、スサノオについて書くつもりだったのである。ケレニイ博士に会って、スサノオについて話すことをいろいろ考えていたのに、どうしたはずみか、アマテラスのことになってしまった。ケレニイ博士は非常に喜ばれて、「太陽は男性」とヨーロッパの文化では決めているようなところがあるが、そんな簡単なものではない、と話をはじめて、ギリシャ神話では太陽の女性的側面は、太陽神の娘たちとして描かれている、というようなことを話された。

そして最後に「あなたは詩をつくりますか」と言われる。突然のことにけげんな顔をしていると、「日本の神話を何度も何度も読みなさい。そんなに他の本を読む必要はありません。何度も神話を読んでいると、あなたの心に詩が生まれます。それをそのまま書けば、最高の論文になるはずです」と言われた。私はすっかり感激してしまって、「できる限り頑張ります」と言ってお別れした。

しかし、考えてみると「詩」は私の不得意中の不得意である。意気に感じて、「頑張ります」などと言ったもののの、どうしようもない。そこでケレニイ博士の言葉を少し変えて、自分の心のなかに生まれてきた「物語」を語ることにしようと思った。硬い「論文」を書くのではなく、神話を物語るのだと考えると、ある程度はケレニイ先生の忠告を生かしたことになる。

そんなわけで、今はブラウン管を通じて、日本神話を語っているのだが、博士にお会いしてからすでに三十年の年月が経っているのである。

がんとクロッパー先生

先日、がんについてのテレビを見ていたら、クロッパー先生のことが出てきて驚いた、と家人が教えてくれた。ブルーノ・クロッパー先生は私が一九五九年にアメリカに留学したときに指導していただいた先生で、もう亡くなられてから三十年ほど経っている。私にとっては忘れられない大切な先生であるが、当時有名となった彼のがんに関する研究のことが話題になってテレビに登場された、というわけである。

臨床心理学を学びはじめたころ、私はロールシャッハテストという、インクのしみのような絵を見せて何に見えますか、と尋ねるテストに夢中になっていた。そして、その大家であるクロッパー先生のところに留学したのである。結局はこの先生の推薦でスイスのユング研究所に行くことになった。先生については話したいことが多くあるが、今回は先生のがんの研究について述べることにしよう。

先生は、がんになって医者が手術不可能とした人のなかで、それでも相当期間生きのびる人と、すぐに死亡する人とに注目し、その差が身体的には明らかでないときでも、心理的な面で差があるのではないかと考え、それぞれにロールシャッハテストをして比較検討を行なった。細かいことは省略してしまって、大筋だけを言うと、自分はがんであると知り、それと戦おうとして堅く頑張りすぎる人は短命であるが、がんであるなら、それなりにできることをしようと一種の諦観に達した人の方が長生きをする、というのである。もちろん、がんであると知って悲観してしまって生きる意志もなくなるような人も短命である。だから、あきらめるといってもなげやりになるのは駄目で、あくまでも生きようとしつつ、かつ、頑張って戦うのではなく、自然にまかせるような境地になることが延命につながるという。

このような諦観の境地ではなく、何か薬を飲んでそれによって絶対に治ると信じたり、ときには、妄想的と言えるほどに自分はがんではないと確信したりする人たちも、あんがい延命の期間が長いということもわかった。人にはそれぞれの人生の生き方があり、何も少しでも長く生きる方がいいとは限らないので、どんな生き方が「よい」などと言えたものではないし、以上の点についても一般論であり例外もあるわけだが、ロールシャッハテストの結果を通じてこのようなことが明らかになったのは、当時としては画期的で随分と話題になった。

ところが、この研究には思いがけない副産物があった。医者からがんであとしばらくの命と言われ、クロッパー先生がロールシャッハテストをした人が、それならば人生の最後を楽しもうと世界一周旅行に出かけた。ところが帰ってくると、がんがさっぱり消え失せていたのである。他にもこのような「奇跡的」な例が見いだされた。このことをクロッパー先生が講義で話されたとき、私はあさはかにも、心の状態が原因となってがんも治るのかと思いかけたとき、先生が「このことから、すぐに心と体の現象を原因・結果の思考でつなぐような考え方をしない方がいい。このような事実は存在する。しかし簡単には説明できない。ユングが最近言いはじめた共時性(シンクロニシティ)ということがヒントになるのではなかろうか」と言われた。

これが「共時性」という言葉を私が知った最初であり、強く印象に残った。共時性については最初の回ですでに述べたが「意味のある偶然の一致」とも言うべきことである。

がんにこのような奇跡的な現象が生じることは、今日ではよく知られている。しかし、それを単に「偶然」として棄て去らず、もう少し正面から研究することを考えてはどうだろう。アメリカではすでに行われているようだが、わが国でも誰か研究する人はないものだろうか。

魔法のまど

詩人のまどみちおさんに関する話題に接することが多い。『まど・みちお全詩集』（理論社、一九九二年）が発刊されたこともあって、雑誌『飛ぶ教室』が、まどさんの特集を組んでいるし、先日はNHKテレビで「〝ぞうさん〟のメッセージ――詩人・まどみちおの世界」が放映された。私はまどさんの大ファンである上に、阪田寛夫、谷川俊太郎、安野光雅、山本直純と私の好きな人たちがズラリと並んでの出演で、ときにはさまれる、まどさんの歌と共に、この人たちの一言一言を心をおどらせて聴くことができた。

まどさんなど知らない、という人でも、「ぞうさん、ぞうさん、おはながながいのね」の詩をつくった人と言うと、「あ、そうか」と思うことだろう。まどさんの名前を知らないままに、まどさんの歌を口ずさんでいる人はたくさんいるだろう。まどさんは、それでいいのです、と言われるに違いない。まどさんにとっては、まどさんのうたっている、ぞうやありやコスモスなどの姿を、皆が見てくれるといいのであって、まどさんは文字どおり、それを見る「窓」になって、見る人の意識から消えてしまっていいと思っておられるだろう。それは、ほんとうに「魔法のまど」なのである。

最近亡くなられた井筒俊彦先生が次のようなことを書いておられた。われわれは通常は自と他とか、人間とぞうとか、ともかく区別することを大切にしている。しかし、意識をずうっと深めてゆくと、それらの境界がだんだんと弱くなり融合してゆく。そして、一番底までゆけば「存在」としか呼びようのないような状態になる。そのような「存在」が、通常の世界には、花とか石とか、はっきりしたものとして顕現している。したがって、われわれは「花が存在している」と言うが、ほんとうは「存在が花している」と言うべきである、というのである。「存在が花している」という表現は、私は大好きである。そして、まどさんの詩を読んでいるとその感じが、ぴたっとわかるときがある。まどさんの詩に出てくる、花や石や、ぞうやのみなどに会うと、「あれ、あんた花やってはりますの。私、河合やってますねん」とあいさつしたくなってくるような気がするのである。根っ子でつながっている感じが実感されるのである。こんなこと当たり前かも知れないけれど、まどさんの「まど」を通じてときどきしか見えないのが、普通の人間のかなしいところである。

最近、『ぼくがここに』(童話屋、一九九三年)というまどさんの小さい詩集が出た。小さい本なので、旅行のときに鞄に入れておき、汽車のなかで景色を見ながら、子どものときにキャラメルを少しずつ大事にしゃぶったように、少しずつ読んでいる。一度に読んでしまうのはおしいのである。そのなかのひとつ、私の好きな詩を紹介して終わることにしよう。

ぼくが　ここに

ぼくが　ここに　いるとき
ほかの　どんなものも
ぼくに　かさなって
ここに　いることは　できない

もしも　ゾウが　ここに　いるならば
そのゾウだけ
マメが　いるならば
その一つぶの　マメだけ
しか　ここに　いることは　できない

ああ　このちきゅうの　うえでは
こんなに　だいじに
まもられているのだ
どんなものが　どんなところに
いるときにも

その「いること」こそが
なににも　まして
すばらしいこと　として

無気力学生

無気力学生という言葉があるが、確かに大学生のなかには、まったく何もする気がしない、何をしても無駄だ、というわけで下宿に閉じこもって全然大学に出てこない学生がいる。あるいは、アルバイトなどはよくやっているのだが、ともかく大学に出てきて勉強して卒業する気はさらさらないというタイプの学生もいる。別に悪いことや困ったことをするわけではないが、ともかく意欲がないのだから始末におえない。

私は自分の学生時代をふりかえると、まさに無気力学生だったのではないか、と思う。ほんとうのところ、自分が何をやりたいのか、何になりたいのかわからないし、ともかく何もする気がしない。当時はまだ結核という病気が多かったので、結核になっていたら公然と大学を休めるのに、と思って医者に行ってみるが、残念ながら身体的にはどこも悪くない。そのくせ、いつも、体はだるいし微熱でもあるのかな、などと思えてくる。

当時は、私は京大の数学科の学生だったが、兄の雅雄が結核のために長らく休んでいたために、私より一年遅れて京大の動物学科に入学してきて、二人で六畳一間の下宿に住んでいた。これぞ「きょうだい下宿」などと洒落を言っていたが、二人とも話好きなので、毎日のようにしゃべっていた。兄の方は動物学教室のなかで起こりかけていた生態学研究の新しい動向にひかれて、将来はそちらに進もうと決心しつつあった。ところが、私の方は何をしていいかわからない。ただ、はっきりしていることは数学の才能はない、ということである。数学の才能がないのだったら、他の学科や学部に転部するべきか。ところがそれをいくら考えても答えが出ない。何でもある程度はやれるとしても、これというものがない。うつうつと暮らしているうちに、兄と相談の結果、ともかく一年間休学してみては、ということになった。ともかく一年間ぶらぶらとしていたら何か出てくるだろう、というわけである。

二人の間では結論が出たが、どうして親を説得するかということになった。父親は「ガンバリズム」などと言っているくらいで、やるべき仕事は頑張り抜くことを信条にして生きてきた人だ。体も悪くないのにただ一年間休学させてくれ、と言って聞き入れてもらえるだろうか。心配だがこの際はトライするより仕方がない。自分も助けてやるからと兄に励まされて、丹波の篠山の実家に帰った。

兄と二人でまず母親を説得すると、母親はよくわかってくれた。そこで、三人で父親に話すことになった。まず私が説明したが、父はなかなか威厳のある人なので、しどろもどろになりながら意見を述べた。続いて、兄と母が私を支持する話をしてくれた。父は「何やようわからへんけど、一年間休んだらよい」と言った。父親の反対を予想して体を硬くしていた私は、ほーと気が抜けたようになったがほんとうに嬉しかった。父は非常に直観力の鋭い人で、このときも理由は不明ながら、休学は息子にとって必要であると直観的に判断をしたのだろう。

父がこのときに下した決定は、以前に述べた陸軍士官学校の推薦を断る決定と共に、私の人生にとって極めて意味深いことをしてくれたと今も感謝している。もちろん、それには兄と母との理解が大いに役立ったのではあるが。

私の無気力は一年間の篠山での生活の間に、いろいろと考えることによって消え去っていった。私は自分が何かを研究するなどというより、高校の教師になって教育のために働くのが適職であると考えた。大学卒業のときは日本一の高校教師になると、大いに張り切って就職した。結局は大学に来てしまったが、私の多くの著書は高校生が読める程度のものばかりなので、ある意味では初志を貫いたとも言えるだろう。

指揮者

指揮者の尾高忠明さんが昨年のサントリー音楽賞を受賞された。その記念コンサートが大阪のフェスティバルホールで開かれ、聴きに行った。オーケストラの生演奏を聴くのは久しぶり。尾高さんの指揮のもとに、大フィルも熱演し、記念コンサートにふさわしい感激を味わうことができた。そのときに感じたことを書くのだが、もちろん私は専門家ではないし、音楽の「批評」などをする気はない。

演奏曲目は武満徹「オリオンとプレアデス——チェロとオーケストラのために——」と、エルガー「交響曲第一番」であった。エルガーの曲は百人をこえる楽員が、尾高さん指揮のもとに一糸乱れぬ演奏をして、たとえが悪いかも知れないが、私のような古い人間には「大艦巨砲」という言葉が連想されてくる。大きい大砲をそなえた戦艦や、それに従う艦隊が、尾高連合艦隊司令長官の命令のもとに威風堂々と進んでゆくような壮大なイメージが浮かんでくる。エルガーがこれを作曲したのが一九〇八年だが、十九世紀の西洋に生まれてきた音楽が今世紀のはじめに大輪の花を咲かせた、という感じがする。私は十九世紀の西洋音楽もけっこう好きなので、こんなのを聴くと、ときには一緒に叫びたくなるような感じさえする。

ところで、武満さんの曲はそれとはまるで違うのである。先ほどの艦隊のたとえを使うなら、その艦隊の上に、すーと飛んできた一羽のかもめの命が、艦隊よりも重みをもっているように感じさせたり、艦隊を浮かばせている海のきらめきが急に焦点づけられたり、艦隊も海も空気も、何もかもが、そのときどきの流れに従って、卒然として輝いたり重みをもったりする。こうなると、この全体を「統率」することは、連合艦隊司令長官をもってしても難しくなるのではないか。

武満徹さんの曲が終わったとき、聴衆は心から拍手をおくった。ところが、指揮者の尾高さんもチェロを弾いた堤剛さんこそ素晴らしいと拍手しているし、その堤さんは尾高さんあなたこそ、と拍手をおくっているのだ。私はこれを見て極めて象徴的に思った。つまり、武満さんの曲は、エルガーの曲のように、中心に一人の人間を立てる曲とは異なるのである。それはチェロを中心にもっているようだが、それまでのいわゆる協奏曲のように、独奏者を「中心」として演奏されるものではない。言うならば、指揮者、独奏者、オーケストラは互いに互いを相対化し、しかもそれはひとつの曲としてできあがっているのだ。尾高さんと堤さんが互いに拍手し合っていたのは、お世辞とか謙遜などではなく、曲の性格を反映してのことだと思った。

十九世紀の西洋の人々が非常に大切にしようとした意味での「中心」をもっていないというのが現代の特徴ではなかろうか。そのような意味で、武満さんの音楽は文字どおり「現代音楽」だと思う。

こんなことを考えているうちに、とっぴなことを思いついた。武満さんのような現代音楽を演奏するときは、もちろん練習のときは尾高さんのような監督を必要とするだろうが、演奏会では、従来の指揮者中心の構造を解体し、弦楽器の奏者も全部客席の方を向き、監督は「指揮」などやめてそのなかに、やはり客席を向いて座っているか、あるいは、それはあんまりだと言うのなら、いっそのこと客席にいて、従来は指揮者のいた場所を空席にしておくのなどはどうだろう。西洋のオーケストラもはじめは指揮者などいなかったが、現在のような指揮者中心の様式が完成されたのは十九世紀だということである。そろそろ、われわれも二十一世紀の音楽の演奏様式を探る試みをしてもいいのではなかろうか。もちろん、技術的には非常に難しいだろうが、指揮者なしで合奏していた邦楽の長い伝統から考えても、日本の楽員ならやれそうに思う。日本のオーケストラの海外公演に試みてはどうであろう。

二次災害

「風邪に効く薬はない」と言われる。確かにそれを飲むとピタリと風邪が治る薬などはないだろう。それなら風邪をひいても医者に行く必要がない、というのは速断である。自分で勝手に風邪と思っていてもそうではないかも知れない。あるいは風邪をこじらせて肺炎になるかも知れない。せきがひどすぎてのどを痛めてしまうと困る。医者に行くと、これは「風邪ですから心配いりません」と言ってもらって安心する。そして、「二、三日は熱が続きますよ」と言われ、そのとおり熱が続いても、そのうちにおさまるからと思って落ち着いていられる。そして、医者の忠告を守っていると、結局のところは、自分自身の自己治癒力によって治るわけである。ただ、ここで自己治癒力があるからといって無理をしていると、他の病気を併発したりしてしまう。つまり、医者の助けによって、われわれは二次的に起こってくる災害をくいとめ、自己治癒力を最大限に発揮させるようにするのである。

心の病や悩みの場合も似たようなことが言えそうである。たとえば、子どもが学校に行かなくなる。そうすると、その親は「なぜ、うちの子だけが」と思ったり、「なんと悪い子ができてしまったのだろう」と思ったり、ときには、「これでこの子の将来はまっ暗だ」とさえ思ったりする。つまり、考えなくともよい二次的な悩みを増やすことによって、ますます苦しくなり、そのために本来的なことに心が向かわなくなってしまう。

このような親にわれわれ心理療法家がお会いして、まずできることは、二次災害の負担を軽くすることである。

不登校の子どもは、「うちの子だけ」と思う必要がなく、最近は多くなっていること、不登校の子は別に「悪い」子でも変な子でもないこと、不登校で四、五年遅れても、その後は大学にも行き結婚して、立派に社会人として生きている人も多いこと、これらのことがわかるだけで、親の心理的負担は相当に軽くなる。余計な考えによって、しなくてもよい「反省」や「攻撃」をする必要がなくなるのである。

それでは、学校に行かない子をどうして行かせるか。これにはお決まりの答えなどない、と私は思っている。私は不登校の子を学校に「行かせよう」など、そもそも思っていない。不登校というせっかくの機会を与えられたことを、親と子も大事にして欲しいし、私もそれを大切に考えてゆく道筋を共にしたい、と思っている。

二次災害は阻止したり、軽減したりできる。しかし、一次災害については他人は何もできない。風邪をひいた人が自分の体力によって治ってゆくのと同様に、悩みを正面から悩むことによって治ってゆくより仕方がない。この際、心の病や悩みの場合は、その本人のことだけでなく、本人を取り巻く人々もそれに関連していることが特徴であり、たとえば、不登校の子どもが一人出ると、その家族や学校なども、それを機会に自らの悩みと直面しなくてはならなくなる。風邪にしても、治る過程では、熱が出たりせきが出たりするのと同様に、心の場合も、それ相応に苦しみや痛みを経験することになるが、それを避けては通れないし、それを避けようとして、また二次災害を起こすこともある。

ときに、「悩みがなくて、生きがいのある生活」などというものが、この世にあると思いこんでおられる人がある。これは「働かずに食う」のよりもっと難しいことで、こんなことを理想にしている限り、二次災害の嘆きはつきることはない。ひょっとすると、このような人は一次災害に直面するのがこわいので、二次災害をうまくつくって騒いでおられるのかも知れない。考えてみると、私の仕事は、悩みから逃げようとしてもがいている人に、安心して悩みにどっぷりとつかっていただくのを援助している職業と言えるのかも知れない。

テスト

業者テスト廃止になって、教育の現場ではテストをめぐっての混乱があったり、論議も生じているとのことである。私としては、この機会に教育における「テスト」の問題をもっと掘り返して徹底的に論じて欲しいと思っている。最近ではテストというものが、子どもたちに対して一様な序列をつけるためにのみ使用されすぎている、と思うからである。テストというものはもっともっと広くその意味を考えて欲しいものである。たとえば、こんなやさしい問題は誰でもできるだろうと思って出題したのに、クラスの半数しかできなかったとしたら、その結果は先生の教授法に対する「評価」も示しているわけである。端的に言えば生徒たちの答案は、「先生、もっと上手に教えてや」と語りかけているようなものだ。そのような面を積極的に生かしてゆくと、テストを介して先生と生徒のコミュニケーションができるのでないか、とさえ考えている。

次にお話しするのは、学校のテストではなく、私が心理学を学びはじめたころに熱中した、ロールシャッハテストという性格検査の経験である(もっとも、これは「テスト」ではないと私は思っているが)。紙の上にインクのしみのような絵があり、それが「何に見えますか」と問うだけのことだが、これから実にいろいろなことがわかるものである。しかし、実際にやってみると思いがけない面白いことが起こる。

当時、これを学びはじめたとき、三歳児でもできると書物に書いてあったので、一緒に研究をしていた友人が、自分の三歳の子どもに試しに図版を見せた。すると、その子がすかさず「お父ちゃん、これ何に見える?」と言うので思わず「とり」などと答えてしまって、これは逆だと思ったが後の祭りだったというのを聞いて大笑いをしたことがある。

私も幼稚園の子、百人ほどにしてみたが、つぎつぎと面白いことがあった。

「これ何に見える」と言っても、けげんそうな顔をしているので、「何でも見えるものを言ったらいいよ」と言うと、窓の外の景色を見てにっこりすると、「おっちゃん、あそこに煙突見えてんで！」。そうなると、こっちも乗せられて「どれどれ」と一緒に窓の外を見て、「煙突三本！」などと言って、ひとしきり二人で窓外の景色を鑑賞したりしたものである。

ある大人の患者さんは、図版を見るなり、「これはこうもりには見えしまへんで！」と言われる。そして、どうしてそれはこうもりに見えないかを説明される。つぎつぎと図版を見て、「これは～に見えしまへん」と言われ、こちらもしまいには「この図は何に見えませんか」と尋ねたいくらいであった。

ある養護施設の子どもは、しょんぼりとした姿でやってきて、しばらくは聞きとれぬほどの低い声で応答していたが、ある図版を見ると急に元気になって、「ここにうんこがグーッとたまっていてな、それが下へバッ、バーッ」と下痢のまねをして大喜び、後はどの図版を見ても、「グーッとたまってバーッ」を繰り返す。私も一緒に「グッ、バー」とやっていると、その子の表情が明るくなり晴れ晴れとした顔をして帰っていった。

これは今から思い返すと「テスト」なんかでなく、ロールシャッハを仲介にして二人で対話をしたのだと思う。施設にいた子は、その子が今まで「溜めこんでいた」いやなこと辛いことが、どれほどのものか、それを出して見せてくれたのではなかろうか。どこにもぶちまけることができなかったことを思いきり出せただけで、その子も気が晴れるところがあっただろう。「見えしまへん」と頑張った人は、世間一般のものの見方にがまんのならないところを感じていた人だったのだろう。
今だったら、ただ面白いと喜ぶだけでなく、その人たちの言いたかったことにもっと耳を傾けられたことだろうにと思う。

ウソツキクラブ

四月一日から二週間ほどアメリカに行くことになった。アメリカのマンスフィールド財団の招きで日米の相互理解を深めるための講演をワシントンの議会図書館でするのが主な仕事である。せっかくの機会なのでハーバードやプリンストン大学の日本学の研究者たちと話し合うこともしたいと思っている。

ところで、四月一日にアメリカに行くと親しい人に言うと、「ウソツキクラブの国際大会に出席ですか」など冗談を言われる。「日本代表として恥ずかしくないウソをつこうと目下トレーニング中です」と、こちらも返事をして、ウソツキクラブの話題がはずんだりする。こんな会話が生まれてくるのも、私が日本ウソツキクラブ会長を自称しているからである。——と言っても名前から見てもわかるように、ウソツキクラブ会長など日本にたくさんおられるのではないかと思うが——。

かつて、学生さんたちが大いに気勢をあげて教授のわれわれに彼らの言う「団交」をしかけてきたことがあった。私は何となく「団交係」のようになって、よくお会いしていた。学生さんたちに会う秘訣のようなものは実に簡単で、できるかぎりウソをつかない（絶対にウソをつかない、というほどの私は大うそつきではない）。それと、学生を悪く思わない、この二つである。学生さんが大声を出すと少し気がひけるが、できることはできる、できないことはできない、とほんとうのことを言い、学生を悪者扱いせずに何度も会っていると、何とか、なるようになるものだ。

あるとき、私があんまりほんとうのことを平気でどんどん話すので学生さんの方があきれて、「それ、ホントか！」と問い返してきたことがあった。

「これはほんとうです。このような大事なときにほんとうのことを言うために、私は趣味として日本ウソツキクラブをつくり、そちらでウソをついています。人間はほんとうのことばかり言ってると息苦しくなるので、趣味でウソをつき、ここでは私はちゃんとほんとうのことを言っています。私は実は日本ウソツキクラブの会長なのです」

「それ、ホントか！」

「ほんとうです。本人がほんとうだと言っているのだから、まさにほんとうです」

ウソツキクラブの会長を自称する人が、自分は「ウソツキクラブの会長だ」と言ったとき、それを信じていいのかどうかは論理学の難問である。

こんなやりとりをしていると、にこにこしながら聞いている学生と、あくまで論理的に考えてどうなっているのかと思いをめぐらしているもの、ウソツキクラブと聞くだけで神聖なる「団交」をけがされたかのごとく、かーっとなっているもの、それぞれ学生さんの特徴が出ていて、見ている方としては面白くてたまらない。といってもこんなときに笑ってはいけないので、私は謹厳そのものの顔をして立っているのだが、その後にまた学生さんに会うときに、このように類別しておくと対応の仕方を考える上で非常に便利である。

当時の学生さんたちの多くは、「正義」の勢いに燃えていたのではないだろうか。若いときに正義にとりつかれるのはむしろ当然で、だからこそ学生さんたちが少々血気にはやっても「悪い」と決めつけないことが大切なのだが、正義もそれにこりかたまると仕方のないところがある。正義なんてことは思いつくのは簡単なのだが、それを実現するのには相当な遠い見とおしや、エネルギーなどが必要で、そのためにはそれ相応の心のゆとりをもっていないと駄目である。

ゆとりはユーモアを生むし、ユーモアがゆとりを与えてくれる。「正義の味方」にウソツキクラブで応戦し、そこで笑いをこぼすような学生さんたちを、私はなるべく交渉の相手として選んでいったように思う。

ゆとり

前回は学生さんたちとの対決のなかに生まれてくるユーモアのことを語った。当時、私は京都大学教育学部の補導委員長とかを四年間、続いて学部長を三年間務めて、『団交の理論と実際』という本を書くつもり、と冗談を言うほどよく学生さんたちに会った。そんななかで、「敵ながらあっぱれ」と言いたくなるような学生さんもいた。このことは他にも書いたが、当時の学生さんで感心したことのひとつは、どんなに激しく論戦したり、いわゆるカンヅメにされたりしているときでも、私が心理療法をすることを一度も妨害しなかったことである。「今から一時間面接をしてきます」と言うと囲みをといて、私が帰ってくるまで待っていてくれた。当時、私に面接を受けに来る人で、カンヅメの最中に私が出てきていることを感づいた人は、まずなかったろうと思う。

考えてみると、その間に私が警察などに連絡しようとしたらできるようなものだが、そんなことはどちらも考えもしなかった、と言っていいだろう。カンヅメになっているときに、緊急の相談の電話がかかってきて、「この電話が終わるまで全員外に出て下さい」と言うと、何も言わずに外に出て待っていてくれたこともあった。

もう十年以上も経っているので裏話的なことを書いてもいいであろう。生きのいい学生たちに取り囲まれて学部長先生も大変、というとき補導委員長の私は傍らについていて、ここぞというときにお得意のジョークを言ったり、へ理屈をこねたりして助け舟を出す。そんなことをやりながらだいぶ夜もふけてきたとき、学生の代表がたまりかねたように、「われわれは学部長と話をしているのだ。河合は横から余計なこと言わずに、おとなしくこれでもやっていろ」と出してきたのを見ると、数学のパズルである。なかなか味なことをするなと、私はそれを受けとって、パチパチとやりはじめた。

そのうちに「交渉」はどんどん続けられ、学部長先生も援軍を失って一挙に旗色が悪くなってくる。これ以上棄てておけないというあたりで、私は真面目に(というより、こんなときはクソマジメにやらないといけない)、「あの、ゲームを貸した方にお伺いしますが、このゲームの数字を動かすとき、少しはとばしてもよろしいでしょうか」。敵の大将はジロリと私を見てわめく。

「そんなん、常識やないか」。これを聞くと私は怒り心頭に発して、怒鳴りつける。

「なにを言うか、人にゲームを貸して、ルールを教えないのか、礼儀知らずめ！」

「馬鹿！　そんなん常識！」

「馬鹿とは何だ。ゲームのルールを聞くのがどうして馬鹿か、理論的によく説明してみろ！」。こうなると他の学生も興奮してきて怒鳴り合うが、ゲーム論争の間に学部長先生は落ち着きを取り戻され、ひとしきりの怒鳴り合いが終わって、やおら話し合い続行ということになっても、学部長先生はまた頑張られる、というわけである。

学生の代表もわれわれと何度も話し合っていると自分たちの要求が非現実的なことを悟ってくる。しかし、学生の全体の動きは非現実的な理想に向かって走り出し、止まることができない。代表としては後にひくことは許されないし、しかも、現実の厳しさもわかってくると、後はひたすら戦い、時間をかけているうちに、だんだんと全体のなかから現実的解決の道が開けてくるのを待つより仕方がない。

このあたりのことに気づいた学生は、われわれと激しくやり合っているものの、その半面ではそれは一種の時間かせぎであることを自覚している。さりとて、戦いをやめるわけにはいかない、というなかで「パズルをやれ」などという知恵も出てくるし、私もそれに乗って派手に怒鳴り合ったりしたのである。それにしても、これだけの心のゆとりをもった学生さんはなかなかの人物だったと思う。

たてとよこ

朝日新聞社とアリオン音楽財団の主催する「レクチャーコンサート」に講師として参加した。音楽の演奏と講義《レクチャー》とを組み合わせるというユニークな企画で、私の場合は、古楽器のフラウト・トラヴェルソ奏者として有名な有田正広さんたちの演奏と、私のお話(どうも講義ではなくお話になってしまう)の組み合わせだった。

有田さんがバロック音楽やモーツァルトをよく演奏されるので、現代人にどうしてそのような昔の音楽が好かれるのか考えてみた。そして、素人の気楽さで自分なりに考えついたことを話すことにした。

難しいことは省略してしまってごく大ざっぱに言うと、バロック音楽ではひとつひとつの音の和音が大切にされる。言うなれば音の「たて」の並びが重要視される。それに対して、次の時代になると、ひとつひとつの音の和音よりも、横の関係のメロディーが大切になり、和音はバロック音楽のように変化しない。言うなれば、音の

「たて」の関係より「よこ」の関係の方へ重点が移ったのである。

ここから私の当て推量がはじまる。バロック音楽の盛んなころは、ヨーロッパの人々の目は「たて」に、つまり上に向かっていた。天に存在する至高至善の人格神との関係が最大の関心事だったのである。音のたての並びは延長されて天に向かう。これはゴシック建築のようなものだ。しかし、ヨーロッパではだんだんと天に向かっていた人々の目が「よこ」に向かいはじめた。神よりも「人」がだんだんと重要になりはじめ、「人と人」とのよこの関係に人々の関心が向かいはじめた。

といっても、かつて神に向けていたような自分とは異なる素晴らしい存在へのまなざしも忘れられないので、ヨーロッパの人々は、人と人との関係のなかでも異性関係、男性と女性の関係を特に大切にし、それを知らず知らず神聖視するようになってきて、いわゆるロマンチック・ラブが人々の関心の中心と言っていいほどになってくる。

ロマンチック・ラブには、神から離れて自立した人間であることが必要になる。自立した自我をつくること、異性への愛を最高とすることなどを前提として、音楽の世界にはロマン派が栄える。ロマン派の音楽を聴くと、そこに強い「自我」の存在が感じられる。

しかし、ロマンチック・ラブは以上の説明からもわかるように、人間の「よこ」の関係のなかに神聖なる関係をすべりこませているので、理想としては素晴らしいが、俗世界で実現することはほとんど不可能と言ってもいいだろう。アメリカにおける離婚の増加と、それによる問題の増加がそれを反映している。

現代人はそこで「よこ」に向けていた視線を「たて」に向けるようになってきた。といっても、いまさら天に向けるのも難しく、天上における光り輝く神に対してではなく、地下に存在する金の輝きも泥の汚さもすべて混在させているような不可解な「たましい」の方向に向けられるようになったのではなかろうか。それは方向は逆にしろ、「たて」の動きであることには変わりはない。それに音楽の性質である抽象性も作用して、現代人にとっては、ロマン派よりもバロック音楽に親近感をもつ人が増えてきたのではなかろうか。それにモーツァルトとなると、ここに論じたような「たてよこ」の軸なんか関係なくなってしまうところがある。

ざっとこんな筋で話が進むはずだったが、聴衆の反応に乗って横道にはいっているうちに話半分で終わりとなった。四楽章のソナタの二楽章の変奏曲を喜んで演奏しているうちに時間切れになったようなものである。しかし、未完成交響曲なんてものが有名になったくらいだから、未完成講演もまんざら悪くなかったのではないか、などと私は自己満足をしている。

国際理解

国際理解の重要性が、最近とみに強調されるようになった。しかし、異なる文化に属する人間がお互いに理解し合うことは実に困難なことである、と私は思っている。最近の日米間によく生じる誤解を見れば、それがよくわかることと思う。

マンスフィールド・センターが日米間の理解を深めるために、年に一度、アメリカ人が日本で、そして日本人がアメリカで講演し、それをまとめて出版するという企画を立て、その第三回目の講師として私が選ばれ、今、ワシントンに来ている。これは日米の相互理解のためには極めて有意義な企画である。その点を認識してか、栗山駐米大使が講演の前日に、関係者のための招宴を開かれた。これにはマンスフィールド前駐日大使も九十歳の高齢を押して出席されて感激した。

私は日本神話の「中空構造」(最近、NHK教育テレビの「人間大学」で講義をした)ということを基に、日米の人間の心のあり方の相違について述べたのだが、ここにはその内容ではなく、その講義の準備をしていたときの様子について話してみたい。

原稿を前もって送れと言われていたので、日本で英文原稿を書くのはなかなか大変だが、苦労してギリギリに送っておいた。講演は四月八日だが、四月一日にボストンに着くとすぐ、友人のボスナックさんと連絡をとった。彼はユング派分析家で十年来の友人である。今度のことも彼がマンスフィールド・センターの理事長のラディアさんと友人なので、その関係で仲介してくれたのである。ところで、ホテルにはラディアさんからファックスが届いていて、私の原稿は神話について重点が置かれすぎているので、もっと現代の実際問題について話すように変えて欲しいとのことである。

私は日本の神話について語りながら、聞く人が少し想像力を働かせると、現代の日本人の生き方や、日米間の考えの相違などについて考えることができるような話をするつもりだったが、ラディアさんは、アメリカの聴衆にはもっと「直接的」に話すべきだとして、「中空構造」的考え方は日本の政治家にどう表れているか、家族ではどうかなどと疑問点を箇条書きにしてきている。こんな点に、外国で話をすることの意義がある、と私は思っている。日本人なら、なんとなくわかる――そもそも欧米人にはこんな表現が通じない――ところを、ひとつひとつ取りあげて明確にすることが要求される。それにこたえているうちに、私の考えもよりはっきりとしてきたり、新しい思いつきが生じてきたりする。

ボスナックさん夫妻は入試前の子どもの特訓みたいに、私につきっきりで原稿づくりに協力してくれ、それをワシントンに送った。ところで発表の日は朝早くからボスナックさん夫妻、ラディアさん、それに司会役の日本でも日本研究家としてよく知られているギブニーさんと私とで、原稿を最初から読み直し、細部について再検討をした。彼らが英語としてのよい表現に変えると、それでは私のもともと言いたかったこととニュアンスが異なってくると言う。それを聞いてギブニーさんが他の表現を考える。ラディアさんは一般の人たちが理解できるかという点から意見を述べる。私の言いたいことをわかってもらおうと例をあげて話すと、その例が面白いから講演のなかに入れてはどうかと示唆される。

私としてはこのような細部にわたる検討のなかで、彼我の考え方の差が実感され、なかなか知的興奮を覚える作業であった。このようなひとつひとつの疑問点を解決するような作業こそ「国際理解」に必要なことであり、このようなことが世界のあちこちで根気よく積み重ねられるべきだと感じた。講演後のレセプションでは質問攻めにあって食事をする間がないほどで、好評であった。これも前記の皆さんの国際協力のおかげと感謝している。そして文化の異なるものがお互いに理解し合うためには相当な努力を必要とすることを実感した。

回帰現象

人間には人それぞれの基本的な行動のパターンのようなものがあるようだ。たとえば、何か新しい場面に出会うと、はしゃいでしまって、ついしなくてもよいようなことまでやってしまうとか、逆に、どうしてもひっこみ思案になってしまうとか。しかし、このようなことに気がつくと、あんがいそれは変えられるもので、他人にもあまり気づかれないくらいにはなる。

だが、自分もだいぶ変わったかな、などと思っていても、いざという場面——緊急のときとか思いがけないことが生じたとき——になると、知らぬ間に以前の型にかえってしまう、ということはよくある。それは無意識的に起こり、自分でも気がつかないときさえあるが、傍らで見ている人には明瞭に見えるものだ。このような人間の行動の「回帰現象」とでも言えるようなことがあるのを知っておくと、便利であると思われる。

個人の行動の型だけでなく、ある程度は文化的な型もあると思われるが、ここでも同様のことが生じる。たとえば、日本人だと、すぐには自己主張をせずに、全体との関係を考えたり雰囲気に合わせたりしながら、ゆっくりと間接的に自分の考えを表明してゆくが、欧米では自分の意見を最初から明確に表現することが期待される。あるいは、日常的な例をあげると、贈り物をするときでも、日本人は「お気に入らないかと心配しています」というような表現をするが、欧米だと「気に入っていただくと嬉しいです」という表現になる。

こんなことがわかってくると、私などは欧米に行くと、必要に応じて「スイッチ」の切り替えをして、ある程度は欧米式でやってゆくようにしている。しかし、むしろ大切なときとか何か圧力を感じるときなど、知らぬ間にスイッチが切り替わって「回帰現象」を起こしているのに気づき愕然とすることがある。このようなことは、相当ベテランの外交官やビジネスマンでも外国人相手の交渉のときに経験するのではないだろうか。

先日、マンスフィールド・センターから招かれて話をしたとき、このような「回帰現象」についても少し触れようと思った。しかし、それほど一般的なこととして言えるかどうか心配でもあったので、栗山駐米大使の招宴の際に、前駐日大使のマンスフィールドさんの横に座ったので、以上のことについてどう思われるかを、お聞きしてみた。「それは当然のことです」と彼は言われ、「私自身も経験しました」と静かにつけ加えられた。

それ以上は言われなかったが、この短い言葉のなかに、マンスフィールドさんが日米の間の架け橋として相当に苦労されたことが、私には強く感じられて、さすがは、と感心させられた。おそらく、日本式の考え方や感じ方もよくわかり、ときにはそれに合わせてゆこうとしつつ、知らぬ間に回帰現象を起こしている自分に気づいたり、アメリカ人と同様に話し合えると思っていた日本の外交官が、いざというときにまったく「日本的」に行動するのを見て驚いたりされたのではなかろうか。

何しろ、この現象は、大切なときに生じる上に、それが生じていることを本人が気がつかない場合があるので、なかなか厄介なのである。このようなために、取りかえしのつかない失敗が起こることもある。

しかし、野球の際の投手のけん制球が、不用意に盗塁されるのを防ぐように、自分の心のなかで、「回帰現象に注意」というけん制球を投げていると、これもだいぶ防げるようである。あるいは、回帰現象を起こしても、自分で気づいて、それについて相手に説明して了解してもらったり、自分の姿勢を立て直すなりすることによって、決定的な失敗を免れることができるようにも思う。スポーツと同様、人間関係も訓練によって少しずつ上達するようである。

中年危機

先日アメリカに行った際に、ハーバード大学で二十五年間にわたって日本語を教えておられる織田頼さんにいろいろとお世話になった。一夜、私のためにパーティーを開いて下さり、おかげでエズラ・ボーゲルさんをはじめ、たくさんの著名な先生方とお会いすることができた。

なかに精神科医で日本文化のことに通じておられる方もあって、会うや否や「日本人に多い対人恐怖症について、あなたはどう思いますか」とすぐに問いかけられて驚いたが、この方をはじめ、いろいろと心の病の文化差について話をしているうちに、日本で青年期の自殺が最近になって急に減少したことが話題になった。また早速、「どう思うか」と質問される。このような直接的質問がどんどん出てきて、こちらもそれにすぐ答える、ということによって自分の思考が鍛えられる感じがして、これがアメリカのよいところだと思う。

青年期の自殺は急減したが、特に日本の男性の場合には、中年の自殺が相当に増えているのである。中年は人生のなかで「安定」している時期と一般に思われていた。ところが、それがあんがい不安定さを内在させていることが、最近になって明らかになってきた。

昔のパターンだと、人生における重要な決定をする青年期、つまり、職業や配偶者の決定をする時期に悩みや苦しみが来るとされていたが、今はむしろ、青年期には生きてゆくのに必要な知識や技術の修得に忙しくて、悩んでいる暇などない、と言えるのではなかろうか。そこで、青年期を表面的には無事に通過しても、人間存在に根源的につきまとう、「人はなぜ生きるのか」「死とは何か」などという問題が、中年になってから急に襲いかかってくるのである。

したがって、中年は表面的には安定しているのだが、内面ではいつ噴火するかわからない活火山をかかえこんでいるような状態にある。それが何かのはずみで活動しはじめると、「思いがけない」事件や不幸に見舞われることになる。

これが、今まで興味のあった仕事が全然面白くなくなるとか、仕事に出てゆく気がしないという形で出てくるときもある。いつも同じ時刻に同じ電車に乗って出勤してゆくのが馬鹿くさくなって、衝動的に反対方向に行く電車に乗ってみたくなって困ったという人もある。こんなときに実際に乗ってしまうと、「無断欠勤」、ひどいときは「失踪」という事件になって、転落に至ることさえある。青年期であれば、「若気のいたり」で許されることでも、中年では許されない。ここに、中年の逆説の怖さがある。

青年期であれば少しぐらい失敗しても、やり直しがききやすいが、中年ではそれが簡単にはできない。すでに家庭もあるし、社会的地位もある。中年の「分別」というものが他から要求されるのだ。しかし、心のなかで動くものは、そんな「分別」など吹きとばしてしまうほどの爆発力をもっている。このような葛藤のなかで自殺してしまう人もある。新聞にときに「エリート社員の自殺」などという記事を見かけると、中年の危機に襲われた人であろうと胸が痛むときもある。他人が表層を見る限り、何の不幸もないような人が突然に自殺するので、周囲のショックも大きいわけである。

アメリカでは中年危機(ミドルエイジ・クライシス)の問題が割に論じられるようになっているので、日本男性の自殺が青年期から中年へと移行している現象についての私の説明は割に納得してもらったようである。アメリカから帰国すると、ちょうど、拙著『中年クライシス』(朝日新聞社、一九九三年〔本著作集第九巻所収〕)が出版され届けられていた。以上に述べたような中年の問題を論じたものであるが、アメリカでは通じた中年危機論がわが国では、どの程度に受け入れられるだろうか、と案じている。

文学とおはなし

前回にも書いたとおり、最近、『中年クライシス』という本を出版したが、この書物は私にとってはひとつの冒険であった。というのは、中年の問題を論じる上で、文学作品を取りあげているからである。私は、これまで昔話、神話、児童文学、それに物語など、もっぱら「おはなし」に関心をもっていて、それについての書物はよく書いているが、「文学」となると恐ろしくて敬遠してきた。そんなわけで、『月刊Ａｓａｈｉ』に連載をすすめられながら、一年間以上も逃げまわっていた。

しかし、『月刊Ａｓａｈｉ』もなかなか執拗で、こんなのを読んでみられてはいかがです、などと言って、いろいろな文学作品を送ってこられる。そんなのをともかく読んでいるうちに、面白いことに気がついた。つまり、私の「おはなし」好きがここでも役立って、文学作品の骨組みとして、私がそれまでに読んだ「おはなし」が背後に見えてくることがわかったのである。「大人の本は難しいから嫌です」などと言っていたのだが、その難しい装いの後ろに「おはなし」が見えてくると、何だかあらたな興味がわいてきたのである。

『中年クライシス』に取りあげた作品を例にとると、円地文子『妖』、谷崎潤一郎『蘆刈』などは、作者がはじめからそれを意識して、前者では『伊勢物語』の六十三段の話が、後者では『増鏡』『大鏡』、それに大江匡房の『遊女記』などが、作品の奥行きを深めるために使われているのである。このような「おはなし」のもつ根源的なイメージが、作品に厚みを与えるのに成功している。

こんなふうな見方で文学作品を見ると、作者が意識しているか否かにかかわりなく、作品から「おはなし」を想起することが多い。山田太一『異人たちとの夏』では、昔話の「うぐいすの里」のなかの「消え去る女性」のイメージがすぐ浮かんできた。かつて昔話について論じて、この「消え去る女性」のイメージの重要性を指摘したとき、今は故人となられた前田愛さんが「このイメージは、日本の文学のなかによく出てきますよ」と言われたことを思い出す。もっとも『異人たちとの夏』に出てくる女性は、現代的になっていて、そうおいそれとは消え去らないところも興味深い。

大江健三郎『人生の親戚』では、誰でも知っている聖書の話、十字架にかかって死んだ息子の痛みを背負う母マリアの話を想い起こした。この主人公の名が「まり恵」というのも、示唆的に思われた。安部公房『砂の女』では、はんみょうを追いかけているうちに、「砂の穴」にはいりこむことになる主人公の男の姿に、昔の「おむすびコロリン」のおじいさんの姿を重ね合わせて見ていた。また、佐藤愛子『凪の光景』では、二つの太陽の問題を解決する昔話「太陽征伐」のテーマを考えた。

志賀直哉『転生』は、そもそもこれが「おはなし」なのである。「小説の神様」などという偉い人の作品は読む前から敬遠していたのだが、こんな作品を書いていると知って驚いたし、この作品で「神様」に対して一挙に親近感を感じるようになった。これは現代の夫婦のことで話がはじまるが、すぐに「さて、これからがお伽噺になる」ということで、その夫婦が死んで動物に「転生」する話になる。これは「何だお伽噺か」と言えぬ、中年夫婦の深刻な問題を描いているとも思える作品で、さすがは「神様」と思わされる。

このようなことが生じるのは、昔から「女・子ども」のこととして軽く見られがちな「おはなし」というものが、深い真実を内在させており、だからこそ、大人の文学のなかにも姿を変えて出てくることになるのではないかと思われる。このぶんでゆくと、これこそ男の仕事と思われてきた、政治、経済、法律などの背後に重要な「おはなし」を見つけ出すことができそうな気もしてくるのである。

下宿の溶鉱炉

連休を利用して、部屋の大整理をした。何と言っても、多くの本をどうするかが問題だが、相当に思い切って処分した。本当に心残りだが古い本は紙質も悪いし捨てるより仕方がないのだ。これまでにも少しずつは捨ててきたのだが、愛着があって学生時代以来ためていた数学の本をすべて——一冊だけ残して——捨てることにした。

一冊だけ記念に置いておくことにしたのは、高木貞治『解析概論』である。これには次のような思い出がある。私はあまり勉強しない学生だったが、やはり試験になるとある程度はやらないとパスできない。いつかも書いたが当時は兄の雅雄と二人で六畳一間に下宿していた。兄の方は動物学教室なのでリポートなどが多く、私のように「試験」で苦しむことは、あまりない。兄はいたく同情してくれて、私が試験勉強に集中している間は、丹波篠山の家の方に疎開してくれることになった。

私は一人で下宿にこもり、『解析概論』を一日に二十ページ読むと決めて頑張る。食事のために外出するのも面倒なので、ハクサイを買いこんできて、それに少量の——貴重品である——豚肉を入れて炊く。ハクサイが少なくなると、また、新しく切って入れ、味がなくなってくると、豚肉を少し放りこむ。こんなふうにして籠城していると、兄が篠山から食物をもって陣中見舞いに来てくれた。

「おう、やっとるなあ。溶鉱炉の火は消えず！」と兄が言ったので大笑いになった。「溶鉱炉」とはうまく言ったものだ。確かにそれは消えずに燃え続け、ハクサイと豚肉はだんだんと味がしみておいしくなる。その上、それは暖房も兼ねているのである。コンロに炭火をおこして、ずっと炊き続けているのだが、今の大学生たちには想像できぬ光景であろう。この豚肉とハクサイの溶鉱炉は私の専売特許のごとくなり、いざ籠城となると、溶鉱炉の火を消さぬようにして頑張ったものだ。

当時の私は、ともかく食物に金を使うのはもったいないと、決めてかかっていた。食べることはできる限り節約し、古本屋めぐりをして、本を買うことに心をくだいていた。欲しい本を見つけてもすぐに買えず、金がたまるまでは、見に行ってはまだあるぞと確かめる。とうとう金がたまって行くと、すでに売れていた、などということもあった。こんなふうに熱心になると、本を買うことに大きい意義を見いだすことになって、買うことに満足感があって、あまり読まなくなるものだ。しかし、『解析概論』は珍しく丹念に読破したものとして忘れ難く、溶鉱炉を記念して、捨てずに置いておくことにしたのである。

食物よりも書物をという私の態度に、兄は少しあきれているようであったが、あるとき、「人文には、お前よりもっと凄いのがいるらしい」と感嘆しつつ教えてくれた。当時の動物学教室の生態学の人たちは人文科学研究所と関係が深く、そこで噂を聞いてきたらしい。

兄の言によると、「鶴見俊輔というのは、ロクにものも食べずに本ばかり読んでいる。そのうち、やせて死ぬんやないかと心配」なほどだとのこと。食べることなど眼中になく山のような原書を読みこなしているとか。「お前は買うだけで読まないけど」とは兄は言わなかったが、二人とも勉強をしない点についてはよく自覚していたので、食物よりも書物で生きている新進気鋭の学者、鶴見俊輔という名前が心にきざみこまれた。

人生はわからぬもので、以後三十年ほども経って、その鶴見俊輔さんにお会いする機会に恵まれることになった。私は書物も大事、食物も大事というふうになっていたが、鶴見さんはどうか。ともかく「やせて死にそう」ではなかった。二人は「対談」とやらで話もはずんだがごちそうもたらふく食べた。いつかお会いしたときに、当時はどんなものを食べておられたのかお尋ねしようと思いつつ、まだ果たせずにいる。

柳田邦男さんの責任編集で『同時代ノンフィクション選集』(文藝春秋)が目下出版されている。ノンフィクションにはいろいろ特徴的な人間が登場し、そこに描かれる人間像に心をひかれることが多い。第六巻『愛と情熱の絆』に収録されている小坂井澄「これはあなたの母」では、混血の孤児救済のためにエリザベス・サンダース・ホームを設立した、沢田美喜のことが述べられる。そこに描き出される彼女の光と影に満ちた姿は興味深いが、ここではそのなかのひとつのエピソードのみを取りあげる。

三菱財閥の本家に生まれ、外交官夫人として華やかな経歴をもつ沢田美喜がどうして混血孤児のための施設をつくろうとしたのか。その動機のひとつとして、彼女は次のような経験を語る。彼女が列車に乗っていたとき、当時はいわゆる「闇物資」を摘発するための警官が点検に来たのだが、その警官が彼女のすぐ上の網棚に置かれていた持ち主不明の風呂敷包みに目をつけ、それを開くと、生後間もない黒い肌の赤ん坊の死体が出てきた。沢田はその母親ではないかと疑われたが他の乗客の証言で難を逃れることができた。しかし、そのショックは大きく、彼女は自分の人生を百八十度転換させ、薄幸な子どもたちの救済のために一生を捧げようと決意する。

これは衝撃的な話で、この話を聞くものには強いインパクトを与える。沢田は施設の資金を集めるためによく講演にまわったが、そのときもこの経験談を熱っぽく語り、多くの人々に感動を与えたという。

ところで、ノンフィクション作家の小坂井は、彼女の行動を冷静に跡づけてゆくが、彼女の経験談が、年を経るに従って、少しずつ「劇的」なものへと変化していく事実を指摘する。たとえば、網棚の上にあった風呂敷包みは、後の語りにおいては「網棚から手元に落ちてきた」ことになる。

これを知って私の思ったことは、「おはなしのこわさ」ということである。この話から沢田美喜をハッタリなどと非難するのは誤りである。「おはなし」は何度も繰り返していると、聴衆の反応を受けて、その影響によってある種の「型」へと変化していく性質をもっているのだ。そのようにして「型」がうまくできあがると、その話をすることを職業とする人さえできてくる。

それはそれでいいのだが、職業としてではなく、いわば余技として講演をしていると、その「おはなし」の型に自分の人間がはめられて硬化してくる。「よい話」をして聴衆に感激してもらっているうちに、世の中なんでも「よいこと」ずくめのように錯覚を起こしたり、あまりにも「立派な」話をしていると、自分が銅像のように立派になってきて、知らぬ間にそのなかに血が通わなくなってしまったりする。いつの間にか自分という人間が「おはなし」の犠牲者になってしまうのだ。

以上に述べたようなことは、私のように心理療法をしているものにとっては非常に危険なことである。お会いする一人ひとりの方が、それぞれ異なる存在であり、二度と同じことはないと心にしっかり決めていないと失敗することが多い。この前うまくいったので、今度も同じ方法でなどと考えると、まず駄目である。

このように考えるので、私は講演はできる限りお断りしている。ほんとうはすべてお断りしたいくらいだが、日本人なので「ノー」とばかりも言っておれない。ただ、以上に述べた点から考えて、講演は前もって準備せず、聴衆の皆さんのお顔を見て、出まかせに話をすることにしている。心理療法と同じで、その場限りの一発勝負である。それでも、「おはなし」をしていると、つい型にはまりそうになってきて、「おはなしはこわいな」と自戒しつつしている次第である。

物語と殺人

先日、日本記号学会から依頼を受け、大会のテーマが「生命の記号論」ということだったので、「物語のなかの生命」という発表をした。物語といっても、平安時代に書かれたいわゆる「つくり物語」について、そのなかの生命観について述べたのである。

平安時代に『竹取物語』をはじめとして、よく知られている『源氏物語』など、つぎつぎと多くの物語が書かれたことは、世界の文学史のなかでも稀有なことである。歴史書とか叙事詩ではなく、散文で書かれたフィクションとしては、西洋ではボッカチオの『デカメロン』が一三五〇年ごろに書かれたのが最初と言われているのだから、それよりも三百五十年以上も前に、これらの日本の物語が書かれはじめたことは、ほんとうに素晴らしいことである。それに、今読んでも面白い傑作も多くあるのだ。

これらの物語を読んでいて、ふと気がついたことは、これだけ多くの長い物語のなかで「殺人」ということが一度も語られない、ということであった。これは実に注目すべきことではないだろうか。『源氏物語』では、六条御息所という光源氏の愛人の霊が、源氏がひそかに他の女性の夕顔と会っているところに現れ、その結果、夕顔が死ぬところがあるが、これは明確な「殺人」とは言いにくいだろう。「殺人」のみならず、「自殺」も明確なのはないのではなかろうか。『源氏物語』では、浮舟という女性が二人の男性の板ばさみになり、死のうかと思うが、結局は自殺してしまうわけではない。

「物語」で自殺と他殺を抜きにしたらどうなるだろう。たとえば、シェイクスピアのたくさんの劇のなかから、殺人と自殺をなくしてしまったらどうなるかを想像していただきたい。ロミオとジュリエットがめでたく結婚して、日用品でも買いにゆく情景とか、オセロが痴話げんかをして家出をした夫人を、捜しにゆくところなどを考えてみるだけで、「おはなし」はぶちこわしになるのではなかろうか。

「平安時代の物語には殺人がない」という発見をしたように思ったが、こんなことはすでに誰かが発表していたり、国文学者の間では常識になっていたりするのかも知れない。少し心配になってきたが、幸いなことに、私の勤務している国際日本文化研究センターは、知識の宝庫のようなところで、博学多識の方がたくさんおられる。それに昼食のときなど、各自が研究室で食事をせず、「コモンルーム」と称する部屋で一同が食事を共にしながら、雑談するシステムになっている。情報交換したり、新しい考えのヒントをもらったりして非常に便利である。そこでその機会を利用して話題にしてみると、「それは面白い発見ですよ。たぶん誰も言ってないでしょう」とか、「国文学の専門でないので、かえってそんな見方ができるのでしょう」などと大先生に言っていただき、安心したのだった。そう言えば、『風土記』などには人を殺す話はたくさんあるし、鎌倉時代以後の逸話などには血なまぐさい話もよく出てくる。そういう点で、平安時代の物語は特異だとか、平安時代は実際にも殺人ということが少なかったらしいとか、新しい知識も得ることができた。

ところで、平安時代の物語にどうして「殺人」がないのか。この点については今後深く考えてゆかねばならないと思っているが、ひとつの考えとして、当時の人が「死後の生命」の存在を相当に確信していたためではないか、という点がある。殺した後にまた会うことになったり、仕返しされたりするかもと思うと、簡単に殺人はできなかったのではなかろうか。それにしても「人間の生命は地球より重い」と主張する時代に殺人がよく起こり、人の命のはかなさを実感していた時代に殺人が少ないという点も一考に値すると思われる。

雑誌社などの企画で「対談」をすることがある。相手の人からいろいろと新しい知識を吸収できるし、自分の考えに対しても相手の反応がかえってきて、また考え直すこともあるので、なかなか得るところが多い。読者にしても話し言葉なので読みやすく、二人の人のやりとりの力学なども楽しめる。こんなわけで、おそらく「対談」が掲載されていない雑誌などまずないことだろう。

ところが、鼎談となると難しくなってくる。対談の場合、関係はひとつだが、鼎談になると関係は一挙に三倍になるわけである。二人が相撲をしている間に行司が一人いる、という形は望ましくない。二人対一人の綱引きというのも困る。三人が一度にするスポーツはあるかな、と考えてみるとその難しさがわかる。プロレスにも三人プロレスというのはないのではないかと思うが。

そこで、鼎談となると、一人が行司をしたり仲介をしたり、二対一の綱引きをしたり、しかし、その役割を固定せずにうまく入れかわることによってバランスを保つことになる。鼎《かなえ》というのは、もともと三本足の容器のことなので、その三本足がうまく均等にできていないと、容器が傾いてしまうわけである。ところが、やってみると鼎談はあんがい難しい。人間というものは三次元の空間(四次元という人もいるが)に住んでいるが、その思考法は二次元の平面を出るのが難しいのかも知れない。

ところで、先日実にみごとな鼎談を聴くことができた。三人が入れかわり立ちかわり、いや、同時に話をしながら、そのいずれの一人に重点が傾くわけでもない。対立してみたり調和してみたり、まさに混然としているのである。三人が同時になど話せるものか、と言われそうだが、実は、種をあかすと室内楽の三重奏を聴いたのである。

私は室内楽を聴くのが大好きなのだが、大阪に「いずみホール」というのがあって、雰囲気、音響効果、共に室内楽を聴くのにうってつけなのである。先日ここで、小川典子(ピアノ)、漆原朝子(ヴァイオリン)、フランソワーズ・グローベン(チェロ)の三人の女性による三重奏の演奏を聴いた。それが、まさに理想的な鼎談として、私には聴こえてきたのである。それぞれの楽器が、そして演奏者がその個性を打ち出し、他と妥協せず、といってひとりよがりになるのではない、極めて調和的な対話を試みる。

聴いていて面白く思ったのが、この三人の鼎談がその形を変え、作曲者、演奏者、聴衆の三者の鼎談にも発展してくることである。演奏者と私の間に作曲者の声がはいってくる。あるいは、作曲者と演奏者の間に聴衆がはいる。このようにして、二者関係のところに第三者がはいってくることによって、その対話の質が一挙に変わり、ダイナミックな様相を帯びてくる。つまり、対話が立体化してくるのである。考えてみると、夫婦だけで話をするよりも、間に子どもが加わったり、他人がはいったりすることで、急に話の内容が活気を帯びてくることもあるものだ。

こんなことを考えながら聴いていると、私という存在の内部で、こころとからだとたましいの鼎談が誘発されてくるのを感じる。「しばらくお目にかかりませんでしたが」「いや、ちょっと新しいことをはじめていまして」などという面白い会話が三者の間で起こりはじめ、私という存在はあらたな動きと調和を取りもどし、活性化される。三つの楽器の鼎談がどんどんとその輪を広げるのである。

名演奏にこたえて、われわれ聴衆は心をこめた拍手を送り、それは演奏者の方々にもとどいただろう。ただ、少し残念だったのは、聴衆の入りがこれだけの演奏にふさわしく超満員とまでは言えなかったことである。わが国にもっと室内楽愛好者が増えないものかと思う。

物語と女性

米国のコロンビア大学の日本文学研究者、バーバラ・ルーシュ教授が、私の勤務している国際日本文化研究センターを訪ねてこられた。ルーシュさんは『もう一つの中世像』(思文閣、一九九一年)という名著で南方熊楠賞と青山なを賞を受賞された方である。実はこの本には、鎌倉時代に無外如大《むがいにょだい》という女性の禅の老師がいたことが論じられていて、日本ではあまり知られていないこのような人物に注目されたのは、ルーシュさんの「女性の目」「外国からの目」の利点が作用しているのではないかなどと、以前によそに書いたことがある。

会議で忙しく、ほんの少しの時間だけお会いしたのだが、その間にもルーシュさんの「女性の目」「外国からの目」の鋭さを感じさせられることがあった。ルーシュさんはこの「おはなし おはなし」を読んでおられて、前々回に「物語と殺人」のことを書いた点について、平安時代のつくり物語に「殺人」がないのは、「作者が女性だからではないか」と言われる。「女性は物語をつくるときに、殺人を思いつくことがない」と言われるので、私はすぐに著名な推理小説の女流作家がバタリバタリと「殺人」をされるのを思い浮かべたが、ルーシュさんによると、それらはすべて近代になってからで、世界中で近代小説以前の女性のつくった物語には、「殺人」がない、と言われるのである。

このことは私は考え及ばなかったので、「あっ」と思ったが、残念ながらルーシュさんと長く話し合うことができなかった。そこでまた昼食時の雑談の種に、この話題を出すと、平安時代のつくり物語の作者はすべて女性と言えるだろうか、という疑問が出てきた。『源氏物語』のように、はっきりと作者が紫式部とわかっているのもあるが、その他の物語は作者不明なのが多い。それに、たとえば、『宇津保物語』や『とりかへばや物語』などのように、作者が男性か女性かで、いまだに議論が分かれているのもある。もっとも、私自身はこれらの物語の作者は女性であると思っているので、ルーシュ説は、その点で私の考えの傍証にもなるわけである。

作者が男性か女性かというよりは、時代の影響が大きいのではないか、と考える人もある。平安時代というのは、死刑が行われなかったらしい。これにも少しは異論はあるらしいが、ともかく、ほとんどなかったらしく、これはこの時代の世界の状況を考えると、大変珍しい、と言っていいことである。そんな時代だからこそ、殺人は物語にも出てこないのだと考えるのである。

近代以前の女性の書く物語には「殺人」がないと言い切れるのかどうかについても、もう少し調べてみたい気がする。この点はしばらくおくとして、ルーシュさんの話で、もうひとつ強く心をひきつけられたことがあった。それは、ボッカチオよりももっと以前に、キリスト教の修道尼たちが、いろいろと物語を書き残していたことがわかり、その研究がごく最近に進みだした、とのことである。

ここでも、女性たちが物語を残しているところが興味深いのである。この話を聞くまでは、私は西洋の物語（フィクション）としては、ボッカチオの『デカメロン』が最初と思っていたので、どうして、日本ではあれほど早い時期に、女性たちが物語を書くことになったのか、という点について、私なりにあれこれと考えをめぐらせていた。それには二つのポイントがあって、なぜ日本だけあれほど早い時期にというのと、なぜ女性たちが（私は作者は女性たちと考えているので）というのがある。ところが、ヨーロッパでも早くに女性たちが物語を書いているとすると、両者を比較することは大変価値あることになると思われる。ルーシュさんはさっそく、共同研究にコロンビア大学に、と誘って下さり、私はもうそのことを夢見て、あれこれと考えているところである。

一流病

「アーバンリゾートフェア神戸'93」のシンポジウム「若者と共に生きる街」というのが甲南大学で行われ、参加してきた。神戸市の東灘区は区内に大学が四つもあるので、その特徴を生かして「街づくり」を考えようとする上で、行政、商店街、大学、などなどできる限り多角的な視点から論じようとする企画で、なかなかユニークな試みである。

と言うものの、正直なところは、建築家の安藤忠雄さんと対談できるというので、それを楽しみに出かけて行ったのである。安藤さんは国際的な賞を多く受けられた方で、ご存じの人も多いと思う。私が特に関心をもつのは、その経歴で、十七歳でプロボクサーの資格をとったり、外国への長い一人旅をしたりしながら、大学も行かずに独学で建築学を学んで今日に至った、という点である。

私のように相談を受ける仕事をしていると、ともかく「一流大学に入学して、一流企業に就職するのが幸福の道」と信じきって、そのために幼稚園のときから努力し――というよりは、努力させられたと言うべきだろうが――その結果が相当な不幸につながってゆく、という例に接することが多く、残念でたまらない。一番不幸なときは、自殺ということさえある。「幸福」を願っての親子の努力は、次にきたる大きい不幸の準備をしていることにほかならないのである。

これは別に「一流」がいけないというのではない。安藤さんのように自分の進むべき道を見いだして、そこで一流に向かって努力し続けるのと、皆が考える一流というのに、乗っかってゆこうとするのとは、まったく異なっている。後者のようなのは「一流病」とでも言うべきで、日本人の大半がこれにやられているために、随分と日本中を暗くしている感じがする。そんな点で、安藤さんのように、いわゆる一流路線をものともせずに自分の道で生きてこられた方と話し合いをすると、楽しくなってくる。

安藤さんも私と同様のことを考えておられ、日本の教育がこのままでは世界から相手にされなくなってくると言われる。国際的に活躍しておられると、日本のことを憂う気持ちも強くなられるのだろう。といっても、前記のような傾向は日本全体、日本人一人ひとりの問題と言ってよいほどで、単に日本の教育制度のどこかを変えるだけでは、うまくゆくのではない、という認識でも二人の意見は一致したと言っていいだろう。

それでは、どうすればいいのだろう。安藤さんは一流志向だけで生きてきた人の例として、一流大学、一流企業と思ってやってきたものの、少しの風の吹きまわしによって、それほど年もとっていないのに「窓際」に追いやられてしまっている人の例などをあげて、「一般の風潮」や「時代の流れ」によって判断して進路を決定しても、それは長い人生の間にどう変わるかわかったものではない、と言われる。それよりも、自分のやりたいことをやって身につけておくと、それは時代の流れが変わろうと、自分のものとして揺らぎがないのである。周囲の変化によって、自分の幸・不幸がそれほども影響を受けない、こんなことをお聞きしていると、結局のところは、「一流」ということの無意味さをわかってもらうように、それを知っているものが、できるだけ機会をとらえて一般に広めてゆくより仕方がないのではないかと思う。

本紙(朝日新聞)の家庭欄に、最近「なんとなく シングル」というのが連載されたが、その次には、「なんとなく 一流」という連載をはじめられて、なんとなく一流大学を出て、一流企業に勤めた人が、二十年後には、実際にどのような人生を送っているのか、ということのルポルタージュを発表してもらうと、日本中にはびこっている「一流病」の勢いを弱めるのに、少しは役立つかも知れない。

スミイチ

Jリーグが発足して、サッカーは大変な人気である。スポーツは何でも好きなので、あまりわからないままにテレビを見ている。サッカーは一点を取るのがなかなか大変なので、一点を取ってしまうと、ひたすら防御に専念して、それを守りきろうとする作戦に出るようだ。確かに、下手に攻めていると、どうしても防御が手薄になるし、ちょっとの油断かミスかで、敵に点を取られてしまい、大変なことになる。それで、防御に力を入れて逃げきってしまおうというのもよくわかるのである。

スポーツ観戦もプロになると、そのあたりの作戦や防御の仕方などが味わう点になるのだろうが、私のような素人は、何でもいいから、好きなチームが一点でも多く取ると嬉しい、というわけで、もっと攻めればいいのになどと無責任なことを考えてしまう。

サッカーの場合は、一点を取るのが大変なのでいいが、野球の場合は一回に一点を取ったものの、相手のチームも共に零点が続くときは、もっとやりきれない。プロ野球の元南海ホークスの鶴岡監督が「スミイチはつらい」と言ったそうだが、「スミイチ」とは面白い表現で、スコアボードを見ると、隅に「1」とあって、あとは「0」の連続。もちろん、これで最後までゆけば勝ちなのだが、守りのちょっとしたミスでも同点あるいは逆転となるので、「スミイチ」の試合をしているとたまらないわけである。守ることに神経を使いすぎて攻撃をのびのびとできないので、イライラしながら試合を続けることになる。

スポーツの面白いところは、それを見ながら人生のことについてあれこれと連想をはたらかせ、勝手な思いつきをして楽しめる点にある。「スミイチ」勝負など見ていると、われわれ学者の世界のことでいえば、「スミイチ学者」と言われるようなことをしていないかと心配になってくる。最初に出した論文が高い評価を受ける。あるいは、それまでの業績が認められて、重要なポストに就く。そうすると、それを「守る」ことに一生懸命になってしまって、「攻める」ことに力がはいらなくなるのである。つまり、学問の世界で「攻め」と言えば、新しいアイデアを発表したり、それまであまり注目されなかった領域に足を踏み入れてゆくことになるのだが、それは必ず危険がともなう。たまにミスをすると、周囲からの攻撃を受けて、トラの子の一点の価値がなくなるかも知れない。

こうなると、どうしても「守り」の学問をすることになる。「守り」の学問とは、大きいミスを恐れるので、どうしても既成の考えの枠内で、確実な仕事のみを積み上げることを意味する。「勉強」はよくするのだが、創造的なことには手を出さないのである。その上、「スミイチ」になると、相手に点を取らせないことを考えるので、他人の仕事に対してケチをつけることになる。

創造的な仕事とか、新しい領域を開拓しようとする仕事には、どうしても小さい欠点がつきものである。したがって、自分の方が先に「得点」している者は、相手の小さい欠点を攻撃して成功を妨害する。何しろ、確かに相手の欠点を指摘すること自体は「正しい」ことなので、それが悪いとは言えないのだが、結果的には、新しい成長の芽をつむことになってしまうのだ。「偉い」教授になったときは、特にそうならないように心がけねばならないだろう。

学者だけではなく、「スミイチ芸術家」とか「スミイチ部長」とか、いろいろな場所にそれは存在するのではないかと思うが、やはり歳をとってくると「守り」に心を配りがちになるのではないか、とみずから反省している。自分は「第一人者」のつもりでいるのに、周囲の人は「スミイチ学者」と思っているなどということにはならないように気をつけたいと思う。

何を目標にするか

高石ともやさんと話し合いをしたことがある。高石さんは歌手であり、マラソンランナーでもあるユニークな人である。人間の生きる姿を歌った高石さんのフォークソングはなかなか素晴らしい。「家族関係の意義」などと題したわれわれ学者の講演を聴いたりするよりも、高石さんと一緒に「高石ともやのファミリー・フォーク」を歌う方が、よい家族関係をつくるのにはるかに効果がある、と私は思っている。

マラソンといっても、高石さんはアメリカ横断などというのをするのだから、まったくよく走れるものだと思うが、その秘策のひとつは、高石さんによると、「あっ、あの雲の下まで走ろう」とか、「山がだんだん近づいてきたぞ」とか、自分の走っている周囲の自然物をある程度の目標にして走っていると、どんどん走れるのだそうである。「数字にこだわって走っていると、やたらに疲れるのですよ」と言われる。

今日は何キロメートル走ろうとか、時速何キロで走るとして、今日は何キロぐらい走ったとか、数字にこだわっていると、なんだかだんだんとしんどくなってくる。今日はまだ何キロしか走っていないなどと考え出すと、重荷を背負って走っているようになってくる。ところが、雲や木や山や、その他の自然物などを相手にしていると、知らぬ間にどんどんと走れるのだそうだ。

それでは、オリンピックのマラソン選手などはどうなのだろう。マラソンといっても一分一秒を争う勝負になる。五キロメートルごとのタイムはどのくらいか、自分のこれまでの記録と他のライバルの選手の記録とを比較するとどうか、そこには「数字」がいっぱい浮かぶことであろう。ところで、確か有名なマラソンランナーだったと思うが、自分はただ「次の電柱まで、次の電柱まで」と思って走ったという言葉があったと思う。

「プロ」のスポーツ選手である限り、「数字」に関心のない人はないであろう。相撲の世界にも「星勘定」という言葉がある。しかし、この選手の言葉にあるように、「数字」にこだわらずに走るところに妙味が出てくるのではないだろうか。「プロ」の選手である限り、「数字」が気にならないということはないであろう。といって、それに「とらわれ」ていると、かえって駄目になるのではないだろうか。高石さんの言うとおり「疲れが倍加してしまう」のは、「プロ」の選手でも同じであろう。「数字」のことをどこかで念頭に置きつつ、それにとらわれずにいることを、プロでも大選手と言われる人は、うまく見いだしているのではないかと思われる。

人生もマラソンにたとえられたりするが、われわれが人生マラソンを走っていく上で、「数字」にこだわっていないか、考えてみるといいであろう。「自分は何点を取ったか」「席次は何番か」「何平方メートルの土地を買ったか」「年収はいくらか」。確かに人生マラソンも数字に満ち満ちている。そして、われわれは「数字」にとらわれてしまって、「やたら疲れて」いないだろうか。

人生マラソンにおけるさまざまな「数字」が気になるのは当然である。それを無理に気にしないでおこうとすると、疲れはもっとひどくなるだろう。「俺は気にしない」と大声で触れ歩いて、周囲の人を疲れさせるのも芸がない。とすると、数字を気にしながらも、自分の人生マラソンで、「あの雲まで」とか「山が近づいてきた」といえるような「風景」がどのくらい見え、どのくらい楽しめているかと考えてみるのがいいのではなかろうか。

数字では計算できない人生の風景をどのくらい自分は見ているのか。人生のマラソンは、その到達点である「死」に早く着いた人が「勝ち」などということはない点を考えるならば、途中の風景を楽しまずに、まっしぐらに走る馬鹿さ加減もわかってくるだろう。

二十一世紀のおはなし

人間は、おはなしを必要とする。自分が生きている間に経験するいろいろなことを自分の体験にするためには「おはなし」が必要である。これは個々の人間としてだけではなく、ある文化のある時代の人間が集団として共有できる「おはなし」を必要としている、と言ってもいいだろう。

おはなしにもいろいろあるが、そのなかのひとつに小説というのがある。そんなのは「つくり話さ」と言う人もあろうが、それが事実であるかないかなどと判断するよりも、その実際的影響力を考えると、その力がよくわかるだろう。夏目漱石という実在の人物よりも、ひょっとすると『こころ』のなかの「先生」のほうが、多くの日本人に深い影響力をおよぼしているのではなかろうか。

人類は二十一世紀にはどんな「おはなし」をもつことになるだろうか。そんなことをときに考えてみるのも楽しい。あるいは、もうちょっと肩を張って言うのなら、われわれはそろそろ二十一世紀の「おはなし」を見いだす努力をするべきである、ということになるだろう。

ところで、最近、二十一世紀の小説の可能性を探ろうとする意図をもった本が出版された。中村真一郎『王朝物語 小説の未来に向けて』(潮出版社、一九九三年)がそれである。実は、私も二十一世紀の「おはなし」を考える上で、わが国の王朝物語が重要な鍵を提供してくれるのではないかと考えて、まったくの素人ながら王朝物語を少しずつ読んでいるところである。もっとも、私は自分の専門とする深層心理学の立場から、二十一世紀のおはなしを探る試みとして、それをしているので、中村真一郎さんとは切りこむ角度が大いに異なっている。それにしても、中村さんが王朝物語の「研究」などと言わず、「二十一世紀小説の可能性」ということを正面に打ち出しておられるところは、大いに我が意を得たりと思ったのである。

さて、読んでみて——といってもだいぶ時間がかかったが——圧倒される思いがした。最終章に「私のごひいきのクロード・ロワは、当今、文学的博読家として、アメリカのヘンリー・ミラーと双璧を誇っている」などという表現があるが、中村真一郎さんこそまさに「文学的博読家」と呼ぶのにふさわしい人である。古今東西とひと口にいうが、実際は古今東西の小説に通じることなどほとんど不可能とさえ思われる。しかし、中村さんの博読ぶりはほとんど不可能を可能としていると言っていいほどである。日本の物語を取りあげて論じるなかで、それに対比するのにふさわしい小説が、あちらこちらからさっと取りあげられてくる。古今東西の小説をこれほどに自由自在に駆使して論を運ぶことのできる人は、おそらく今後はもう出てこないのではないか、と思われるほどである。

それでは二十一世紀のことを考えるのに、どうしてわざわざ古い物語を取りあげるのか、ということになるが、これについて中村さんの考えをごく簡単に言うと次のようになる。十九世紀に生まれた「純粋客観主義」の小説が行き詰まったところで、二十世紀になると、人間の内界を探索しようとする、いうならば人間の「無意識界」を問題とするような小説が生まれてきた。そして、二十一世紀には「人間の魂の全体と社会の全貌」をとらえるような「つくり話」が生まれてくることになるが、そのヒントを王朝物語が提供してくれるというのである。

私はおそらくその鍵は「女性」ということだと思っている。王朝物語の、とくに「つくり物語」のほとんどは女性が書いたものと私は思っているが、そこに示された「女性の意識」というものが、その価値をもう一度見直されるべきものとして浮かびあがってくるように思えるのである。二十一世紀のおはなしは女性の意識から生まれてくるだろう。

韓国のおはなし

国際日本文化研究センターの共同研究として、昔話の研究をしている。そのための学術調査の目的で、七月一日から一週間ほど、総勢八人で韓国に出かけてきた。つい最近まで日文研(これはわれわれの研究所の略称である)の客員教授だった李栄九先生がすべてをアレンジして下さったので、ソウルでの仕事は順調に進んだ。そのひとつとして、韓国の昔話研究者の人たちと討論をしたときのことを少し書いてみたい。

われわれはもっぱら異類婚(人間と人間以外のものとの結婚)の話に焦点を当てて話し合った。最初に私がわれわれの考えを述べ、続いて、韓国の昔話研究家として日本でも著作を発表しておられて有名な、崔仁鶴先生が韓国の事情について話され、後は自由討議ということになった。日韓両国ともに論客ぞろいで、韓国語、日本語、英語がとびかう熱のこもった話し合いになった。

今回は残念ながら参加されなかったが、われわれの研究グループの一員である筑波大学の小沢俊夫教授は、次のような理論を立てておられる。世界の異類婚の昔話を見ると、ヨーロッパのキリスト教文化圏の昔話では、人間と人間以外のものの結婚は起こらない。魔法によって人間が人間以外のものにされているものとは結婚するが、結局は魔法がとけて人間にかえる。これに比して、エスキモーとかパプアニューギニアなどの話では、人間と人間以外のものとの結婚は何の抵抗もなく生じる。つまり、人間と動物や植物は一体である。ところが、日本の昔話はこれらの中間で、動物が人間に化身して人間と結婚しても、動物であるという正体がわかると離別してしまう(たとえば『夕鶴』の話など)。あるいは、「猿聟入《さるむこいり》」の話のように、一度は人間と猿が結婚しても最後には、猿は殺されてしまう。つまり、人間とその他の存在はヨーロッパほども切り離されていないが、まったく同じというわけでもないのである。

こんな点で韓国の事情に一同興味をもっていたが、一口に言ってしまうと、韓国の話はバラエティーがあって、ひとつのタイプとしてはまとめにくいことがわかった。ただ、動物が最後に変身して人間となり、めでたしめでたしと結婚する話でも、ヨーロッパのように魔法をかけられていたのがとけたという説明はない。韓国の異類婚の話をどう考えるかは、今後の課題であるが、結婚によるハッピーエンドが多い点ではヨーロッパ型に近いが、人間と動物の変身が何の抵抗もなく起こるところは、むしろ、人間と動物などとの一体感が強調されているようにも思う。

このように異類婚の話を調べているのは、そこに人間と自然との関係に対する考え方の差が見られるのではないか、と思っているからである。ヨーロッパ近代の考え方を超えてゆこうとするとき、異類婚の話のいろいろなあり方が、われわれ現代人の生き方に何らかのヒントを与えてくれるのではないか、と思っている。その点、今回の韓国の話を聞き、討論ができてよかったと思っている。

この会で日本人の研究グループが驚き、かつ喜んだのは、韓国の昔話研究の長老、任晳宰先生が九十一歳の高齢を押して出席され、最後まで熱心に討論に参加されたことである。私の生まれる前から研究に従事しておられ、一九四〇年に韓国の異類婚についての論文を発表しておられるのだから、大したものである。

パーティーが終わってお別れのとき、任先生は「ここまで長生きしたので、もういつ死んでもいいと思っていたが、こんな楽しいことがあるのだったら、もっと生きていてもいいと思った」とつぶやかれた。これを聞いて、日本人側は、この研究会に対する最大の賛辞と感じて、非常に嬉しく思った。今後もこのような研究交流を続けてゆきたいものである。

韓国の白雪姫

韓国に調査研究に行っている間に、ソウル市立の東部児童相談所を訪ねた。実は私が国際学会の会長をしている箱庭療法という心理療法が韓国でも広まりつつあり、箱庭療法についての研究のために訪問したのである。この相談所の人たちをはじめ、これまでに数人の韓国の方々が日本を訪ねて箱庭療法の方法を学んで帰り、韓国でも実践しておられるので、その成果を見せていただくと共に、日本での私の経験についてもお話ししようというわけである。

箱庭療法というのは、ただ自由に箱庭をつくってもらうだけと言っていいほどなのだが、治療者と箱庭をつくる人との間に深い関係が成立すると、人間の心の深い面が表現され、そのような創造活動を通じて治ってゆくのである。

韓国の方の提出された例に、幻覚剤の使用に悩んでいた少年がみごとに立ち直ってゆく過程で、箱庭に白雪姫を置いたのがあり、印象づけられた。箱庭のなかで、白雪姫がその少年自身であるかのごとく活躍するのである。

男性が白雪姫を自分と見たてるのは変なようだが、それについて私は次のように考えた。
白雪姫の母親は継母ということになっているが、もとの話は実母である。母親は子どもを温かく包みこんで育てるが、そのような母性のプラス面に対して、子どもを包みこむ力がむしろ子どもの自立を妨げるというマイナス面がある。母性はこのような二面性をもつが、子どもが自立を目指しはじめる思春期になると、どうしても母性のマイナス面ばかりが見えるときがある。そんなときは、子どもにとって母親は「魔女」にも見えると言っていいだろう。このあたりのことがわからなかったグリムは、話を出版するときに勝手に「継母」の話に変えてしまったのである。

この少年もおそらく白雪姫に近い心境だったのだろう。そこで面白いのは箱庭のなかで例の小人たちが重要な役割を占めることになる。物語のなかの七人の小人は、母親のもとを離れた白雪姫に対して、料理や掃除など日常生活に必要なしつけをする。つまり、自立のためには母親への反撥だけでは駄目で、独立した人間になるためのしつけが必要なのだ。その後、白雪姫は死んだようになってガラスの棺に入れられる。これは娘の成長に必要な内閉的な時期を示しているが、このあたりになると、少年とは関係がなくなるので、箱庭の方では、白雪姫は出てこなくなり、荷物を背負って進んでゆく少年の人形が重要な登場人物となる。

少年は自立してゆきたい気持ちをもちながら、まだ弱い自分ということを感じるとき、自分自身を白雪姫のような女性として示すことにピッタリとした感じを抱いたのだろう。しかし、七人の小人の登場によって、だんだん強くなってくると、自分も荷物を背負う少年としてイメージできるようになったのだと思われる。

幻覚剤による幻覚は、少年にとって逃避となっていたようだが、人間関係を基礎として展開されてくる箱庭のファンタジーは、少年が自力で難しい道を見いだしてゆく強力な支えとなったのである。このように考えると、この少年の幻覚剤への耽溺も、何とか自力で立ち直る道を探ろうとする傾向をも秘めているものと言うことができる。そこに人間関係という契機を与えることによって、ファンタジーはプラスの方向に展開するのである。

白雪姫は似たような感じで日本人の箱庭にも出現してくる。ある「おはなし」と、そのなかの人物像が文化差を超えて、このように深い意味をもつことを知るのは、人間を理解する上において非常に有力なことである。もちろん、文化差による相違が生じることもあり、それらの位相を微妙なニュアンスまで知ることが今後ますます重要になると思っている。

玉ねぎ

二十一世紀のおはなしを探す上で、ヒントになる言葉がひとつ見つかった。それは「玉ねぎ」である。といっても、二十一世紀の健康食品として推薦するわけではない。それは宗教性を考える上で大切なことと思うのである。二十一世紀には宗教性ということが非常に大切なことになると思っている。ここにわざわざ宗教性と言ったのは、特定の宗教や宗派に限定せず、宗教的なるもの、とでも呼びたいような人間存在の根底にかかわる体験について述べたいからである。

お気づきの人も多いと思うが、この「玉ねぎ」は、遠藤周作『深い河 ディープ・リバー』(講談社、一九九三年)のなかで重要な意味をもって出てくる言葉である。といっても、それは最初に一人の人間の偶然の思いつきで出てきたものなのだ。キリスト教に惹かれる真面目な神学生の津田は、神に対して懐疑的な女性、美津子との会話のなかで、「ねえ、その神という言葉やめてくれない。いらいらするし実感がないの」と言われ、「すみません。

その言葉が嫌なら、他の名に変えてもいいんです」と答え、何でもいいが「玉ねぎ」にしておこうと決め、以後、彼らの会話にそれがたびたび登場することになる。神学生の津田が偶然に口にした「玉ねぎ」という言葉。しかし、作者の遠藤先生は偶然の意味について深い関心をもつ人であることは、『万華鏡』(朝日新聞社、一九九三年)を通じて読者の皆さんもご存じのはずである。そこで、私は「玉ねぎ」のイメージについて考えてみた。

まず、玉ねぎは特有のにおいをもっている。それはときに「くさい」と表現したくもなる。すべて宗教はくさみをもっているし「うさんくさい」傾向さえもっている。しかし、それが玉ねぎの特徴だ。ときどき、「私どもの宗教は合理的・科学的に正しいことが証明されています」などと主張する宗教があるが、あんなのは、「私どもは、無味無臭の玉ねぎの育成に成功しました」というように聞こえてくる。素晴らしいことかも知れないが、食べる気はしないだろう。

玉ねぎは生でも煮ても焼いても、フライにしてもおいしい。食べ方はさまざまであり、人好き好きである。二十一世紀の宗教性は個々人のそれぞれのあり方との関連が重要になるのではなかろうか、「玉ねぎは生で食うべし」とか「食うべからず」とか決めるのは難しいことだろう。

玉ねぎは地下の存在である。それは天から語りかけたりはしない。地下にあって人の目に触れず、何もないと思っているところから急に芽を出してくるのだ。地下の存在は恐ろしい。私は長新太さんの『怪人ジャガイモ男』(話の特集編集室、一九七九年)などという本を思い出す。怪人ジャガイモ男は地下から突然に出現し、日本中をポテトチップに変えようとする。北海道をポテトチップにしてバリバリ食べたりするのだ。二十一世紀になって、われわれもしっかりしていないと、突然に出現した怪人タマネギ男によって日本中が玉ねぎに改変され、日本人は土地を耕しながら、その刺激で全員が涙にくれるなどということになるかも知れない。

最後に、玉ねぎは球形である。といっても完全な球ではない、楕円球と呼んだ方がいいのもある。ともかく、果肉が一枚一枚重なって球体をつくっている。ひとつひとつが集まって全体を形づくる。ここにも宗教性に対するヒントがある。しかし、われわれがあわてて、果肉のひとつひとつを味わわず、中心に何があるのかと焦るときは、そこには何も見いだせないであろう。二十一世紀の宗教性は、中心には何もないと言うのだろうか。玉ねぎは玉ねぎだ。ほんとうの神はそんなのではなく、中心に何かある、と言うのだろうか。

遠藤周作『深い河 ディープ・リバー』は二十一世紀の宗教性に対して、答えを提示しつつ、その深さの故に、答えのなかに問いをも内在させて終わっているように思われた。

公案としての子ども

兵庫教育大学へ非常勤講師として講義に行ってきた。この大学の大学院生は現場の教師として相当に経験を積んだ人が選ばれて研修に来ているのが大半で、他の大学院とは異なっている。ここで教えるのが私は好きである。というのは、こちらの一言一言が、聴く人のそれぞれの体験と照合されて、そのなかに取りこまれていくのを感じるからである。普通の学生なら「頭」にはいってゆくことが、ここの人たちは「からだ」全体にしみこんでゆくと感じられる。

生徒指導の例についていろいろと共に考えながら、私は「この子どもたちの行動を、禅の公案《こうあん》のように考えてみてはどうですか」と言った。実のところ私は禅の経験などないので、見当違いのことを言っていると怒られるかも知れないが、私はこう考えている。たとえば、参禅すると老師から「片手の音を聴け」などと公案を与えられる。両手を打ち合わせると音がするが、片手の場合はどうかというのである。これを私流に解釈すれば、一般的、常識的な考えを、パッと打ち破ってこそ答えが得られる課題を与えられたことになる。

きょうだい三人、両親は同じように大切に育てたという。そのうちの二人は元気に学校に行くのに、一人だけ登校をしぶって親を困らせる。こんなとき、常識的な答えは、「三人きょうだいのうちで、あの子だけがダメな子」ということになるだろう。

しかし、このことをひとつの「公案」として受けとめるとどうなるだろう。禅でも公案は簡単にとけない。常識を棄ててひたすら参禅しなくてはならない。われわれの場合も、まず常識にとらわれないことが大切だ。そして、その子どもとよくつき合い、両親ともよく話し合ってみる。これも禅と同じで、焦らずにどっかりと腰を落ち着けてやらねばならない。

そうすると、実は両親が夫婦として互いに強い不満をもちながら、その問題を回避して生きていること、その点を何となく感じとった子は、他のきょうだいは無関心でいるなかで、いわば親の問題を背負う形で、悩んでいること、などが見えてくる。こんなことが見えてくると、その子はむしろ、親の問題を背負うだけあって、きょうだいのなかで一番感受性の強い子だということがわかる。こうなると、教師も親もその子に対する接し方も変わるし、問題解決も近くなってくるだろう。

こんなこともあった。ある小学生が教室内で盗みをしたが、それはすぐに先生にバレてしまうような盗みだった。「こんな盗み方をして、あの子頭が悪いんじゃないか」などという答えも常識的である。その担任の先生は、この盗みをむしろ「公案」として受けとめた。そして、ふと思いついたことは、「あの子は私と話し合いたいと思っているのではないだろうか」ということであった。そこで、その子をそっと呼んで、誰も見えないところで話し合ってみると、「先生、私のお父さんは……」と言って誰も知らない悩みを語ってくれた。

悩みがあるのだったら先生のところに言いにくればいいのに、などというのは子どものことを知らない人の言うことだ。こんな子どもは自分から先生に話しかけてくる強さはない。しかし、先生と話し合うきっかけとなるようなこと——この場合はすぐにバレる盗み——を無意識のうちにしてしまうのだ。

禅の場合、常識的な答えを言うと老師に「喝」とやられる。しかし、大人と子どもの場合では、大人の常識的な答えは「正しい」こととしてまかりとおり、子どもは「悪い子」として位置づけられてゆく。これによって、子どもがせっかくの立ち直る機会を失うのみならず、大人の方も人生の味を深く味わうことがなくなってしまうのである。

私の講義に出席した大学院生——つまり先生たち——はそのうちに現場に戻り、待ち受けている多くの「公案」に立ち向かってゆかれることだろう。

近代科学と心

山形県臨床心理士会の設立記念会に出席してきた。日本臨床心理士会の会長をしているので招かれたのだが、このようにして日本中の各都道府県に会が設立されつつあり嬉しく思っている。現在は日本臨床心理士資格認定協会から認定された臨床心理士が三千七百余人に達している。

現在はここまでになったが、数年前アメリカのある大学を訪れたときに、「日本に臨床心理士(クリニカル・サイコロジスト)はいないのですか」と言われて恥ずかしい思いをしたことを思い出す。その大学では日本の医療についての研究が行われており、日本のことを驚くほど細かく、医師や看護婦などの給料に至るまで調べていて感心してしまったが、先方としては、臨床心理士というのがないので不思議に思っていたらしい。

日本人は「自分たちは心を大切にする国民だ」と言って、「西洋の物質文明」に対抗するようなことを言うが、「心の専門家」を大切にしない日本人の方がよほど「物」ばかり大事にしているのではないか、と痛いことを言われた。日本人のなかには経済の成長にともなって、外国に行き、日本文化の優位を述べたりするときに、日本は心で西洋は物などということを単純に割り切って言う人があるので、これに反撥している人が、先のような質問をすることになるらしい。

日本で臨床心理学の発展が欧米の先進国に対して極端に後れをとった理由はいろいろとある。その第一は、日本が西洋の文明に学びそれを吸収しようと熱心に努力しはじめたころ、西洋においても臨床心理学などは、まだなかったということである。近代科学が発達してくるときに、人間が客観的に観察し得る現象のみに対象を限定し、またその方法が大成功を収めたのであったが、そのために、人間の「心」などという扱いにくいものは学問の外に棄ておかれたのである。したがって、心理学も「心なき心理学」などと言われるように、客観的に研究できる人間の行動を対象とする「実験心理学」として発展してきた。

西洋の学問体系を追いつき追いこせと取り入れることで、日本の大学も大いに発展し、その形を整えることができた。その後で、人間の心の悩みや苦しみなどを扱う「臨床心理学」が生まれてくるのだが、相当に形のできあがっている日本の大学に急に新しいものを取り入れるのは難しい。実際、私が最初に臨床心理学を学ぼうとしはじめたときには、「そんなわけのわからぬことをやっていると出世ができない」という忠告を直接、間接によく受けたものである。

アメリカの大学で先のようなイジワルイ質問をされたとき、私は「日本人は欧米の近代科学を学ぶのに熱心なあまり、しばらく心のことを忘れていましたが、今は急激に臨床心理学も発展しつつあります」と答えておいたが、すでに述べたように臨床心理士の数も随分と増えてきた。

山形の会で嬉しかったことは、記念式典の後の研究会で、医師と臨床心理士との共同による治療の例が出され、両者の連携に関する問題が論じられたことである。医学の領域においても「近代科学」として発展してくるときに「心」の問題を置き去りにしてきたことは同様であり、最近になってその点が反省され、医療のなかで心のことも考えようとする傾向が強くなりつつある。そんな点で、山形では、治療にあたられた医師のみならず他の医師も参加されて、臨床心理士と共に討論できたことは、新しい医療を考える上でも意義深いことであったと思う。医師、臨床心理士のみならず他の職種の人々も共に医療チームをつくってゆくことの重要性がつとに指摘されている。そんななかで臨床心理士をどのような形で制度的に位置づけるかが、現在、関係機関の間で考えられているところである。このことも国際的に見て恥ずかしくない形で解決されることを望んでいる。

太平洋

「おはなし」のひとつとして「歴史」ということがある、などと言うと歴史学者に叱られるかもしれない。われわれは歴史的「事実」を記述しているのだ、「おはなし」などではない、と言われそうである。しかし、たとえばフランス語のイストワールには、歴史という意味も、おはなしという意味もある。

歴史書には外的に起こらなかったことを書くことはできない。しかし、多くの事実のなかのどれをいかに書くかということで、それは「おはなし」性をもってくる。それを読む人は、その「おはなし」としての性格に心を打たれたり、あるいは拒否感を抱いたりする。最近、おはなしとしての歴史という意味で感心させられた書物があった。それは、フランク・ギブニー『太平洋の世紀』(上・下、堺屋太一監訳、TBSブリタニカ、一九九二年)である。

著者のギブニーさんは、すでに述べたことがあるが(九二頁)、ワシントンの議会図書館で私が講演した際に司会をされた人である。そのときに触れた彼の人柄が実に素晴らしかったので、この書物を読むことになった。ギブニーさんは、一流のジャーナリストとしての豊富な体験と知識を駆使して、今世紀におけるアメリカとアジアの国々の変貌する姿を的確に描き出している。心をひきつけられて読んだが、何しろ大部なもので、まだ上巻だけしか出版されていないが、読み通すのに相当な日時を費やしてしまった。

本書の魅力は、この「おはなし」を形成する中核として「太平洋」ということが取りあげられている点にある。その「太平洋」というイメージが人類のなかで、この一世紀の間に変化してきたことが、うまく語られている。監訳者の堺屋太一さんが序文のなかにいみじくも述べているように、太平洋はかつて「世界の切れ目」だった。日付変更線がその中を割って通っている点から見てもわかることだが、それは「世界の果て」であった。しかし、現在では太平洋上の貿易量と旅行者数は極端に増加している。つまり、太平洋は「切れ目」ではなく「つなぐもの」としての役割を担っているのである。

本書を読んでいて気持ちのいいのは、日本をはじめ各国の長所や欠点をズバズバと指摘しつつ、どこか特定の国の立場に立って発言していないところにある。言うならば、著者は視座を太平洋のなかに据えているのだ。太平洋を中心に据えて、ものごとを見るというのは象徴的である。太平洋はいつも「太平」とは限らない。荒れるときもある。それは無数の生命を生み出すものでもあるし、多くの生命を奪う存在でもある。そのような逆説的存在を中心に置くことによって、著者の史観が形成されているところが魅力的なのである。

つかみようもない太平洋のようなイメージに頼るのではなく、槍一筋に突き進む史観がかつてもてはやされたことがあった。それは竹槍であったり、科学的電動槍（などあるかどうかわからないが）であったりもした。それらは一時的には強力に見えても、結局はもろいものだったようである。

本書の出版記念会に私は出席したが、そのときのギブニーさんは、ユーモアにあふれるあいさつのなかで、「太平洋の世紀など、二十一世紀に来ないかもしれませんよ」と言って微笑された。太平洋の世紀が来ると書物に主張しつつ、「来るとは限らない」とも言ってみせる柔軟さが、ギブニーさんの史観をますます魅力あるものにしていると感じられた。

太平洋は関係を切るものとしても、つなぐものとしても作用する存在として、国と国との間に横たわっているが、考えてみると、われわれが近い関係と思っている親子、兄弟、夫婦、師弟、友人などの間にも思いがけない広さをもった太平洋が存在しているとも思われる。それはいつも「太平」とは限らない。二十一世紀にそれをつなぐものとして作用させるためには、それ相応の努力が必要であろう。

朝の友

夏休みも、もうはや終わりが近づいてきた。今の子どもたちはどれほどの「夏休みの宿題」をもらうのだろう。宿題などとは関係なく、ともかく塾へ行って大いに勉強しなくてはならないのだろうか。もし夏休みにあまり遊べないとしたら、ほんとうに残念なことである。

私たちの子ども時代は、夏休みの宿題など少しだけで、後はひたすら遊んだものである。腕白大将の兄にひきいられて、川へ水泳に行くか、兄が熱心だったせいもあって、昆虫採集に出かけるか。ともかく、暑いなかを遊び疲れて、帰って食べるすいかのおいしかったことは忘れられない。

宿題など少しだけ、と言ったが、この少しの宿題がなかなかの難物で、夏休みも終わりのころになると、それを仕上げるのに四苦八苦したことを思い出す。子どものころの夏休みの宿題は「朝の友」という小冊子があって、それを毎日二ページほどすればよい。言ってみれば簡単なことである。その他に図画・工作の課題がある。作文もあったように思う。

夏休みになると、わが家では小学生の勉強の場所が変わることになっている。兄弟六人、中学生と小学生は別の部屋で勉強しているのだが、小学生の部屋は朝日が正面からあたって暑いので、場所を移動するのだ。わが家では、小学生は午前中が勉強で、後は遊ぶことに決められている。子どものころは少しでも変わったことがあると嬉しくて仕方がないものだが、勉強の場所が変わるというだけで、何か素晴らしいことでも起こったような気持ちで、張り切って兄たちと勉強ということになる。

ところが、後で思い返すと、この午前の時間を何をどうして過ごしたのかあまり思い出せない。というのも、勉強をあまりしてなかったことは事実なのである。

どうしてそうなのかというと、夏休みの終わりになると、「朝の友」にあまりにも空白部分が多いことに気がついて愕然とすることが多かったからである。夏休みの終わりになって、半泣きになって「朝の友」にかじりついている私を母が助けにきて、「長い夏休み、毎朝ここで何をしていたの」と言ったものだが、そう言いたいのは自分の方で、自分でいくら考えても午前の時間に何をして過ごしていたのかあまり思い出せないのである。ともかく「朝の友」があまりできていない、という事実だけは厳然としている。

今から考えてみても、いったい何をしていたのかと思う。その間に隠れてマンガを読んでいたとか、部屋を抜け出して遊びに行ったということもない。おそらく、兄弟でおしゃべりをしていたか、ぼやーとしていたのであろう、とりたてて何もしていないのだ。

「朝の友」を終わりになってやってゆくのに、一番大きい障害は「天気」という欄である。八月中の毎日の天気を思い出すのは、大変な難事業だ。「せめて天気ぐらい毎日書いておけばいいのに」と母が嘆くのも当然だ。その上、図画・工作はもっと大変である。八月三十一日になって急に頑張ってもできるものではない。最後のところは兄たちに「手伝って」もらって、夜中になって完成ということになる。「お前の夏休みの宿題の入選作の大半は、ぼくの力である」などと、今も兄たちに威張られている。

子どものときにしっかりと教育しておくことは後で役に立つというが、そうとばかりも言えないようだ。午前中ずっと、何もしなかったり空想してたりしたことは、確かに、現在の心理療法という仕事をする上で、だいぶ役に立っていると思われる。心理療法の本質は、治療者が「何もしないでいる」ことなのだ。

現在も原稿の締め切りに追われて半泣きになっているのは子どものときのままだが、さりとて、原稿を兄たちに「手伝って」もらったりもしていないわけだから、なんとかなっているわけである。親ごさんたちも、子どもが夏休みの宿題ができずに困っていても、あまり心配せずに長い目で見守ってあげていただきたい。

こわい話

『学校の怪談』という本が隠れたベストセラーと言っていいほど、よく売れているそうである。どこかの教室に幽霊がいた、というようなよくある話が書かれているようだが、これが意外と子どもたちに人気があり、驚くほどの売れゆきを示していると言う。

ある幼稚園の先生に次のような相談をされたことがある。子どもたちが話をしてくれ、とよくせがむので、昔話など自分が覚えている話をしてやると、子どもたちは非常に喜ぶ。テレビのアニメなどで、もっと面白い話を見ていると思うのだが、先生の話を予想外に喜んで聴く。そして、そのなかで魔女が出てきたりするところなど、こわいところがあると、「こわい」と叫んで耳を手でふさいだり、隣の子どもにしがみついたりしている。これはよくなかったかな、と思っていると、子どもたちが、「先生、あのこわい話をして」とせがむのである。

先生が疑問に思われるのは、「どうして、子どもは「こわい、こわい」と騒ぎながら、何度も聴きたがるのでしょう」ということである。そして、そもそも子どもにそれほどこわい話をしてもいいものだろうか、ということである。子どもたちは何度も同じ話を聞いて、こわいところはもうすでに知っている。そして、それを心待ちしているようにさえ見えるが、そこに話が来ると、「キャー」と叫んだりする。何とも不思議な現象だ、と先生はいぶかしがられるのである。

人間にはいろいろな感情がある。喜怒哀楽などというが、それはもっと細かく分けられる。その感情を体験し、自分がそのような感情のなかにいるということを意識するのは、六歳くらいまでの子どもでも可能であり、それを体験することは子どもの情緒の発達にとって非常に大切なことである。

ただ、悲しみや怒りなどの感情があまりに強いときは、子どもがそれに耐えられず、情緒の発達というより、むしろ破壊的な結果になってしまう。その上、親としては、子どもに悲しみや恐怖などはなるべく味わわせたくない気持ちがあるので、そのような体験をさせないようにする。しかし、このあたりが難しいところで、子どもが十分に育ってゆくためには、そのような否定的な感情を体験することも必要なのである。

子どもの心が自然に流れる限り、「こわい」感情体験もしたくなるのは当然である。そのようなマイナスの感情を体験してこそ感情が豊かになってゆくのだ。しかし、マイナスの感情が強くなりすぎると危険性が高くなる。そこで、子どもたちの信頼する大人にこわい話をしてもらうことは、人間関係によって安全感を確保しながら、「こわい」体験ができる——ときにはそれを楽しめる——というわけで、これは子どもにとって非常に好都合な状況なのである。したがって、子どもは自分の好きな大人にこわい話をせがむことになる。

このように考えると、子どもたちにこわい話をしてとせがまれるのは、自分が子どもたちに信頼されていることの証拠だとわかるし、喜んでそれに応じてやればよい。こんな話は「教訓的」ではないとか、こわい話なら、もっと凄いのがテレビでも映画でもあるのに、などと余計なことを考える必要はないのである。これは特に、おじいさん、おばあさんなどが、自分のような「古くさい」話は駄目だと勝手に決めてかかっているのに対しても言えることである。古くてもいいから思い切って「おはなし」してみることである。

子どもたちは、こんなわけで「こわい話」を自分たちの好きな大人にして欲しいのだが、そんな機会は急激に少なくなってしまった。そこで、『学校の怪談』などという本を読んで楽しむより仕方なくなってきたものと思われる。心細い思いで子どもたちに一人で「こわい」体験をさせるのではなく、この際、大人たちはもう少し子どもに「おはなし」する機会をつくるようにしてはどうだろうか。

偏食

子どもが偏食だからといって、わざわざわれわれ臨床心理士のところに相談に来られることは、めったにない。しかし、何かの機会にお母さん方と話し合いをすると、子どもの偏食が心配でと言われることは実に多い。米のご飯をまったく食べないというのもあれば、ご飯ばかり食べて困るなどというのもある。ともかく偏食の相談を受けないことはない、と言ってもいいほどである。

ところで、面白いのはお母さんたちは他の人の悩みを聞くと、「それくらいの偏食なら心配いらないのでは……」と言う人が多い。「それに比べると、うちのは……」と心配されると、それに対してはまた他の母親が「それは心配のしすぎではないでしょうか」と言われたりする。私は皆さんの話がひとわたりすむまで黙って聴いているが、最後のところでは、子どもの偏食はあまり心配しなくてもよろしいと申しあげることが多い。

母親は自分の子には「完全」を望むことが多いので、少しの偏食でも気になるが、他人のことになると適当な客観的判断がはたらいて、そのくらいだとよろしいということになるのではなかろうか。自分の子どもを完全にしたい母親の気持ちは有り難いことだが、それも強くなりすぎると困ったことになる。

実のところ、私は子どものころ大変な偏食であった。食事になるとあまり食べたいものがなくて困ったことを今も覚えている。わが家では毎朝みそ汁が出るが、そのみそ汁が嫌いなのである。サンタクロースが来るころになると「そんなにみそ汁を残していると、サンタがみそ汁をもってくる」とおどかされたりした。

そして、何歳ころか覚えていないが——六、七歳のころ——ついにサンタクロースがみそ汁をもってきたのだ。わが家のサンタクロースは夜のうちに贈り物を隠しておきそれを朝起きて探すのが楽しみであることは、いつかすでに述べたとおり。朝起きて、「このあたりが何かありそうだぞ」という兄の誘導に従って探すと、竹の筒に「みそ汁」と書いたのが出てきて、兄のいたずらと気づいたものの、腹立ちとくやしさで泣いたものだ。

私はだいたい甘いものが好きだった。甘いものが好きというのは「子どもくさく」て馬鹿にされるのだが仕方ない。当時、一銭で駄菓子を売る店があり、ときどき兄と一緒に、「一銭でなんど!」(一銭で何か下さい)と言って駄菓子屋に行ったものだ。その店は、駄菓子として「天ぷら」など売っているのだが、私は甘いものが欲しいので、さつまいもの天ぷらを買うが、兄たちは「そんな子どもくさいものは食えるか」とばかり、するめの天ぷらを買うのである。私はそんな兄たちを尊敬の目で見ながら、やっぱり甘いものの方がおいしいと思っていた。

ところが中学生になると、偏食などまったくなくなってしまい、みそ汁はもちろん、それまで敬遠していたものもおいしくなって、どうしてこんなおいしいものの味がわからなかったのだろうと思ったりした。私が「子どもの偏食は心配ありません」と言っているのも、多分に自分の経験に根ざしているところがある。子どもの嗜好など年齢と共に随分と変わるものである。

といっても、子どものときの嫌悪が今も続いているものがある。それは、子どものころ、牛乳を飲んでいると、「やーい、牛のお乳飲んでらあ」と兄にひやかされ、私のすぐ上の兄迪雄《みちお》(現在、郷里で歯科医をしている)と二人は以後、牛乳を絶対に飲まなくなった。先日会ったときに確かめると、「お前もまだ飲まないのか、僕もや」というわけで、意気投合して喜び合った。「牛のお乳」とひやかした兄の雅雄は、今は牛乳の愛好者になっている。なお、迪雄も私も乳製品は喜んで食べているので栄養不良になるおそれはない。念のため。

うつほ物語

「おはなし」に対する私の関心は、まず昔話や神話に向けられたが、最近は日本の物語の方にも広がってきた。何しろ「古文」というのが読めないので敬遠していたのだが、それがあまりに面白いので、国文学者の方たちの「注」や現代語訳などを頼りにして読んでいる。

ここで少し弁解しておくと、私の中学生時代は戦争中で、農業の手伝いをしたり、旋盤工になって砲弾つくりに専念したりで、国語の授業などほとんどなかったのである。終戦後は理科系に進んだので、私は実に歪んだ教育を受けたことになる。「無教養」もいいところである。しかし、この年になって興味がわいてきたので仕方がない。何とか自分なりに読んでいるが、これには「学ばない者の強み」のようなところがあって、これまでの学説にとらわれることなく、自分勝手な読みができる利点がある。

しかし、それではあまりにもひとりよがりになってしまう危険性もあるので、ずるいことを考えて、ある雑誌の企画で、日本の物語を取りあげその道の権威の方にお願いして、つぎつぎと対談するのを続けている。こちらは素人考えを平気で申しあげるのに対して、相手は深い学識を背景にして語って下さる。ときには、「そんな面白いことを考えられるのは、国文学を勉強してこなかった人の特権ですね」と、どちらとも取れる「おほめ」の言葉をいただいたりしたが、私としては実に得るところの多い対談で、喜んで続けている。

今回は『宇津保物語』(「うつほ」とも「うつぼ」とも読まれている)で、気鋭の国文学者、高橋亨さんに相手をしていただいた。十世紀の後半、『源氏物語』より以前に、これだけの長編の物語ができていたことは、世界史のなかで見ても稀有なことである。そして、今読んでみても結構面白く、考えさせられるところも多い。

興味深いことはたくさんあるが、そのなかのひとつとして、いったい誰が皇太子になるのかという点をめぐっての「政争」が描かれている点がある。天皇のまわりには多くの女御がいるが、そのうちの誰の子が皇太子になるかによって、その親族の関係から朝廷内の力関係がまったく変わってしまう。したがって、右大臣や左大臣が自分の娘の産んだ子が皇太子になるようにと「政争」をする。ところが、その「戦い」は権謀術数とか武力行使などではなく、負けたときには自分は出家すると決めて、そのためのお寺を予約するという形をとる。もちろん勝ちたいのだろうが、ひたすら負けたときの用意をする、という戦いぶりである。

こんなの馬鹿げていると言えそうだが、今でも日本人と欧米人のさまざまの「戦い」を見ていると、欧米の正面衝突流に対して、日本人は現代もなお「うつほ流」を内在させているように思えたりする。これがいいか悪いかはにわかに断定できないが。

高橋さんによると、『宇津保物語』の作者は不明ながら「男性知識人」によって書かれただろうというのが学界の定説のようである。私は物語を読みながら直観的に「女性の作者」と感じるところがちらちらとある。しかし、学界の定説に刃向かう元気は、今のところない。私もひょっとして「うつほ流」の戦いをいどんでいるのかも知れない。

高橋さんと大いに意見が合ったのは、こんな面白い物語があるのに、日本人も『源氏』ばかり読まずに、もっとどんどんと多くの物語を読んで欲しい、ということであった。しかし、そうしてもらうためには何か工夫がいるという点でも意見が一致したが、妙策は見つからない。ただ現代語訳を出版するだけでは駄目だろうし、今後の課題として考えたい。なお『宇津保物語』は浦城二郎という奇特な方(医学者である)が現代語訳を出版社の

「ぎょうせい」から出されており、大いに助けていただいた。

偶然と必然

国際箱庭療法学会に参加するためにアメリカに来ている。箱庭療法はアメリカで急激に広まりつつあり、学会がはじまる前に、あちこちの研究会に招かれて指導をしている。そんな関係でロサンゼルスに来たが、ここは私が最初に留学した場所でなつかしいところである。

私が最初に分析を受けたシュピーゲルマン博士にもお会いした。話をしているうちに当時のことをいろいろと思い出したのでそれを書いてみよう。私がどうしてユング派の分析家になったかをよく尋ねられ、それは「偶然の積み重ねです」などと答えているが、それに関する思い出話である。

臨床心理学を学びはじめたとき、私はもっぱらロールシャッハという心理テストに熱中していた。当時これを学ぶためにはクロッパー先生(七一頁に一度登場してもらったことがある)の本を読むのが大切で、一字一句もおろそかにせず読んでいたが、どう考えても不可解なところがある。とうとう、どうせ無駄だと思いつつも質問の手紙を出した。

すると驚くべきことに返事が来て、「あなたの疑問はもっともで、それはこちらのまちがいだった。それを指摘したのはあなたがはじめてです」と書いてある。これには大感激。よし、この先生のところに行って勉強しようと決心した。フルブライトの留学生として、一九五九年に先生のおられるＵＣＬＡに留学したときは、天にも昇るほどの気持ちだった。

ところが、先生は講義にさっと現れ、終わるや否や姿を消す（つまり、すごく忙しい）ので、個人的に話す機会はほとんどない。大学院の演習の時間に接するが、英語は下手だし気後れするし、我ながらパッとしないなと思いながらときどき意見を述べる程度である。しかし、後でわかったことだが、先生は私を相当に評価しておられたらしい。

クロッパー先生はフロイト派からユング派に変わった人だが、その講義を通じてユング心理学の魅力に触れ、勉強してみたいというと、ユングをすぐに読むのは難しいからと、フォーダムの書いた入門書を紹介して下さった。読んでいると、「分析家になろうとする者は、まず自分が分析を受けねばならない」と書いてあり、強い衝撃を受けた。

当時の私はこんなことも知らなかったのである。受けてみたいとも思ったが、「分析で自分の欠点がバレてしまうとこわい」などと思って迷っていた。しかし、先生の助手と雑談しているときに、「自分も受けられたらなと思ったりしている」とあいまいなことを言った。

クロッパー先生から突然電話があり、「お前は分析を受けたいそうだが」と言われる。エッと思ったがそこは日本人で「イエス、イエス」と言ってしまった。イエスを連発しているうちに何もかも決まって、分析家のシュピーゲルマン博士のところに行くことになった。こわごわ行ったが、会うとすぐ心が通じて、分析に専念した。

分析に十回ほど通うと、博士が「スイスのユング研究所へ行って資格をとれ」と言う。自分にはそんな能力はとうていないと答えたものの、どうして私にそれだけのことができると思うのかと尋ねると、「お前の夢をもう十回も聞いたではないか」と言われ、これには驚いた。クロッパー先生も同意見であると言われ、これは大変嬉しく思った。

結局は両先生の推薦によってスイスに行き、資格をとることになったが、「もしクロッパー先生に手紙を書かなかったら」とか「あのときにイエスと言わなかったら」とか思いはじめると、偶然の積み重ねによってユング派の分析家になったように思う。しかし、この二人の先生にとっては、私の道はひとつの必然として早くから見えていたのではなかろうか。だからこそあれだけのことをして下さったのだ。ほんとうに有り難いことだと思う。

文化の病

アメリカ滞在中に多くの事例報告を聞いたが、そのなかで「性的虐待」の事例に多く接して深く考えさせられた。ともかくその数の多いのに驚いたが、父親、祖父らによって性的虐待を受けた女性たちが、箱庭療法の表現を通じてみずから立ち直ってゆく姿に接するのは感動的であった。今回はそのことには触れず、性的虐待という現象について考えてみよう。

どのような文化であれ、それは何らかの意味での「傾向」をもっている。それはそれでいいのだが、その傾向が強くなりすぎたり、その傾向に変化が生じてきたりすると、それまでの状態を補償する動きが生じてくる。そのような補償作用は一般に病理的現象として生じることが多い。それは病理的であるので望ましくないことではあるが、その病理の背後にある「意味」の方に注目すると、それはその文化を補償する動きであることがわかる。病的な状態になっている個人はそれを意識してはいないが、そのような意味を背負っている。このような病的現象を「文化の病」と考えてみると、その意義がよくわかると思われる。

わが国に多い不登校や家庭内暴力などを、日本の「文化の病」として見ることを、これまであちこちに述べてきたが、性的虐待という病理現象を現代アメリカの「文化の病」として見てはどうか、と思ったのである。

まず思ったのは、アメリカにおいてキリスト教があまりにもピューリタン的に強調されていることの補償ということである。清く、正しくあることの強調が、あまりにも高い精神性と結びつくとき、その補償作用として肉体というものがはたらくのは当然である。人間は精神的存在であるが、肉体的存在でもある。この両者がどのように関連しているかは、現代においても謎であると言っていいだろう。あまりにも精神性が強調されるとき、それに対する補償作用は、近親相姦という暴力的な形で肉体の結合の意味の重要性を主張することになる。

次に考えられることは、個人主義ということである。個と全体ということも人間にとって困難な課題である。アメリカにおいて、西洋近代に生まれた個人主義というものが、あまりにも強調されるとき、個人を超えた人間の間の一体感というものが、補償作用としてはたらきはじめる。家族の成員が個人としてあまりにも分離されているとき、一体感の回復がもっとも原始的に暴力的になされるとすると、それは家族間の性的な「関係」として生じてくるのではなかろうか。

以上のようなことから性的虐待の現象を現代アメリカの「文化の病」と考えてはどうか、などということをアメリカの友人たちに話をしてみた。すると、そのなかの一人が、「文化の病」としては、アメリカの男性原理の優位に対する「女性の怒り」の表現という意味もあるのではないか、と言った。性的虐待を受けた女性がその父や祖父を告発する形で、問題があらわにされるが、そこには長年にわたって続いた男性原理の優位に対する補償作用としての「女性の怒り」が認められるというのである。これにも、なるほどと感心させられた。

このように言って、アメリカを駄目とか日本がいいとか主張する気はまったくない。日本は日本の「文化の病」に苦しんでいることは、これまで常に他のところで述べてきたところである。ただ興味深いことに両者が表と裏のような関係にあり、それぞれが文化の病を通じて互いの文化の理解を深めようとしているとさえ言えるのである。したがって、そのような「病」を性急になくする対策を答えるよりは、その「意味」の把握をしようと個々人が努力することが大切であると思われる。それによって結果的にこれらの病理現象が消え去るのみではなく、各人が国際社会に生きるのにふさわしい人間として成長してゆくのではなかろうか。

日本人の家族

アメリカ滞在中に聞いた多くの事例報告のなかには、日本人の事例もあった。アメリカの西海岸には日本人が多く住んでいるのでこれも当然のことだろう。日本の学生、ビジネスマンとその家族のことなどいろいろな場合があったが、日本人のことをアメリカ人と共に聞いていると、自分も「アメリカ人の目」でそれを見るようなところがあり、日本にいるときは当然のことのように思えることが、何だか急に変に見えてきたり、日本人として恥ずかしいと思ったりすることになる。

実際の例について、詳しくここに述べることは、もちろん許されないが、たとえば、日本のビジネスマンが朝早く出勤し、夜は極めて遅く帰り、日曜日には「つき合い」でゴルフに出ていくので、子どもと言葉をかわすことがほとんどない、という場合に、アメリカ人が「そんな父親なら、子どもが悪くなって当然」ということに、自分も賛成しそうになる。しかし、考えてみると、日本では普通のこととも言えるので、その旨をアメリカ人に言うと、それではどうして日本ではそれでも問題が起こらないのだと問いただされる。そこで改めて日本人の家族関係について考え直すことになる。

前回は、アメリカにおいて個人主義が強くなりすぎて家族がバラバラになる危険性について述べたが、それはあくまで病理現象として生じることで、一般の中流家庭の家族関係はある意味では日本よりも強いと言うこともできる。たとえば、高校生に夏休みの楽しみは何かと尋ねると、アメリカでは家族と共に旅行することという答えが相当にあるが、日本では皆無に近い。いったいこれはどうしてだろうか。

これについて考えるためには、「人間関係」というものの質の違いを認識しておく必要がある。日本人の人間関係は、まだまだ非言語的で感情的な一体感をもとにしてつくられている。特にひと昔前であれば、父親や母親が「親の役割」などということを意識しなくても、大家族全体のなかで誰かが適当にその役割を受けもち、子どもたちは大家族や地域や、その上それを取り巻く自然にまで包まれて、一体感のなかに生きていたので、大して心配することもなかった。

現在は、特に都市では、このような状況は相当に変化しているものの、やはり昔からの関係はいまだに維持されているので、アメリカ人が驚くような父親の生き方でも、あまり大事に至らずにすんでいるわけである。日本人のもつ非言語的一体感が、個々人を守っているわけである。しかし、日本を離れて核家族だけでアメリカにやってくると、それまでの守りを失って裸で放り出されたような状態になる。それを知らずに日本におけるのと同じような生き方をしていると、急激に問題が露呈されてくる。このようなことは日本でもすでに起こりつつあるが、それがもっと誇張された姿で顕在化してくる。

このような例に接してまず思うことは、「経済大国」とかいって喜ぶだけではなく、それを支えている海外の日本人家族が相当困難な課題を背負って生きていることを、一般にもっと認識すべきだということである。親会社も彼らのために本質的に役立つことをほとんどしていない。海外に住むというと、広い土地、大きい家などと物の豊かさのみを連想して、心の方は実に重い荷物を背負わされることについての配慮が欠けている。

次に思うことは、日本は西洋の影響を受け、核家族の増加など個人主義的な生き方をするようになってきたが、前述したような点についての配慮を忘れていると大変なことになるのではないか、ということである。西洋人が人間関係を維持するために払っている意識的努力や日本的な一体感などについて、その在り方や意味に関して深く考えてみることによってこそ、日本の家族が今後とも幸福に暮らしていけることになると思われる。

心理学公害

「先生の本を読んだおかげで、ずいぶんと助かりました」とか、「家族の関係がよくなりまして」などと言われることがある。そんなのを聞くと嬉しくなって、本を書いてよかったと思う。しかし、世の中はよいことばかりとはけっしていかなくて、次のようなこともある。「あなたは父親としての役割をまったく果たしていない、と妻にせめられまして……。それがそもそも先生の本をもとにして攻撃してきますので」とか、「先生の書いておられることはもっともと思います。つまり、私の妻はあまりにも自我防衛が強いと言いましょうか」とか言われると、私の本のおかげで、あちこち家族争議が起こっているとも感じられる。

私が専門にしている深層心理学も、理論のようなものをもっているが、その理論は他人を攻撃するのに使うと実に便利なものである。たとえば、ある人が慈善事業に熱心になっているのに対して、「それは人を傷つけたいというあなたの無意識の願望の裏返しです」と言ってみる。その人がそれに承服すると、もちろんそれまでだが、たとえ、「そんなことは絶対ない」と頑張っても、「そのようにまったく無意識なところが問題だ」と言えばいい。

何と言おうと相手を屈服させることができるのである。

これを見てもわかるように、こんなことをしてみても何の意味もない。それでは深層心理学の理論は、まったく馬鹿げているのだろうか。私は深層心理学というものは、人が自分自身のことを究明するときにこそ役に立つものであって、みだりに他人に「適用」できるものではないと思っている。

フロイトやユングも、その理論の根拠としたのは自分自身の分析の経験であった。どちらも自分の心の病を克服するために自分の内界の探索を行い、その経験をもとにして、それぞれの理論を打ち立てたのである。何といっても、それはまず自己理解のための方策だった。たとえば、先ほどの例で、慈善事業をしている人が、その人自身で自分の人を傷つけたいという無意識的な願望の存在に気がつけば、それはその人のその後の生き方を深めていくのに役立つことであろう。

それでは、心理療法家とか分析家とかいう人は何をしているのだろうか。それは、相談に来た人が自己理解をしようとするときに、その手助けをしているのであり、その助けのひとつとして深層心理学の理論を提供しているのである。したがって、それをどう使うかは本人にまかされている。治療者が理論を他人に「適用」などできないのである。

このことがよくわかっていないと、心理学の本を読んでも自己理解を深める——それが他者への理解へと拡大されていく——のではなく、他を批判したり攻撃したりするのに使うことになってくる。そうなると、先にも例を示したように、これほど便利なものはない。他人の欠点を鋭くあばくのに非常に適しているが、その際、その人は自分のことを完全に棚にあげていることには無意識である。

こんなわけで、心理学は心の汚染に協力しているようなところがあり、まことに申し訳ないことをしていると思うときがある。なるべくそんなことが起こらないように注意して書いているのだが、なかなか思うとおりにはいかない。誰しも自分は正しいと考え、他者を悪者にしておく方が楽なので、ついそうなってしまうのだろう。

こんなことを防ぐひとつの方法として、ものを考えるときも書くときも、心理学の「専門用語」をできるだけ使わないように心がけている。これで少しは心理学公害を避けられると思う。誰のことを考えるにしても、心理学の用語を使って裁断したくなるようなとき、私はふとそれに気づくと、自分が「負けているな」と感じる。そして、もう一度自分のことから考え直すことにしている。

アイデンティティ

一九九三年度の大佛次郎賞は、多田富雄氏の『免疫の意味論』(青土社、一九九三年)と中村隆英氏の『昭和史』(I・II、東洋経済新報社、一九九三年)に決定した。私はその選考委員の一人なので、この決定に参加したのであるが、優秀な作品を選ぶことができて大変嬉しく思った。この作品は分野のまったく異なるものであるが、アイデンティティということを共に考えさせてくれる、という点で関連していると思った。

アイデンティティというのは、何だかわかりにくい用語であるが、簡単に言ってしまうと、たとえば「私のアイデンティティ」という場合、「私は私であって他の何ものでもない」ことが、自分自身によく納得できるということであろう。そんなの当たり前だと言われそうだが、いざ開き直って「私とは何か」と考え出すとわからなくなるものだ。われわれ心理療法家のところに、いろいろな悩みをもって相談に来られる人も、その根底には、「いったい私とは何ものなのか」という疑問がある、とさえ感じられるほどである。したがって、その人は悩みの解決のために相談に来ておられるつもりでも、こちらとしては「アイデンティティの探求」のために来ておられるのだと思っていることもある。そんなわけで、アイデンティティということには、私は強い関心をもっている。

ところで、この問題を身体のこととして考えてみるとどうなるだろう。臓器移植のときに強い拒絶反応が生じることはよくご存知のとおりである。これは人間の身体が「自己」と「非自己」をよく区別しており、自分以外のものを拒絶するはたらきをもっているからである。このようなはたらきをするのが免疫である。

『免疫の意味論』のはじめに極めてショッキングな事実が紹介されている。現在では生物学でも恐ろしい実験ができる。受精後三日ほどのニワトリとウズラの卵を使い、胚の神経管の一部を入れ替えて、ニワトリのひよこだが羽だけはウズラなどという鳥をつくり出す。しかし、生後三週間から三カ月もすると、羽が麻痺して動かなくなる。ニワトリの免疫系がはたらいてウズラの羽を拒絶したのである。そこで次にニワトリにウズラの脳を移植するとどうなるか。生後十数日で「移植されたウズラの脳がニワトリの免疫系によって拒絶され」て死んでしまう。つまり、「身体的に「自己」を規定しているのは免疫系であって、脳ではないのである」。

こんなことを知ると、「私」ということについて考えこまざるを得ない。後は省略するが『免疫の意味論』を読み進んでゆくと、身体のことであるが、そこから「私のアイデンティティ」ということについて考えさせられ、単純な考え方では駄目だと強い反省をうながされる。

『昭和史』は、自分自身もそのなかに生きてきた時代のことなので興味をもって読んだが、これまた「私とはいったい何か」と考えさせられるのである。自分も知らなかった、政治や経済の動きや流れについて知ると、そのようにして滔々と流れてゆく大河のなかの、水の一滴が私なのだというふうに感じられてくる。自分は自分の意志や感情に従って生きてきたように思っても、河の流れのなかで、そこに出ている岩の右を通るか左を通るかぐらいの差であり、全体としての流れは結局、すべて同じ方向に流れてゆく、などと思われてくる。

「私が私である」という極めて単純に見えることも、このように考えはじめると、それはどこまで深まってゆくのか見当もつかない。しかし、それについて考えを深めることこそ現代人としてのわれわれのアイデンティティ探求の仕事ではなかろうか。一見まったく異なって見える二冊の書物が、このような意義をもつことを考えると、大佛次郎賞受賞の作品としてふさわしい書物を選ぶことができたと嬉しく思うのである。

香具師

あちこちで秋祭りが行われる季節になった。子どものころの祭りで嬉しかったことは、その日の特別の小遣いをもらって、参道に並ぶ店を物色してまわることである。氏神様の春日神社の祭りには小学生は十銭もらうのがわが家のしきたりである。中学生は十五銭だったと思うがはっきりしない。当時の十銭はなかなかの大金だ。一銭でチューインガム二コ、二銭で杉の実の鉄砲などと買ってゆく。いろいろと買って、ときには三銭くらい貯金することもある。

次兄の公《ただし》は、こんなときに思いきった買い物をする。十銭でナイフを買ったりするので、さすがは中学生の兄さんと尊敬の眼で見ていたのを思い出す。十五銭はりこんで「手品」を買ったりもするのだ。私はそんなことはけっしてできず、一銭、二銭をいかに有効に使うかに心を使った。

このような祭りに必ずやってくるのが、香具師《やし》である。われわれ兄弟一同、この香具師の口上を聞くのが大好きであった。何かいろいろとあやしげなものを、巧みな口上で心をひきつけて売るのである。忘れ難いものとしては「レントゲン」というのがあった。

直径三センチ、長さ十センチほどの紙の筒だが、手を太陽の方にかざし、その筒の穴から覗くと「骨」が見えるのだ。「何でも透けて見えるレントゲン、レントゲン博士発明による、この最新式の器械が、僅か五十銭！」となると、買いたくてむずむずしてもあまりに高すぎる。しかし、「この際特に」ということでだんだん安くなって二十銭にまでなってくると、ちらほら買う子どももいる。ところが、香具師のおっさん何を思ったか、「持って帰るのは面倒くさい。今日は損してもいい、とんとんとんとまけて僅かに五銭！」と半狂乱になって叫んだので、子どもたちも必死で買う。おっさんは「金！　金！」と五銭玉を受けとりレントゲンと交換。たちまちにして売り切れだ。兄たちのうちの誰だか忘れたが、レントゲンをひとつ手に入れた。兄弟一同がかわるがわる覗くと、確かに「骨」が見える。感激も大きかったが「種」がわかったときの落胆も大きかった。紙の筒の先は、セロファン紙の間に鳥の羽がはいっていたのだ。

だますのも芸のうちで、われわれ兄弟は大学生になったころは、相当な香具師になっていた。極端に物の少ない、食べるものさえ不自由な毎日の生活が香具師の術で俄然楽しくなってくる。

「はい、これは河合家特製の川魚の焼きものです」、「なんと、二階で食べると、下の人までおいしい」、「おばあちゃんが食べると、おじいちゃんまでおいしい」、「買わないと損だよ、特製の川魚」、「五十銭のところ、本日はとんとんとんとまけて五銭！」

などと兄弟がときに応じて香具師の口上を述べて大笑いをする。それが一人ひとりなかなかうまいので、まずいものまでおいしいと思えてくるのだ。

『飛ぶ教室』四八号（光村図書出版、一九九三年）は特集「河合隼雄氏と子どもの本とのほどよい関係」というので、森毅、上野瞭、いぬいとみこ、工藤直子などという人たちが「河合隼雄氏」について語っている。有り難く思ったり、わがことながらおかしくて笑い出したりして読んでいたが、鶴見俊輔さんの文には、言葉に表せないほどの感激を味わった。「河合隼雄は、兄雅雄と香具師研究会をつくった」というのが冒頭の文である。鶴見さんはどこでこんな知識を得られたのか。そして、その研究会は「雅雄のゴリラ観察にどう役だったかは知らないが、隼雄の心理療法には役だった」と書いてある。

これは卓見である。心理療法家にとって「はなし」ほど大切なものはないし、相手に応じて語り口を変えるためには香具師の才能が必要だ。尊敬する鶴見さんにほめていただいて嬉しくなったので、落語家の枝雀さんが英語の落語に挑戦しておられるのにならって、私も英語の香具師に挑戦してみなくてはと思っている。

多重人格

十九世紀の終わりから今世紀のはじめにかけて、ヨーロッパで多くの二重人格の症例が発表された。ふだんとは正反対の性格が表れたりする人を「二重人格」などと一般的にも言ったりするが、専門家が「二重人格」と言うときは、第一人格が第二人格の存在にまったく気づいていない場合のみを指している。したがって、本人も気がつかない間に、まったく異なる人間になるのだから不気味な話である。第二人格に変わって見知らぬ場所に行ったり、異性とつき合ったりして、急に第一人格に戻り、仰天して自分が二重人格だと気づくのである。

今世紀になると二重人格の症例はどんどん少なくなり、ほとんど消滅したと思われていた。ところが、最近、アメリカにおいて多重人格の症例が急激に現れはじめた。五重人格、六重人格、なかには十六重人格の例さえ発表され、二重人格の際、第二人格は第一人格と同性であったが、多重人格のなかには異性になるのも生じてきた。

最近アメリカを訪問したときに、多重人格の事例の報告を聞いた。なかには箱庭療法の例で、人格が変わると「箱庭」の方もまったく異なるものになるという報告もあって、実に興味深かった。これらの例について聞いているうちに、多重人格ということも現代人が置かれている状況のひとつの反映である、と思ったので、その点について述べてみよう。

まず感じたのは、現代に生きる子どもたちの苦しみの深さということであった。アメリカで「個人」の生き方を大切にすると、どうしても離婚、再婚ということが生じる。それが重なってくると、子どもは自分とまったく血のつながりのない「両親」と暮らすことになったりもする。そんな状況のなかで以前にも述べたような「性的虐待」が生じる。その苦しみの重さのために、子どもは死ぬか、精神病になってしまうかでもしないと耐えられないほどになる。そのようなときに人格の分離が生じる。つまり「他人」になってしまって、そのときの苦しみを切り棄てることによって生きのびるのである。そのような繰り返しのなかで多重人格が生まれてくる。

十九世紀末の二重人格は、いわゆる「清く正しく美しく」という生き方を、あまりにも型どおりに生きているうちに、そこから排除された影の部分が第二人格をつくる、というメカニズムがはたらいていて、そこには一神教の神の姿を単純に受けとめすぎているのではないか、という感じを受けた。

ところが、多重人格となると、そのような説明は通用しない。その場合場合に応じて人格がいろいろと変わる。このことには、背後に多神教的な考え方がはいっていないだろうか。捨てる神あれば拾う神あり、という表現があるが、まさにそのとおりで、苦しみに耐えかねて死のうというときに、他の神が出てきて他の人格をつくってくれる。神が多くあるように人格も多くあっていい、ということで難を逃れられるわけである。

こんなことを言うと、多神教の国の日本こそ昔から多重人格が多くありそうに思われるのに、どうして日本には少ないのかという疑問が出てくる。おそらくこれは日本人は昔から多重人格的に――多重人格そのものではない――その場その場でご都合主義的に生きる術を心得てきたので、真正の多重人格は出ないのだろう、という考えと、日本の子どもはアメリカの子どもほどの重圧に苦しんでいないので、助かっているのだろう、という考えがあると思われる。

私としては、多重人格は一神教の文化が多神教的な傾向を補償的にはたらかせて生じてきた窮余の一策、というように感じている。その点で、日本は多神教の文化だが、そこに一神教的な傾向がはたらくとすると、いったいどのようになるのかな、などといろいろと想像をめぐらせている。ここに述べたすべてのことがそもそもナンセンスかも知れないが、ともかく事例をめぐってあれこれ考えてみるのは必要なことと思っている。多重人格は今後研究すべき重要な課題になるだろう。

死のはなし

死のはなしなど縁起でもないと言われそうだが、多くの「はなし」のなかでも「死のはなし」は人間にとって非常に大切なものである。人間は必ず死ぬのだから、そのことについての「はなし」を知ることも語ることもなしに死ぬなどというのは、まったくおはなしにならないと言うべきであろう。

とはいうものの、近代という時代は、なるべく死のことは隠すように努めてきた、と言えるだろう。それは科学・技術の急激な発達によって、人間がいかに便利に豊かに生きるかということに関心をもち、それをどんどんとやり抜いてきたので、自分の生きる世界を拡大することに力を注ぎすぎ、死の方へは手がまわりかねた、ということもあるだろう。生の拡張を考えるときに、死のことを考えはじめると、何となく足を引っ張られる感じがするので、そのことはしばらく忘れることにして……と思っているうちに、ほとんど忘れきってしまうほどになった。ところが、困ったことに、死の方は人間のことを忘れてはくれない。それはいつか必ずやってくる。

興味深いことであるが、近代の科学・技術を最高に駆使して医学が進歩したために、かえって忘れかけていた死の問題に直面しなくてはならないことが多く生じてきたのである。昔だったらそれほど明確にわからなかっただろうが、診断技術が発達したために、がんの場合でも、だいたいどのくらいの期間で死亡するかがわかってしまう。それに延命のための多くの費用と苦痛という代償をどれくらい払うべきかなどという難問も生じてきた。死をどのように考え、どのように受けとめるかが現代人にとっての大きい課題となってきたのである。

最近、宗教学者の中沢新一さんに招かれて「チベットの死者の書をめぐって」というテレビの衛星放送の番組に出演した。「チベットの死者の書」と通称されているのは、チベット仏教において、死に臨んだ人の枕頭で読まれるお経(バルド・トドルと言う)であり、これによって死者の魂が涅槃へと導かれると言う。

チベットの人たちは輪廻転生を信じていて、死者はまたこの世に生まれ変わってくるのだが、死んでから四十九日間は魂がその中間的な世界(バルドと呼ばれる)をさまようと考えられている。したがって、四十九日の間、死者の耳もとで僧が呼びかけ、その魂をうまく涅槃に導こうとする。それが駄目としても、次に再生してくるときは人間に生まれ変わるように、と指導するのである。

テレビ放送なので、そのためにビデオが用意されており、実際にチベットの人が亡くなられて「死者の書」が読まれるところや、お葬式の様子などが映される。それにチベットの人たちの日常の生活も見ることができる。これらの映像を見ていて感じたことは、チベットの人たちが足を地につけて安心して生きている、ということである。近代社会に生きている人たちのようにアクセクしていないのである。それは当然のことで、彼らの生は死ということを組みこんだ「おはなし」の上に成り立っているからだ。それに、お葬式というものが、ほんとうに死者を送る葬式として行われているのが実感されるのも、心打たれることである。現代の日本の葬式は、けばけばとしていて、なんだかにぎやかでさえあるが、「死者を送る」ということが、ほんとうに実感されるだろうか。チベットの人たちを支える「おはなし」の中核に輪廻転生ということがある。われわれはそれに感心するからといって、そのままを信じるのは難しいのではなかろうか。「おはなし」は人間の全存在をあげて、それにかかわってこそ意味をもってくる。

「チベットの死者の書」はわれわれに重要な示唆を与えてくれるが、それをそのまま自分の「はなし」とするのは難しい。現代人は自分自身で「死のはなし」を見つけ出すという重い課題を背負っているように思われる。

青春

「青春について、一冊の本を書いて下さい」とある編集者の依頼を受けた。「人間の生涯のいろいろな時期について本を書いておられますが、青春に関するものだけはありませんね」と言われる。自分では気がつかなかったが、考えてみると、『子どもの宇宙』『大人になることのむずかしさ』『中年クライシス』『老いのみち』『生と死の接点』と並べたなかで、青春だけが抜けおちている。

優秀な編集者というのは、話をしているうちに「その気にさせる」術を心得ている。しばらくしゃべっているうちに、ここで青年期のことを書かないと、何だか私の仕事も完結しない、というような気持ちになってくる。これさえできると、「河合隼雄、ゆりかごから墓場までシリーズ完成」などというキャッチフレーズで売り出されるなどと思ったりして、「やらしていただきます」と引き受けてしまった。

「おだてられると、殺人以外のことなら何でもおやりになりますね」と誰かに冷やかされたことがあるが、反省すると確かにおだてに乗って、何やかやと手出しをしている。おだてられると嬉しくなって、すぐ引き受けてしまうが、実のところは後になっていつも後悔している。今回も後になって頭が冷えてくると、何であんなこと引き受けたのだろうと思う。子どもにはじまって死に至るまでいろいろと書いてきたが、青年期、それも「青春」などと言われると、どうも関心が湧いてこない。

いったいどうしてかと考えているうちに、あることを思いついた。子ども、老人などについて私の書いてきたことの中核は、「私の心のなかの」子どもや老人なのである。子どもを観察したり、調査をしたりしたことを基にしているのではない。自分の心のなかの住人について書くのだが、そうなると、私の心のなかの青春は、実に影がうすいのである。このことが、これまで私が青春について書かなかったことの大きい原因ではないか、と思われた。しかし、本を書くことは約束してしまったし、どうすればいいのか。

所用があって故郷の篠山に帰った。いつ帰ってもそうなのだが、篠山に住んでいる三人の兄弟(外に出ている他の兄弟たちは、これを御三家と呼ぶ)のなかで、時間のあいた者が篠山の自然のなかをドライブに連れていってくれる。今回は歯科医の迪雄夫妻が、秋の篠山の景色を満喫させてくれた。ひとつひとつの場所が美しく懐かしい。ただ自分の記憶では「高い」と思っていた山が低かったり、「広い」はずの道が狭かったりして不思議な感じもする。

夜は恒例の宴会。飲むほどに酔うほどに、昔の思い出話が出てくる。何度もこれまでに繰り返されて、ほとんど「神話」や「伝説」の類になっているのもあるが、神話や伝説は何度も語られるところに意義があるのだ。それに新発見の話も結構出てくる。

篠山を出て、長兄が東京に次兄が京都へと進学し、休暇になると都会の風を田舎の篠山へと持ち帰ってくる。藤山一郎やディック・ミネなどが世界一の音楽家と思っているところへ、兄たちが「洋楽」や、なんとなくハイカラな歌をもちこんだときの感激。こうなると宴はナツメロの大会となって全員が歌いはじめる。

いつまで続くか
若き日の夢

われわれ兄弟の愛唱歌のリフレーンを繰り返すなかで、私の「青春」は十二、三歳でもっとも華やかになり、ただちに戦争と終戦という灰色の世界へと反転していったことを実感した。私には青春はなかったのだろうか。

宴は夜ふけまで続き、われわれ六十五歳以上の老人たちは、なおも歌い続けた。そして、私は兄たちの顔に今なお彼らの「青春」が生きているのを感じたし、私の「青春」もまたそこに共に生きているのを感じはじめていた。どうやら青春について何か書けそうだと思いつつ、歌を歌っていた。

宗教と心理療法

心理療法という仕事をしていると、「それは宗教と同じようなことですね」と言われることがある。ただし、それを言う背後にはまったく異なる気持ちが込められている。ひとつは、極端に言うと、非科学的でインチキという意味が込められているし、他方は、宗教家のような有り難い仕事という意味が込められている。そのどちらに対しても、私は確かに宗教によく似た仕事をしている気持ちはあるが、それほどのインチキでもないし、それほど有り難いことをしているという気もないし、自分でもどのように答えていいかわからない。

いろいろと考えていたが、ユング派の分析家ジェームス・ヒルマン『元型的心理学』(河合俊雄訳、青土社、一九九三年)を読んでいて、ひとつのヒントを得たように思った。ヒルマンは「魂」ということの重要性を主張する人で、私も彼との長いつき合いで多くを学んだと思っている。

この本のなかでヒルマンは、精神とたましいの違いを説明するために、山の頂上と谷の比喩を用いている。精神は高さと関係する。高く明るく、遠くを見渡せる頂上は精神を表すのに適している。谷は低く暗く見とおしは悪い。「嘆きの谷」などという表現があるように、それは嘆きや悲しみの場所である。もちろん、頂上を目指していく道にも苦しみはある。しかし、その苦しみは「この方向に進めば目的を達する」という方向性をもっている。谷の苦しみは方向が不明である。そこからすべてを見渡したりはできない。しかし、その苦しみが人に深さを与えてくれる。ヒルマンの「魂」は出来事を経験にまで深める」という言葉が、私は好きである。

思いがけない事故や病や、それらの出来事が人を苦しめる。それらの人が私のところに来られて身の不幸を嘆かれる。それに対して、それはこのように考えるべきですとか、こうすればよろしいなどと方向性をもった指示を私は与えることができない。一緒になって二人で「嘆きの谷」をうろうろと歩いている間に、その出来事がその人自身の「経験にまで深められる」のを私は感じる。その出来事が「自分のもの」になる。つまり、たましいとの関連がついてくるのだ。そうなってくると、その人はもう自分の足で歩けるのである。

宗教家は悟りを開いたり、ある特定の宗教を信じたりすることによって、はっきりと他人に方向を示すことができる。そんな点で、私の仕事と明らかに異なっている。私は悟りなどとは無縁の人間である。

精神とたましいの違いを述べた後で、ヒルマンはその両者が大切であると言う。そして両者の結婚というイメージまで提出してくる。確かにそう言われると、私も宗教の経典を割と読むし、宗教書から学ぶところも多い。ただ、そのどれかを絶対的なものとして他人に方向を指すことをしないだけである。方向性などないほどいいとも思っていない。私なりにいろいろと方向性をまさぐってはいるが、頂上に立って人を招くことはしていないのである。

しかし、頂上と谷との結婚などあるだろうか。私はすぐに私の好きなグリムの昔話「旅あるきの二人の職人」の冒頭の言葉を思い出した。「山と谷あいとは出あうきづかいないが、人間というものは、それも善玉と悪玉とはね、こいつ、とかくいっしょになるもんですよ」(『完訳グリム童話集』3、金田鬼一訳、岩波文庫、一九七九年)。頂上と谷とは出あうこともできないのだから、まして結婚など思いもよらない。とすると、まあ善玉と悪玉の結婚くらいで間に合わせるといいのだろうか。

ヒルマンのおかげでだいぶ話がはっきりしてきたように思ったが、考えはじめるとまたわからなくなってきた。たましいということの特徴は、皆がわかったと思っていることを、何度も疑い返すことを要請してくるのだろう。

それにしてもこれほどわからないわからないを連発している私が宗教家でないことだけはわかった気がする。

この連載も今回で終わりとなった。一年間続けさせていただいたが、「毎週のことで大変でしょう」とよく言われた。まさに「おはなし」の種を一週間の間に探さねばならないのだが、その気になっていると、案外話の種は見つかるもので、それが見つかると安心していられる。心のなかで少し温めていると、それが成長して、締め切り日のころには「話に花を咲かせ」て、一回分ができる、というわけである。

もちろん、ときにはなかなか種が見つからず、やっと見つけた種を促成栽培して間に合わせたこともあった。なんだかつぼみのままで出してしまったようなものもあったが、また、それはそれで受けとめていただいたようである。知人やまったく未知の人など、多くの読者から反響や励ましをいただいて、まことに有り難かった。それらから種を見いだしたり、肥料にさせていただいたりして、この連載を続けることができた。この場を借りて厚くお礼を申し上げたい。

話の種を探すという点については、こんなことも思い出す。ずっと以前のことだが、心理療法に通ってきておられる方から、「先生をゴミかごがわりにして、申し訳ありません」と言われたことがある。一週間の間にたまった不満やぐちをもってきて、わたしをゴミかごがわりにして捨てていく、という意味である。なるほどうまい表現だと思ったので、私もそれに乗って「皆さんがゴミだと思って捨てていかれるもののなかに、ときどきダイヤが混じっていますので、おかげでこの商売はやめられません」とお答えしたことがある。

母親が何かにつけて自分に干渉してくるのでいやだとか、ともかく父親のようなあんな人間にはなりたくないとか、両親に対する不平不満を言いたてる高校生に耳を傾けていると、そのような「ゴミ」のなかに、本人の自立への志向という「ダイヤ」が見えてくる。あるいは、姑の悪口を散々に話す女性の言葉の裏に、自分が女性として生きてゆく新しい道を何とか見いだしていこうとする姿勢がうかがわれてくる。したがって、私は辛抱強く他人の話を聴いているのではなく、そのなかにやはり楽しみを見いだせるから聴いているのである。

こんなことを言うと、そんなうまい仕事なら私もやってみたいと思う人があろうが、どんな仕事でも実際にやってみると、なかなか思うにまかせないことも事実である。とかく、せっかちな人は混じっているダイヤも一緒に捨ててしまって、いくらやっても見つからないと嘆くことになったりする。ダイヤと思って喜んでいたら、実はガラスのかけらだったということもある。それに、われわれの仕事は自分がダイヤを見つけたと思って喜んでいても意味がなく、捨てた本人がそれを自分の目で確かめるところまで至らないと駄目なので、仕事はますます難しくなる。

親への不満のなかに、子どもの成長への種がある。といっても、それを育てていく、ということは大変なことである。相当な努力を必要とする。こんなふうに考えていると、「話に花を咲かせる」という表現はあるが、「話に実をみのらせる」という表現がないことに気がついた。咲いた花をみのらせるには、「はなし」を超えた何らかの努力を必要としているからかもしれない。そう言えば、心理療法家の仕事は「ゴミのなかにダイヤを見つける」と述べたが、厳密に言えば、「ダイヤの原石を見つける」と言うべきだろう。その原石を磨きあげるには本人の努力を待つしかないが、これもまた苦労を要することである。

これまで連載させていただいてきたことは「おはなしの種」で、読者の方々がその種をもとにしてあちこちで花を咲かせて下さったとも考えられる。その花が実を結ぶまでに至ったかどうかわからないし、「種」にもそれほどの力はなかったかもしれない。しかし、実はなくとも花だけで喜ばれる植物もあるので、日曜日ごとにあちこちに話の種を提供させていただいたことを有り難く嬉しいことと思っている。

Ⅲ

平成おとぎ話

ニュースは事実を、お話は真実を伝える

先日、五木寛之、山田太一の両氏とＮＨＫテレビのための鼎談のビデオどりをした。そのときに五木さんが面白いことを言われた。「情報」ということばはせっかく「情」という語をもっているのに、最近の情報は情抜きでどんどんと送られてくるので、そこに問題が生じるのではないか、と言うのである。

ひとつのニュース、たとえば「五歳の男の子が海で溺死しました」ということも、昔のようにそれが口伝えで伝えられていくときは、必ずそこに「情」がこめられたであろう。「かわいそうに」とか「お父さんの秘蔵っ子だった」とか。それを聞く人も、それなりに自分の感情の動くのを感じるだろう。

しかし、新聞やテレビなどの媒体が発達してくると、それらは「事実」のみを提供するべきであり、そこに伝達者の「情」をいれるのはよくないと考えられるようになった。この考え方も確かによくわかる。伝達者がいちいち情をいれこんでくると、伝えられる方は感情の押しつけと感じて不愉快になる。一対一のコミュニケーションではなく、一対多のマス・コミュニケーションの場合、この方がいいと誰も賛成することだろう。むしろ、その際の情報の受け手の方に問題が生じてくる。あまりにも、つぎつぎと情報が伝えられるので、それにいちいち感情を動かしていてはたまらない。そこで、子どもの溺死も天神祭の光景も、タレントの結婚も、右から左へと流れてしまう。このような態度が癖になって、感情が反応すべきときにも反応しなくなる、感情の鈍麻が生じているのではないか。人々の間に怒りや歓びなどが少なくなり、生活が平板化してくる。そんなときに、おさえこんでいた感情が爆発したかと思うような、オウム真理教の事件が起こったりする。

それでは昔話というのはどうなんだろう。昔話に普通の感情が語られないことは、つとに指摘されるところである。「手なし娘」という話では、父親が娘の手を切るが、そのときの娘の痛みや悲しみについては語られない。「シンデレラ」の話では、母親が自分の娘の足を靴に無理やりにはめこむために、娘の足を削るところがある。このときも娘の感情については、まったく触れられない。昔の人も感情鈍麻だったのだろうか。もちろん、そんなことはない。

秘密は「お話」というところにある。実生活においては、娘の手を切ったり、足を削ったりする親はめったにいない。そんなことを「お話」として語る。聴衆はそれらをすべて「あったこと」として聴くことになっている。だからこそ、娘が手を切られたりすると、「ひどいことする」などと反応する、強い感情は聴き手の方に生じる。そして、「なぜ、そんなひどいことが」とか「馬鹿げたことが」と思っているうちに、実際は多くの親が、娘と恋人との間の「手を切る」ことや、大学の「狭き門」に入れこむために子どもの「身を削る」ことなどをやっていることに気づく。つまり、自分があまりその意味に気づかずにしている行為を拡大して示してくれることによって、そこで感じるべき感情を体験するようにしている。これが「お話」の特徴である。「お話」によって、はじめて真実が伝えられるのである。ニュースは事実を、お話は真実を伝える。

近代人は「情抜きの情報」を好むようになると共に「お話」も嫌いになった。そのために、五木さんの嘆くようなギスギスした世の中になってきたと思われる。しかし、毎日流れてくる「ニュース」をほんの少し角度を変えて見ると、それは「お話」に満ちていることがわかる。それをお話として受けとめることによって、受け手の側の生活が豊かになってくる。そんなつもりで、以後、平成の御代のおとぎ話を書き綴ってゆきたい。

キカイなる上司

ＪＲの特急に乗って遠くまで行った。グリーン車の前の方の席に数人がかたまって座席指定がされていて、後の方は全部空いている。そのうちに乗ってくる人があるのだろうと思っていたが、終点近くになっても誰も乗ってこない。要するに検札のときなど、かためて出来るから便利だと、ＪＲの「管理」の都合のみを考え、乗客のことを考えない切符の売り方をしていることがわかった。私鉄の特急に乗ることもよくあるが、私鉄の方はもっと親切で、窓側に一人ずつ座れるように券をまず売っていく。それに続いて乗る人があると順次、二人がけにしていく、という売り方で、これらは乗客の便宜優先である。

前記のＪＲの特急の終点近くになり、私は車掌さんに念のために「どうしてこんな売り方をするのですか。ＪＲでは切符の売り方など、誰がきめているのですか」と訊ねてみた。実直そうな車掌さんが「はっ、キカイであります」と言われて、私は一瞬何のことかわからなかったが、あまりに面白い答えで、それ以上言葉を続けられなかった。

次にまったく同じようなことがあったので、質問してみると、この時は少しハイカラな車掌さんで「はい、コンピュータであります」と言った。要するにコンピュータが決定しているので、人力では抗し難いという態度がありありとうかがえる。

こうなるとこちらも面白くなってきて、もう少し質問を重ねてみようということになった。同様のいきさつで先に座っている人の横の席に座ろうとすると、柔和な感じの車掌さんが「お客さん、こちらの方で一人がけしてくださってよろしいよ。まず誰も乗って来ないでしょう」と言う。なかなか気持ちのいい人だったので、私は嬉しくなり、ＪＲに感じのいい車掌さんがいるよと友人に話をした。

友人は即座に「年寄りだろう」と言う。どうしてそんなことがわかるのかと言うと、「ＪＲでそんなに融通のきくのは出世できないから、いつまでも車掌やってるんだよ」と言う。これはＪＲに対するまったくの偏見だと思うので取りあげることもないし、そもそもここで、ＪＲのことをいろいろと論じる気持ちもない。

大切なことは、コンピュータが決めたということを絶対的とする態度について考え直すことではないだろうか。ＪＲの車掌さんたちは、まるでコンピュータが自分の上司であるように答えている。このコンピュータを操作するのは誰か、操作する上での考え方を変えることは可能ではないか、などとまったく考えないのである。もともと、お上のすることには従う性質をもっている日本人が、コンピュータ様の言いつけどおり動きはじめるとなると、そのコンピュータを操作している人の思いどおりのことができて、しかも、何も文句が言えない、ということになってくるのではなかろうか。

電気料金があまりにも高いので、不服を訴えると、「コンピュータが計算しているので、絶対間違いない」と相手にしてもらえない。ところが、あまりにもおかしいので強く訴え、よく調べてみると、機械の接触がおかしくなっていて、他の家のが加算されているのがわかった、という例が報告されていた。

機械が信用できる、と思いこみすぎているところに問題がある。機械はあくまでも道具であり、それを使用している人間がいるから意味をもってくるのだ。ところが、既に示した例などを考えると、人間が機械を動かしているのではなく、機械の方が人間を動かしていることになっている。日本のほとんどの人が「キカイなる上司」の言いつけどおりに動いているとなると、妖怪の言うままに、人身御供を差し出していた、などという昔のお話を馬鹿げたことだ、とは言えないのではなかろうか。

葛藤からこそ新しいものが生まれる

外務省の企画で、シンガポールに行ってきた。シンガポール独立五十周年記念に、「ジャパン'95」と銘打って、シンガポールの日本大使館や在留邦人の人たちが多くの催しを企画され、私は「日本人の心」に関して講演をし、それに続いて、川瀬敏郎さんの「立花《たてはな》」のデモンストレーションがある、という企画に参加した。

シンガポールは一見するところ「影のない国」に見える。おそらくこれほど清潔な町は世界にないだろう。町で唾を吐くとすぐ罰せられる。政府の凄い統制力のもとに、全員が美しさを保つために努力している。常夏の国で四季がないということも関係していて、それはあまりにもきれいすぎて、日本人には風情がないように感じられる。川瀬さんは花を生ける素材をあちこちと探して「わくら葉」のない国だ、と嘆いておられた。庭の手入れも徹底していて、少しでも葉が枯れだすと、それは取って捨ててしまうのである。

シンガポールの経済発展は素晴らしい。人々は豊かで広い持ち家を持っている人が多い。これらが「近代主義」の申し子のような政府の人々の方針を徹底することによって行われている。シンガポール大学でも話をしたが、学生さんたちの顔を見るだけでも、「素直なよい学生」という感じを受ける。おそらく、あまり人生に疑問など持たずに、学業に励んでいるのであろう。

ところで、私が話をしたいのは、西洋近代の環境のなかで、日本人がどれほど葛藤をかかえているか、しかし、その葛藤からこそ新しいものが生まれるのではないか、というような話であるし、川瀬さんの「立花」も極めて陰影に富んだものである。こんな影のない国はたまらないなあ、という気もしてくるし、そもそもわれわれの話やパフォーマンスが、この人たちに意味あるものとして受けとめられるのだろうか、と心配になってきた。

欧米の人たちに対しては、今まで何度も話をしてきたし、今回のように、川瀬さんの立花との組み合わせとなると、どの程度の反応があるかは大体予想できる。ところが、近代主義で固めて、しかも成功している、というような国で話すとなると、いったいどうなるのかと思う。しかし、このようにしていつも何らかの新しい場面に挑戦するのが面白いのである。「駄目なら駄目でいい」くらいの腹がないと新しいことはできない。川瀬さんはそんな点では私よりもっと強い人のようだ。

ともかくやってみた。ところが思いの外に反応がいい。これは話をしている間に感じとることができる。それに質問も非常にいいのが多かった。「河合の話を聞いてわからなかったことが、川瀬の演技を見てわかった」というような発言があって、われわれは驚いてしまった。相当な理解力である。この光にのみ満ち、もっぱら成長に向かっている国で、私は「生きることも大事だが、死ぬことも大事」というような話をしたのだ。しかし、聴衆の反応からすると、彼らはそれをナンセンスと思わず、意味あることとして受けとめ、川瀬さんの無言のパフォーマンスにその答えを見いだしたりしている。パーティーの席上で、ある一人の方が「政府は政府で、どんどん近代的合理的に政策をすすめている。それはそれで結構だが、むしろ多くの民衆はそんなことと関係なく、自分の東洋的な生を生きている」と言われたのが印象的であった。一見影がなくて、もろく見えるシンガポールも、一人一人の生き方そのものによって、うまく弾力性が与えられているのかもしれない。この国がこの先どのようになっていくかは、非常に興味深いことである。あまりにも光ばかり追い求めていると、どこかで大変な挫折がくるのではと思ったりするが、このような民衆によって支えられている限り、うまく危機も乗りこえるのではないか、と思った。

日本は大変革のとき

昔話を残酷だと言う人がある。確かに外国の話でも日本の話でも、ときに残酷な話がある。白雪姫の継母は姫を殺してしまって、その肺と心臓を食べようとしたとか、日本のカチカチ山では、狸がお婆さんを殺して、味噌汁にしたとか、大変なことが語られる。残酷なことは事実だが、「お話」としては、それなりの意味をもっており、子どもたちがそんなことを聞いても「お話」であることをよく知っており、それを実際にしようとは思わない。

ところが、「お話」ではなく現実に最近起こったことで、二人の青年が眠っている老人を川に投げ込んで殺してしまったという事実については、われわれはどう考えるべきだろう。このことが不可解極まるのは、二人の青年は老人に対して恨みも何もない、という点である。それに、それをしたのが、突然に現実判断が混乱する思春期の十代の子どもではなく、二十歳をこえた成人がしていることである。眠っている老人を川へ投げ込むとどうなるのか、人間の命ということに対する責任はどうなのか、一切お構いなしである。まったく馬鹿げているとしか言いようがない。

だから、近頃の若い者は……という考え方はしたくない。このような青年を育ててきたのは、五十―六十代のわれわれなのだ。子どもを育てるときに、何かをするときは先のことまで考えよとか、人の命の大切さとか、個人の責任とかをちゃんと教えていないのだ。だから、この青年たちの親が悪いとも言いたくない。ここに述べたことは、日本全体の一般的風潮ではないだろうか。日本人が全体として、自分の子どもに対して、なすべきことと、なすべきでないことを教えるのを怠っているのではなかろうか。

人間の歴史を見てみると、ある文化や社会が衰退していくときは、そのなかで非常に馬鹿げたことや、混乱が生じていることがわかる。今度の事件など、日本の社会が衰退しようとしているひとつの兆候と見なせないだろうか。このことだけではない。「信用」を売りものにしている銀行の乱脈ぶりも、まったく常軌を逸していないだろうか。もちろん、いつの世にも変なことや馬鹿げたことは起こるのだが、その程度が問題である。最近、日本に生じる馬鹿げた事件は、その程度がひどすぎる。

それでは、日本の社会や文化はこれから滅びていくのだろうか。経済的にも大分落ち目になっている。大国などと言っていたのは束の間のことなのか。最近、外国によく行くが、外国人のなかには、日本人が威張っているのもそろそろ終わりではないか、などとはっきり言う人もある。

これに対して、私が思っているのは、日本の文化や社会をこれまでどおり保持していこうとする限り、それは急激に衰退するのではないかということである。日本の文化や社会の在り方における相当な変革を乗り切ってこそ、日本の社会や国は存続する。その変革とは、日本の伝統的な道徳や生き方を捨て去るのではないが、それに他の文化からのインパクトを加え、その両方を考えながら、あらたに、われわれは何をなすべきか、なすべきでないか、などを子どもたちに教え伝えることに力をつくしてこそ成就できるのではないだろうか。

社会の変化があまりに激しく、他の文化からのインパクトも強く、日本人は伝統的な考えに自信を失い、さりとて新しいことを見いだす努力もせず、少しウロウロしすぎたのではなかろうか。そこで既に述べたような不可解なひどいことが出現してきたと思われる。相当な変革のときが来ているという自覚をもたないと、日本の文化や社会は急激に衰えてしまうのではないかと危惧されるのである。新しい生き方についても真剣に考え論じるべきである。

ほんとうにほんとうの話

ホラを吹くことは前から有名だし、私が日本ウソツキクラブの会長であること(真偽はいまだに不明だが)も大分一般に知られてきた。その上、ホラだけではなく笛(フルート)を吹くことまで知られてきたようである。最近、『ユング心理学と仏教』(岩波書店、一九九五年、〔本著作集第三巻所収〕)という書物を上梓した。これは、アメリカ・テキサス州のフェイ財団というのが、毎年一人のユング派の分析家を招き、そこで連続講義をしたのを書物にする企画をしており、それに私が招かれ、その講義録の日本版を出版したものである。

そのときに、テキサスA&M大学のローゼン教授がその中心になって世話をしてくれて、その期間中はローゼン教授宅に滞在させていただいたが、暇を見つけて、ときどきフルートを吹いていた。ところが、何とそのことをローゼン教授がこの書物の序のなかに書いている。彼はアメリカ人らしく、私のことをいろいろ褒めた上で、

「河合は、そのうえさらにすぐれたユーモア感覚の持主であること、フルートを美しく演奏できる才能をもっていることを、ここに付け加えておきたい。フェイ講演期間中にわが家に滞在されたとき、鳥たちがよく彼の部屋の窓の外の枝に一列に並んでとまり、彼の演奏に耳をかたむけていたものだ」

と書いている。

「いいかげんなウソを」と憤慨したり、これも私がウソツキクラブの会長なのだから、ウソに決まっているな

ど言う人もあるが、これは私ではなく、アメリカの大学教授がマジメに書いているのである。ローゼン教授の名誉のために言っておくが、アメリカ人は、ワシントンと桜の木のあの有名な話を思い出していただくとわかるとおり、「正直」ということを非常に大切にする。もちろん、彼は国際分析心理学会の会員ではあるが、国際ウソツキクラブの会員ではない。というわけで、ここに引用したことは、まったくのほんとうの話なのである。

それでもまだ疑う人のために、その後どのようなことが起こったのか――このことはローゼン博士は知らない――を述べることにしよう。このことを知ると、先の引用がほんとうだと誰しも納得することだろう。

ところで、ローゼン邸でフルートを吹きはじめると、確かに、小鳥があちこちから飛んできて、木の枝に一列に止まり、何やらさえずりはじめる。これには私も嬉しくなってしまった。日本ではこんなことは一度も起こらなかった。わが家でフルートを吹いても、庭の木もあるし、小鳥もいるのだが、小鳥が寄ってきたりすることはない。

こうなると、すぐ悪い癖で、日米の文化比較などをしたくなってくる。一般に言って、日本人は自分の意見や感情をあまり直接に表現しないが、アメリカ人は、その逆だと言っていい。講演の後など、アメリカの聴衆は、そばに寄ってきて「いい話を聞いて参考になった」とか、いろいろとほめてくれて握手をする。こちらも嬉しくなってくるが、これに比べると、日本の聴衆は、講演が終わると黙って、さっと帰ってしまう。これは何だかもの足らなく思う。

とすると、小鳥でも日本とアメリカでは異なるのではないだろうか。小鳥もアメリカでは率直に表現しているのだ。

こう考えると、私はあまり嬉しくなったので、窓をあけて笛を吹いた。と言っても何しろ二重窓だから開けるのに少し苦労した。そして吹きはじめると、小鳥のさえずりは一層はげしくなり、ついに一羽の鳥が窓から室内へと入ってきた。私はますます嬉しくなり、心をこめて吹いた。すると小鳥が耳もとにやってきてささやいた。「フルートを吹くときは、窓を厳重に閉めてください。辛抱できませんので」。私はさすがアメリカの小鳥は気持ちを率直に表現するものだと感心したのだった。

文化ボランティアのすすめ

阪神の大震災以来、早くも一年近くが経過した。今度の災害に対して、ボランティアの活動が多く認められたのがひとつの特徴であり、「近頃の若い者は、などと言っておられない」と言った人もあるほど、若者のボランティアの動きが目立った。

日本にはボランティアは育たないなどと言う人もあったが、そんなことはなかった。せっかくのこのような動きが、災害後の日が経つにつれて消え去ってしまうのは、真に残念なことである。私はそこで「文化ボランティア」運動をおこすことをすすめたい。

ボランティアというと何となく、困った人を助ける、弱い人のために何かをする、と思っている人が多いようだが(このような考え自体に既に問題があるが)、そのようなことのみではなく、もっと文化を高めるような仕事をしては、どうであろう。

アメリカではこのようなボランティアがたくさんある。たとえば、美術館などと提携して、有名な画家の展覧会を開くにあたって、宣伝や切符売り、会場整理などをする。これは何も画家に限らないし、有名でなければならぬこともない。たとえば、京都で有望な新人の音楽のコンサートでもいい。自分で工夫し、仲間を集めて考えると、いろいろなところに面白い企画がころがっているものだ。このようなことを苦労して成功させたときの喜びは、実に大きい。京都は特に「文化都市」を自認しているし、学生も多いので、このような文化ボランティアの発想が大いに生かされるところだ、と思う。このような興味あるボランティア活動を企画したり、組織化したりする人はいないだろうか。京都には伝統文化を継承していく課題を担っている人も多いので、そのような分野でも有意義なボランティア活動ができるのではなかろうか。

ボランティアは、どのようなことをするにしても、「善意の押しつけ」をしてはならない。ボランティアの趣旨に賛同して協力してくれる人が出てくるのは嬉しい。しかし、それを「押しつける」ことは決してしてはならない。たとえば、芸術家に対して「僕たちボランティアでやっていますので、あなたも無料でやってください」などというのは困る。

このことにも関連するが、ボランティアだから、少しぐらい質が悪くても仕方ない、というような甘えをもってはならない。玄人ができること、専門家のするべきことを、ボランティアだから少しぐらい質が悪くても、という考えで決してやらないことだ。こんなことをされると、ボランティアの善意によって傷つく人や不愉快になる人がでてくる。善意がまかりとおるのは恐ろしい。

次に、ボランティアは、ある程度の長期的展望をもってほしい。何によらず「続ける」ことは大変なことで、続けてやっていると、自分のしていることのマイナス面や、どのくらいの意義をもつか、ということも見えてくる。しかし、ボランティア活動を何か一回だけ、という気もあるだろう。そのときは、その一回の行為が長期的展望のなかで、どのような意味をもつか、よく考えないと、善意でしたことが、かえってマイナスになるときもある。一時的にお祭り騒ぎをすることによって、地道に仕事をしている人に被害を与えることになったりする。思いつくことを少しだけ書いたが、これを見てもわかるとおり、ほんとうに意味のあるボランティア活動をするのは、あんがい難しいことなのである。しかし、それだからこそ、いろいろと頭をはたらかせてするところに面白さもでてくると思う。現代の若い人たちが、大人どもを「あっ」と言わせるような、文化ボランティア活動をしてくださるのを大いに期待している。京都という町は、それをするのに非常に適していると思うが、どうであろう。

さて、平成の「おとうさん」は

「おとうさんのカゲが薄い」というのは、何かにつけてよく聞かれる言葉である。子どもの問題でいろいろと相談を受ける。子どものために周囲の人が走りまわったりして、努力をする。ところが、そんなときに、父親だけ「かやの外」というときがある。あるいは「仕事が忙しい」ために、肝心のときには居ないということもある。存在感のある父親はどこに居るのだろう。

日本童詩研究会編『おとうさん』(理論社、一九九五年)が最近出版された。これは一九五九年から一九六二年にかけて、児童詩誌『きりん』に掲載された子どもの詩をまとめて出版されたものである。これは、当時、関西の代表的詩人の竹中郁を中心に、井上靖、足立巻一らが児童詩の選にあたり、生み出した画期的な仕事であった。

これを読んで、私は胸がじんとなったり、吹き出したり、久しぶりにたましいの洗濯をしたような感じがした。少し引用してみよう。

たいこ橋　服部悦子(三年)

住吉さんへおまいりにいった
たいこ橋をわたる時
むねがどきどきしました
お父さんの手を
しっかりもちました
お父さんの手は大きくて
ぬくかった

「大きくてぬくい」父親の手。
父親の存在がゆるぎない安心感を与えてくれる。

お城　和田重久(六年)

ぼくとこの家お城
父がとのさま、
母がおくがたさま、
姉がお姫さま、

ぼくが若とのさま、
妹がこしもと、
これではけらいがいない。
てきがせめてきたら
みんなでたたかうのだ。

皆様方の「お城」はどんな状態でしょう。殿様不在で、敵が来たら「みんなで降参」などということはないと願っています。

スス　桑名寛一（五年）

ぼくの父は機関士だ。
帰ってくると、
耳やあごの下にススがついている。
でも、これは、
いっしょうけんめいに働いたしょうこだ。
わらってはいけない。

でも、時々、

酒によって帰ってくる。

ススによごれた顔の父に桑名君は誇りを感じている。だから、時々、酒に酔って帰ってくる父親を心のなかに受けいれている。人間としての父親の姿が生き生きと描かれている。最後に愉快なのをひとつ。

しんぱい　前田宗一（三年）

おとうちゃんは
ねていても
おならをこかはる。
おきていても　すぐ
こかはる。

よそへいって
おならをこかはらへんか
しんぱいです

前田君はなかなかのお父さん思いである。しかし、このお父さんは王様の存在を示すラッパのように「おならをこかはる」のだろう。

実はこれと同様の出版で『おかあさん』(理論社、一九九五年)というのもある。小学生から祖父母まで家中で読んで楽しめるし、考えさせられるし、この寒い冬の夜に読む本として、皆様におすすめしたい。ところで、平成の「おとうさん」はどんな姿で子どもの目に映っているだろう。

バッハ、マタイ受難曲のふしぎ

武満徹さんが亡くなられた。まだ六十代。まだまだ活躍していただきたかったのに残念で仕方がない。武満さんは日本が誇れる国際的超一流の極めて少ない人の一人と思っていたので、日本のなかでそれ相応の一般的な評価を得られる前に逝かれたという思いがして、口惜しい気がする。

二月二十五日夜にＮＨＫテレビで、立花隆さんが「武満徹の残したものは」という番組を構成されたのを見た。立花さんは武満さんがいかに高い国際的評価を得ていたかを熱心に説かれた。それより何日か前、住宅金融専門会社問題について、テレビで解明されたときの、あの冷静で的確な分析的態度とは打って変わって、話を聴いていても、立花さんの熱気がこちらに伝わってくるようであった。あるいは、私と同様の気持ちをもって、何とか武満さんの偉業を日本の一般の人々に伝えたいと強く願っておられたのではなかろうか。

この番組は実によくできていて武満さんの偉大さを再確認したように思った。そのなかで非常に印象的だったことをひとつ。武満さんは入院され、そんなときはビデオやＣＤを持ちこんで見たり聴いたりされるのに、亡くなられる前の晩は、そんなものはいらないと奥さんに言われた。ところが、ラジオは持ちこんでおられ、偶然に、それでバッハのマタイ受難曲を聴かれたという。マタイ受難曲は武満さんの大好きな曲で、自分が作曲する前には必ずバッハのマタイ受難曲を聴いて、心の準備をされるほどだったとか。

それほど好きな曲を、死ぬ直前に偶然にも聴くことができて幸福だったろう、と武満さんの奥さんが話されたことを報告しながら、立花さんは感極まって言葉をつまらされ、聴いていた私も体中がジンとするほどに感じた。「偶然に聴こえてきたバッハのマタイ受難曲」ということは、私にすぐこの曲にまつわる他の話を想起せしめた。それは柳田邦男さんがその著書『犠牲(サクリファイス)』(文藝春秋、一九九五年)のなかで語っておられることである。これは柳田さんの二男が自死をされ脳死状態になられたのを、柳田さんたち家族が一生懸命にみとられた貴重な記録である。その記録は死生観に対して多くの示唆を与えてくれるものだが、ここでは残念ながら割愛する。

柳田さんが息子さんのなきがらを家に連れ帰り、居間に安置して、何気なくテレビのスイッチを入れると、NHKの衛星放送から、バッハの「マタイ受難曲」が流れてきた。

実は、亡くなられた洋二郎さんは、タルコフスキーの映画『サクリファイス』が大好きで、その冒頭およびラストシーンに流れるバッハの「マタイ受難曲」のなかの「憐れみ給え、わが神よ」のアリアには特別の愛着を感じていた。それが、偶然にも衛星放送はタルコフスキーの『サクリファイス』を放映しており、バッハのアリアが聞こえてきたのだ。何という偶然の一致であろう。柳田さんのそのときの感動の深さは筆舌につくし難いものがあったろう。

最近、私はバッハの音楽についてのエッセーを書く機会があった。音楽は素人なので専門的なことはもちろん書けない。そこで、前述の柳田さんの経験と、他の類似の経験などを紹介し、「バッハの音楽は、このようなふしぎな偶然の一致を呼び起こす力をもっているのではないか」というような趣旨のことを書き、おそらくバッハについてこのような経験を集めると一冊の本になるほどではないか、と書いたばかりなのである。

そのときに、この武満さんの「マタイ受難曲」の話である。私には、これは武満さんの音楽の魂がバッハのそれと共鳴し合ったとしか考えられない。武満さんの音楽はそのような音楽だったのだ。おそらく武満さんの音楽も、今後ふしぎな共鳴現象を生み出していくだろう。人間の肉体は消え去るが、その人の存在そのもののすべてがなくなることはない。

はてな、はてな

最近、『物語とふしぎ』(岩波書店、一九九六年(本著作集第四巻所収))という本を出版した。児童文学を素材としてのエッセーであるが、そのなかで「ふしぎ」ということをキーワードにした。何かを「ふしぎ」と感じる。そこから何か意味ある考えや体験が生まれてくる、というわけである。

たとえば夜にふと目が覚めると、ふしぎな音が聞こえてくる。「はてな」と思う。気になり出すと眠られない。とうとう起き出して確かめに行き、水道の蛇口がちゃんとしまっていなくて、水がもれていた音だとわかる。そうなると安心して眠られる。「はてな」で中ぶらりんになった気持ちが、落ちつくところを見つけると安心する。

多くの科学の発明、発見は、このような「はてな」から生み出されている。特に天才と言われている人は、普通の人間がアタリマエと思うところに「ハテナ」と感じたり、普通なら、もうこのあたりでと止めるところでも、なお追究の手をゆるめないところに特徴がある。ニュートンがリンゴの落ちるのを見て「はてな」と思ったという話は、どこまで本当かわからないが、ともかく、彼がアタリマエとされている現象をあくまでも追究して、とうとう万有引力の法則にまで行きついたのは、事実である。

何でもいいことがあると悪いことがあるもので、この「ふしぎだ」「なぜ」と問いかけて考える癖が強くなると、世の中がギスギスしてくるのも事実である。人間世界のことは、すべてが機械のように合理的、論理的にはできていないので、いちいち「なぜ」とか「変だ」とか言われると困るときがある。

『物語とふしぎ』を書いているうちに、この本には書かなかったが、子どもの頃に読んだ面白い話を思い出した。それは「水戸黄門」の講談である。私は講談の愛読者だった。あるところに幽霊が出て人々を困らせるのだが、その幽霊は出てくると、「今宵の月は中天にあり、ハテナハテナ」と言うのである。

確かになぜ月は中天に浮いているのか、ふしぎ千万である。これに対して、納得のいく説明ができないものは、ただちに命を失ってしまう。恐ろしいことである。まさか、当時は万有引力の法則がわかっているはずもないし、どう答えるのか。ところで水戸黄門は幽霊の問いかけに少しもあわてず次のように答えた。

「宿るべき水も氷に閉ざされて」

すると幽霊は大喜び、三拝九拝して消えてしまった。つまり、これは、黄門の言葉を上の句とし、幽霊の言葉を下の句とすると、三十一文字の短歌として、ちゃんと収まっている。そこで幽霊も心が収まって消えていったというわけである。

子ども心にもこの話は私の心に残ったのか、未だにこんな歌の言葉まで覚えている。私は子どもの頃から妙に理屈っぽくて、「なぜ」を連発し、理づめの質問で大人を困らせていたので、論理によらない解決法というのが印象的だったものと思われる。これはひとつの日本的解決法と言えるのではなかろうか。

「収める」という言い方がそもそも面白い。こんなのを英語で説明するとどう言うのだろうか。「解決法」などと言ったが、西洋流に考えると何も解決していないのではなかろうか。しかし、何やかやとごまかして「収める」のは困るが、ある美的判断に基づいて「収まっている」と感じるのは大切なことではないか、と思う。心の葛藤をどう解決するか、という問題は、私の心理療法家という職業にとって大切なことである。そのときに、いろいろと考えたり分析したりして解決法を見いだすだけではなく、ある種の美的判断によって、心を「収める」道を見いだすことも大切ではないか、などと、この頃は考えている。

「日本的なもの」への拒絶や反撥

外務省からの要請を受けて十日間ほど、アメリカに行ってきた。話のはじまりは、テキサス州ヒューストンで、ジャパン・フェスティバルを開催するので、「日本人の社会と心」というような内容で話をしてほしい、ということであった。

しかし、せっかくアメリカまで行くのだからと足を伸ばして、ニューヨークのジャパン・ソサエティー、それにプリンストン大学でも講演してきた。こちらは「戦後の繁栄と日本人の心の変化」というような題であった。いずれの場合も、オウム真理教についても少し触れてほしいということで、それに対する関心の強さが感じられた。この間に、テキサス州で箱庭療法の講習会をしたり、A&M大学で心理療法と仏教の講義をしたり、とまったく充実した日程であった。

これらのすべてに多くの聴衆が集まり、熱心な質問があって、日本に対する関心の強さが感じられた。それらについては今回は触れないとして、今後考えていかねばならぬ点として特に感じたことを述べる。

プリンストン大学には京都出身の町田宗鳳教授が居られて、いろいろと話し合いができて楽しかったが、彼の意見によると、アメリカの日本学研究や日本に関係する研究者の間では、いわゆる「日本的なもの」という考えに対する拒絶や反撥が強くなっている、とのことである。

これは一時、日本の経済的な興隆と結びついて「日本的経営」の優秀さが一部の人によって喧伝されたことに対する反撥からきているようである。それに何しろアメリカというところは、学問研究の世界にも強く流行があり――この点についてもいつか考えてみたいと思っているが――一時の「日本的なもの」に対する関心の流行が、今は反転してきているとも言える、とのことである。

この傾向がもっと強くなると、日本人の侵略的な在り方が、かつては戦争によって示されたが、続いては経済的な侵略があり、それに乗って「日本的なもの」を世界に売り出そうとしている。つまり、思想的侵略を試みようとしているとさえ主張することになる。このような極端な人たちは、自分たちの文化を守るためには、それと戦わねばならない、と考える。あるいは、人類全体に適用する普遍的なものこそ大切であり、「日本的なもの」などというのは、そもそも考慮すべきでないし、そんなものは存在しないのだと考える。

プリンストン大学に行くまでは、聴衆は日本に関心をもってきている人たちであるし、私の話は相当好感をもって受けとめられた。しかし、プリンストンはさすがに大学の研究者たちも多いので、町田さんの言っているようなことを感じさせるコメントもあった。ただ、アメリカで「日本的なもの」はない、と主張している人たちは自分たちの考えこそ普遍的であるとか正当である、という考えを背後にもっているように思う。

私の言いたいのは、どちらが正しいとか、どちらがおかしいと言うのではなく、文化には明らかな差があり、その差の存在をしっかりと認識することによって、お互いの誤解を少なくすることができるし、また、他に学ぶことができる、というのである。別に、日本文化が他より優れていると主張する気はない。しかし、そもそもアメリカが他から学ばねばならぬところがある、と聞くだけでも前述したような人たちは腹が立つようである。

もちろん私の考えを評価し関心をもってくれる欧米人もいる。しかし、それらの人はユング派の人など私の周辺にいる人で、これまではそのような人を相手に講演したり講義したりしてきたが、これからは聴衆の範囲がだんだんと広がってくるので、町田さんの言ったことをよく心に留めて、日本文化に対する理解を広める試みを続けていきたい。このことをやり抜くためには、もっと英語が上手にならなければと思うが、これは目下のところどうしようもない。

幼少児の親子関係の大切さ

兵庫県に生野学園という、不登校の高校生のための全寮制の高等学校がある。なかなかユニークな試みで、教えられることも多いが、その学園副理事長で精神科医である森下一先生が次のようなことを言われた。

不登校の重症の子どもたちに共通して見られる問題点として「誰かに同一視する」あるいは「同一視する人を見つける」ことが非常に困難だという事実がある、とのこと。

「同一視」とは、誰か他の人に対して、自分も「あの人のようになろう」と思ったり、その人の真似ばかりしたり、するような状態をいう。「なんだ、そんなことか」と思う人があるかもしれないが、これは人間の成長にとって非常に大切なことだ。もちろん、人間は一人一人異なるのだから、他人と同じになることなどできない。

しかし、そこまで思いこんで努力してみることによって、「やっぱり、自分はこの人と違う」ということがわかり、自分自身の生き方というものがわかってくる。

そんな面倒なことをしなくても、最初から自分の個性を生かして努力すればいい、と思うかもしれないが、人間の個性などというものが、そんなに簡単に見つかるはずはない。誰か自分のほかに「生きた見本」を見せられて、あれだ、と思って努力し、苦労してこそ自分の個性が見えてくる。

不登校の子どものなかには、なかなか個性的で、いろいろと能力をもった子どももいるし、自分でもそれに気づきかけて伸ばそうとするのだが、それが自分のなかに根づき、それを土台として外界に打って出ていくという迫力や自信に欠ける。それを根づいたものにするには、馬鹿げて見えるような「同一視」の体験を経なくてはならないのである。

読者の皆さんも、自分の子どもだったころを思い出していただくと、先輩や教師、タレントなど、あるいは親戚の誰かなどを同一視の対象として選び、一生懸命になったことを思い出されるのに違いない。この経験をもたないと、人生に対して傍観者的になり、何となくシラーッとしてくる。

同一視の最初は、自分の母親、父親、あるいはその役割をしてくれる人、ということになる。男も女も、まず母親(あるいは、母親役の人)を同一視の対象とする。それとまったく一体である限り大丈夫という経験をする。しかし、いつまでも母親と一体であるわけにいかない。そこで、そこから分離しようと努めることによって「自分」がわかってくる。このことを父親に対しても行うことによって成長してくる。幼少のときに、半意識的にこのような経験をしていると、思春期、青年期になって、それを乗り越えていくときに同一視の対象をうまく選択することができる。ところが、不幸にも幼少期にそのような体験をしていない子どもは、なかなかそれが難しい。

思いきって身をまかせる経験をもっていないと、いざというときに不安が先立ってしまう。あるいは、まったく途方もない存在でないと身をまかせられなくなるので、かえって麻原彰晃(松本智津夫)被告のような人を同一視の対象として選んでしまい、そこから抜け出すことができなくなってしまう。このような同一視がどれほど危険であるかは、オウム真理教の事件を見てもわかるであろう。同一視をして、その後にそこから離れる、という体験を幼少のときからしてこないと、そのあたりの感じがわからなくなるのである。

森下先生は、ほんとうにサラリと「同一視の難しさ」と言われたが、これは長い期間にわたって多くの不登校児に接してきた人にして、はじめて言えることだと思った。そして、これはやはり幼少児の親子関係――と言っても実の親子であるべきとは限らないが――の重要さをよく示している。これがしっかりしておれば他のこまましたことにはあまり気を使うこともないのだ、と思った。

箱庭療法における地水火風

ドイツ語圏の箱庭療法学会に招かれ、ハンブルクに行ってきた。箱庭療法は日本では非常に普及しているが、外国ではまだこれから発展するところで、ドイツ、オーストリア、スイスの合同の学会だが、集まった人は二百人ほど。これでも急激な発展といえるだろう。

今回の学会は「箱庭療法における、地水火風」という興味深い主題が与えられている。何のことだろうと思う人があるかもしれないが、箱庭療法でクライアント(来談者)に箱庭を作ってもらうときに、土、火、水(川や海)それに風などという要素が大切な役割を果たす。その上、地水火風というのは、世界の全存在をつくりだす元素であると、古来から考えられていた。そんなわけで、地水火風の象徴的な意味を考える伝統は洋の東西を問わず存在している。そこで、こんなテーマが考え出されたのである。

私は特別講演ということで討論も入れて三時間の長丁場をこなすことになる。といっても箱庭療法のいいところは、箱庭の作品のスライドを見せて話すので、紙芝居をするような気楽さがある。ここで述べたいことは、実はその箱庭のことではなく、他のことである。

地水火風はもちろん東洋では大切なことである。仏教では地水火風空と「空」が加わって五大と呼ばれる。空海の真言密教になると、これに「識」が加わって六大となる。そのような仏教的な考えを紹介しつつ箱庭を示したが、講演の終わりをしめくくるものとして、「一〇〇〇の風」という詩を使うことにした。

これは『一〇〇〇の風　あとに残された人へ』(三五館、一九九五年)として出版されている。作者不詳の英語の詩を南風《はえ》椎《しい》が訳し、それにふさわしい写真を配したものである。

　私の墓石の前に立って
　涙を流さないでください。

でこの詩ははじまる。そして「私」は「一〇〇〇の風」になって吹きぬけていく。それは雪の上でダイヤモンドのように輝き、雨になり、星になり、と変貌していく。そして、最後に「墓石の前で泣かないでください」と繰り返され、

　私はそこにいません
　私は死んでないのです。

としめくくられる。この詩をはじめて読んだとき、この詩の深さに心を動かされながら、私はこれを非常に仏教

的だと思った。

「私」はもともと地水火風空でできているのだ。この世に地水火風空が存在し続ける限り、「私の死」はない。いや、そもそも「私」などというものは存在するのだろうか。仏教の究極的な考えでは、「私」など存在しないというところまでいくのだが、ここで、私の死などということはない、という形で示されるところに「仏教的」でかつ「西洋的」なものが感じられる。

箱庭に示される地水火風が、いかにわれわれ人間の生命そのものと深くかかわっているかを述べた最後に、この詩を示すことは意義深いことと私は考えた。

この試みは大成功であった。私の拙いドイツ語の発音よりは、ともう一度ドイツの会員に読んでもらったりした。この本の英語版やドイツ語版はないかとか、日本語でもいいから欲しいとか多くの人が後で言いに来た。

この詩をドイツ語訳してくれた人は、この写真が「日本的感覚」で選ばれているのが印象的だと言った。たとえば「私は陽の光になって　熟した穀物にふりそそいでいます」というところは、ヨーロッパ人ならすぐゴッホの絵のような景色を想いつくだろう。しかし、この本の写真は「もっとモデスト(慎み深い)」なのである、と。

ひとつの詩をめぐっての文化の交流と比較は終わるところのないほどであった。それにしても、このような詩が西洋でこれほど理解されるという事実は、文化交流が相当に深いレベルで進行しつつあることを示すものであろう。

思いがけない数学の幽霊

夏は幽霊の話が好まれる。

私はつい最近、思いがけない幽霊に相ついで出会った。といっても人間の幽霊ではない。数学という恐ろしいやつである。

大学時代に数学を専攻したが、才能のないことがはっきりとわかり、数学者になることを断念した。そこで後に心理学を専門にするようになったが、数学や数学ともっとも縁の薄い「深層心理学」などという学問をすることになった。これでやっと数学から逃げ出すことができた。言うなれば、心のなかの数学を殺してしまって縁を切ったわけである。

ところが、思いがけないところで数学の幽霊が現れてきた。私がスイスで分析を受けたユング派の分析家、C・A・マイヤーの著書の日本語訳の監修のためにゲラ刷りを読んだ(『無意識の現れ』ユング心理学概説1、河合俊雄・森谷寛之訳、創元社、一九九六年)。そのなかで、マイヤーはユングの心理学は「分析心理学」と呼ばれているが、「コンプレックス心理学」と呼ぶ方が適切ではなかろうかと提案している。そして、ユング心理学が意識のみならず無意識も考慮する点で「実数と虚数とが加わって構成されている複素数に関する数学的問題にある種の類似性を持つ」と述べている。この複素数はコンプレックス・ナンバーと呼ばれるもので、まさに「コンプレックス心理学」と類似性がある、との指摘である。

これには驚いてしまった。うまく縁を切ったはずの数学が、こんなところに幽霊のように立ち現れたのである。複素数などといっても忘れてしまったという人もあろうが、非常に簡単に言うと、普通の実数では量だけしか表せないが、複素数では量のみでなく方向も表せるのである。ここで人間の心のはたらきを考えると、意識と無意識の相互作用によって、その方向がきまることがわかる。意識的には何かをしようと思っていても、無意識のはたらきによって、あらぬ方向にそれが変えられてしまう。

こんなことを考えると、人間の心のはたらきとか、人間の心の相互関係などを表すのに複素数の加減乗除などということが適切といわれるようになるかもしれない。マイヤーも言うように、「実数が意識に、虚数が無意識に該当する」と考えて、複素変数の関数論を心理の解明に使うとすると、面白いことになるかもしれない。

思いがけないところで数学の幽霊に出くわして、久しぶりに数学のことなど考えていると、もっと思いがけないところに数学が出てきた。それは皆さんよくご存じの「スヌーピー」のマンガを谷川俊太郎さんの訳で見ていたときのことである(『スヌーピーののんきが一番』全七巻、講談社＋α文庫、一九九六―九七年)。

「スヌーピー」には、ルーシーという面白い女の子が出てきて、彼女は時に精神分析家に扮して登場する。そこへチャーリー・ブラウンが、自分の好きな赤毛の女の子は、ひとかどのものなのに、自分はゼロ人間だ、いったいどうしたらいいのか、と相談にやってくる。ここで英語の原文を見ると「ひとかど」はサムシング、ゼロ人間はナッシングと表現されている。精神分析家ルーシーの返答は何とも奇想天外。「サムシングにナッシングを加えたらどうなる」。チャーリーは答えて「サムシングかな」と言う。それでは「サムシングからナッシングを引くと」、「サムシングにナッシングをかけると」、ルーシーはつぎつぎと質問をする。これに対してチャーリーは「サムシング」とか「ナッシング」とか答え、ルーシーは「よく出来ました。では分析料をいただきます」と言う。

こんなところにも数学が出て来た！　深層心理学でも複素数の計算などやれば面白いと思ったりしたが、サムシングとナッシングの加減乗除。これには参ったと思った。この発想は精神分析家にはなかなか参考になる。

思いがけない幽霊の出現に冷や汗を流したりして、おかげで暑い夏も越せそうである。

教育の新しい改革の試み

一昔前、大学改革や社会の改革を目指して、学生が活発に運動したときがあった。動きは相当に華やかだったが、その結果はあまり見るべきものはなかった。運動は決して成功と言えなかった。そして、現在は、ご存じのとおり、大学は静かである。というより静かすぎる。大学の教官のなかには、今の学生は元気がない、と昔を懐かしむ人さえある。

これは現在の若者がどうのこうの、というのではなく、むしろ往時に行われたような、あるイデオロギーをかかげて、まっしぐらに改革に突き進むというパターンが不毛であることに気づいた結果ではないか、と私は考えている。スローガンを立てて集まる運動は、わかりやすく、「我こそ正義」というカッコーのよさがある。しかし、現実から遊離して失敗に終わることが多いのは、先の学生運動の結果がよく示している。

だからといって、改革の動きそのものまでやめてしまうのはおかしいのではないか。今の日本は、特に日本の教育は多くの改革を必要としている、と私は思っている。

しかし、「これが正しい」「この方向に進め」と旗をかかげて行うようなものではなく、集団の成員のひとりひとりが方向を模索し、ぶつかり合いしつつ改革の方策をじっくりと見いだしていくような努力が必要ではないか。これは、青年が老年を批判するとか、新が旧を攻撃するなどという単純な形をとらない。全体としてのゆるやかなうねりから新しいものが生まれでてくることを期待するのである。

こんなことを考えているとき、最近京都大学の教職員二百人が泊まり込みで「京都大学の教育を考える――全学共通科目をめぐって」という自由な討論の場を持ったことを知った。「さすが京都大学。学生運動が下火になったのでついに教授運動をはじめましたか」などと冗談を言ったのだが、実情を聞いてみて、そうではないことを知った。井村裕夫総長以下、教授、助教授、助手に至るまで参加。まさに、先に述べたような、スローガン抜きの改革のうねりの始動だったらしい。何しろ一泊して、学部とか肩書とかの差はおかまいなしの自由討論だったので、相当に白熱したものであったようだ。

これを聞いて私は嬉しく思った。なかなか面白い動きがはじまったものだ。そこで思い出したのは、最近、私が関東ブロックの小学校校長会の研修に招かれたときのことである。既に他にも書いたので詳細は略するが、これは私をいわゆる講師として招き講演を聴くのではなく、校長先生の代表が壇上で私と向き合い、現在の学校における多くの問題を私に投げかけ、私の答えに対して、フロアも参加して討論するという形である。

これは教える者と教えられる者がはっきり区別され、後者は前者の言うことをひたすらに聞きいれて従うという、これまでの小学校の校長先生好みのパターンをまったく破っている。「昔の学生さんとの団交を思い出しました」と言って笑わせたが、私はここにも改革への新しいうねりが生じてきていることを感じた。終わった後で「皆さんは面白かったでしょう。そう思うのなら皆さんの学校でこれと同じように、校長先生が壇上で生徒や親や先生方と対話する、というのをやってみられてはどうでしょう」と私は申しあげた。もし、それが実行されれば、うねりの輪が広がっていくはずである。

京都大学の今度の試みは、実に画期的である。だからといって、「これが正しい方法」だという運動になるのではなく、これに共鳴するうねりが、あちら、こちらにも生じ、それらの重なり合い、ぶつかり合いから日本の教育の新しい改革が生まれる、ということを心から願っている。このようなうねりに現在の若者たちがどのような形で関与してくることになるのだろうか。それを期して待っている。

三つ子の魂は恐ろしい

「三つ子の魂百までも」という諺がある。幼いときに心のなかにあったことが、その人の一生に大きい意味をもつ、ということであろう。しかし、自分のことを考えてみると、三つ子どころか、青年期に思っていたことと現状とは、あまりにもかけ離れている。

京都大学を卒業したときは、一生高校の教師をしようと思っていた。まさか母校の名誉教授になるなどとは、毛頭心のなかに思い浮かばなかった。それに、飛行機に乗って海外に行く、そして講義や講演をして歩くなどということは、空想することさえなかった。しかし、現実にはそれらが実現されている。三つ子の魂はいったいどうなっているのだろう。

ところが、十月四日から十日間ほど、アメリカの箱庭療法学会に招かれて講義をしにいくにあたって、あちらから送られてきた「講師紹介」の欄を読んでいるうちに、はたと思いあたることがあった。私の仕事や肩書などいかめしい内容が書かれて後に、私のことを「よく知られたストーリー・テラー」である、と紹介されている。これは嬉しくもあり、驚きでもあった。日本語ならともかく、英語で話をして、ストーリー・テラーといわれるのは、まことに光栄だ。

このことから、ふと思い出したのは、私が子どもだった頃に、自分が「なりたい」と憧れていたのに、紙芝居屋さんがあったことである。今の子どもたちは知らないだろうけれど、おじさんが自転車で街角にやってきて、拍子木などを鳴らして子どもを集める。そこで紙芝居をはじめる。これが実に面白い。紙芝居屋さんの口調を覚えて、よく真似をしたものだが、なかなかカッコーがいいのだ。残念なことに話は完結しているのが少なくて、「続きはまた今度」ということになる。

これが私の憧れの職業であった。やはり、幼い頃から「物語」というのが好きだったのだと思う。それに、紙芝居屋さんは飴を売るのが商売で、そのために子どもを集める手段として紙芝居をやっているのだが、なかなか私はその飴を買うことができない。欲しくてたまらないのだが、紙芝居屋の飴を買うことなど、どうも親が許してくれないだろう、と私は思って辛抱していた。

紙芝居屋さんは、はじめる前に必ず、「飴を買った子は前に来て」と、その子たちを前に並ばせる。そして、私のように飴を買っていない子は後ろから見物ということになる。これも残念だが、私は飴が欲しくてたまらない。「紙芝居屋になりたい」と思ったのは、ひょっとして、そうなると飴がふんだんに食べられると思ったからかも知れない。

ところで、外国で箱庭療法の講義をするとき、箱庭の作品をスライドによって映して話をする。これは考えてみると、まさに紙芝居そのものではないか。一枚一枚と絵を示しながら「お話」をするのだ。私は今や国際紙芝居屋になったのである。

こう考えると、三つ子の魂は恐ろしいと思う。それにこれを書くにあたって思い出したことがある。一九五九年、フルブライト留学生として、はじめて外国に行ったとき、私はハワイ大学でオリエンテーションを受けた。そのときに自由英作文の課題が、「子どものときになりたいと思った職業」というので、私は子どもの頃、紙芝居屋になりたかったことを書いた。外国の人たちにはわからないだろうと絵入りの説明までつけて提出すると、講師は面白いと思ったのだろう、皆の前でそれを読んでくれた。

こんなことから考えると、私が国際紙芝居業につくことは、相当早くから運命づけられていたのだろう。まさか飴を売るわけにもいかぬので、「私の本を買った人は前に並んで」とやりたいところだが、これはまだやったことはない。

アメリカ先住者のコトバのない音

前回に記したように国際紙芝居屋になって、サンフランシスコとミネアポリスに行ってきた。ミネアポリスでは、ミネソタ箱庭療法研究会の会長ローレンス・グリーンベルグ博士の家に泊めていただいた。彼はミネソタ大学の精神医学教室で教授をしていたが、最近リタイアした優秀な学者である。仕事がすべて終わり、私が出発する前日の夜、随分と印象的なパーティーをしてもらった。集まった人は十名ばかり、食事が終わってから、それぞれ雑談していたが、夜もふけてくると、いろいろな打楽器が持ち出された。グリーンベルグさんが持っているのもあるが、各人が持参したのもある。

それを見て驚いてしまった。いろいろな文化にまたがる打楽器のオンパレード。南米の各種のドラム、日本の太鼓、拍子木もある。それに鉦の類。ドラもある。これに加えて、ひとつだけ管楽器があるのが特徴的である。それはオーストラリアのアボリジニの吹く、ディジュリドウという二メートル程の筒である。最近は日本でもCDが出ているそうなので、ご存じの方も多いだろう。これが何とも言えぬ迫力で、低音で「グォー」と鳴り出すと、いっぺんに雰囲気が変わり、一同は文明の世界の外に誘われる。

一同のなかに、一人だけ本格的にドラムを習っている人がいて、その人がリズムをとりはじめると、各人それぞれが好きな楽器を取って鳴らしはじめる。もちろん、まったくの即興なのだが、これが実に面白い。リズムが全体とずれる人もあるし、うまくリズムに乗って不思議な効果を与える人もいる。

そのうちに誰かが歌い出す。というよりは、それは叫びや唸りに近いものだ。面白くなって自分も加わるが、ストレス解消にはもってこいである。勝手に唸っているうちに、自分のは何となく「日本調」だと気がついて、やっぱり文化というものは恐ろしいものだと思う。

だんだんと一同の気持ちが合ってきて、言わず語らずのうちに全員が高揚感にひたる。そのうち、潮が引くように静まって、一曲の演奏が終わったようになる。しばらくすると、また不思議な一体感が生じてくる。

このようなことを経験しながら、ふと、その日のパーティーにはアルコール飲料が一切出なかったのに気づいて、さすがと思った。前日の夕食にはワインが出たのにどうしてかな、と思っていたが、これで了解した。このようなパーティーは酒気を帯びてやると、容易に乱痴気騒ぎになるか、ここまで緊迫感を感じさせる高揚に達することはないだろう。これは単なるストレス発散をこえる、体験にまで高められている。

ドラム・パーティーは真夜中まで続けられ、一同は満喫して寝についた。お喋り好きのアメリカ人が一言も話さないパーティーに夢中になるとは、アメリカの文化も変容しつつあるなと思った。「こんなパーティーは、そう度々できるものではない」とグリーンベルグさんは言っていたが、それにしても、これは大した変化である。

金関寿夫『魔法としての言葉――アメリカ・インディアンの口承詩』(思潮社、一九八八年)のなかに、ナバホ族の儀式歌で、「オホホ　へへへ　ヘイヤ　ヘイヤ」という調子で、音声だけでコトバのない詩が紹介されている。これに対してナバホの男が「むしろコトバには意味がない。けれどこの歌にはちゃんと意味がある」と語ったという。

最近になって、とうとうアメリカの先住者のコトバのない音が、白人のたましいをゆるがしはじめたのではなかろうか。はからずも私はそのなかに飛び入りしたのだった。それと同時に、箱庭療法という「非言語的」な手段によって人の心を癒そうとするワークショップの最後を飾るのに、ふさわしいパーティーだったとも思った。

すべての人は「デカセギ」に来ている

『現代日本文化論』(岩波書店)などという企画の責任編集者という大それた仕事をしている。身に余ることを引き受けてしまってと反省しながらやっているが、各執筆者の原稿を読ませていただく楽しみは大きいものがある。これは論文集ではなく、各執筆者に自分の今もっている問題意識と関連させながら、「現場報告」のような形で書いていただいているので、読む方も多くの刺激を受け、あらたな考えを喚起されるものである。

第四巻『仕事の創造』で、アンジェロ・イシというジャーナリストが、日系ブラジル人の日本への「デカセギ」について書いているのを読んだ。ブラジルの現在の経済的な困難さのために、ブラジルの人が日本へと仕事を求めてやってくる。「デカセギ」という言葉は、ポルトガル語のなかの「外来語」として一般化するほどになったと言う。

高等教育を受けていながらも、日本に来て肉体労働者となり、金を貯めてブラジルに帰る人。日本でビジネスに成功し、日本に居ついてしまう人。ある程度お金が貯まると、好きなことに使ってしまって嘆いている人。まったく人さまざまである。一口に「デカセギ」と言っても、その内容や、その後の生活には相当な差が生じてくる。

これを読んでいて、ふと思ったのは、すべての人は実は「デカセギ」に来ているのではないか、ということである。「あちらの世界」から「こちらの世界」にデカセギに来ているのだ。滞在期間はさまざま。しかし、こちらに居つくことはできなくて、必ず「帰国」しなくてはならないのが、このデカセギの特徴である。ところで、その間に人間は何をどのくらい稼いで、貯めて帰るのか。財産、地位、名誉などは、こちらで価値をもつとしても、あちらに持ち帰ることは不可能だろう。たとい持ち帰ったとしても、あちらでは無価値ではないだろうか。

もちろん、こんなときに備えて高いお金を出して、上等な戒名を手に入れる人も居られるが、果してそれが有効なのかどうか。あちらの「税関」で、戒名の名乗りをあげても、エンマさんに「へっ、それナンボのものよ」などと言われて、ギャフンと参りそうに思われてくる。

ほとんど永遠とも思われる長い時間のなかの僅かの時間——長くても百年ほど——こちらに「デカセギ」に来ているのだが、その間に、ほんとうのところは何をどのように稼ぐのか、ということは、まったく難しいことである。

何を稼ぐべきか、おぼろげにわかる気もするが、いったいそれは何か。昔の人なら「功徳を積む」などというのだろう。それを何と呼ぶにしろ、私はこれまでのところあまり貯めていないのは事実のようだ。こう考えると、デカセギに来た人が、ある程度お金が貯まると無駄遣いをしてしまう話が急に思い出されたりして、身につまされる思いがする。

デカセギの話で面白いのは、日本では同じく肉体労働をしていても、本国における身分はさまざまで、「俺は実は弁護士なのだ」などと言ったりする。これにヒントを得て考えると、今、この世では同僚とか、時には部下と思っている人でも、「実は、俺はあちらに帰れば王様なのだ」などという人も居られるかもしれない、と思えてくる。うっかり威張っていると、今後ながーい時間を王様にいじめられて暮らさねばならぬことになりそうである。

こちらの稼ぎはお金の価値に換算できるのでわかりやすいが、あちらへ持って帰るのは何で測るのかもわからぬので難しい。それにしても、「帰国」の時期は大分近づいてきているのに、カセギは少ない。何とかデカセギ根性でと思いつつ、あまり努力せずに過ごしている。

無意識の発見と仏教の「唯識学」

アンリ・エレンベルガー著、木村敏・中井久夫監訳『無意識の発見』(上・下、弘文堂、一九八〇年)という書物がある。

「無意識」という考えを心理学に導入し、それぞれの学派を打ち立てたフロイト、アドラー、ユングたちの考えが徐々に一般に受けいれられ、深層心理学などという領域が急激に発展してきたことは、今世紀の特徴であり、人間の精神史を考えるとき、二十世紀における「無意識の発見」ということは特筆すべきことのひとつとなるだろう。

この書物は上下二部に分かれ、大部のものである。その中で、このような「無意識の発見」が行われるについては、西洋においてどのような前史があり、先にあげた三人の巨人たちがどのような経緯を経て自説を打ち立てていったかを語っている。こう言うと読むのは大変と思われそうだが、読んでいて実に面白い本で、本の厚さなど問題なく、読み出すと時間を忘れてしまう。そして、西洋の文化のもつ重みというものが、ずっしりと伝わってくる。大事は一朝一夕になされるものではないし、一人の人間の力でなされるものでもないことを実感させられる。

ところで、最近は仏教に関心があるので、仏教の本も覗いている。京都大学には長尾雅人名誉教授のような大先輩がおられ、その著書『摂大乗論 和訳と注解』(上・下、講談社、一九八二年、一九八七年)という、これまた上下二部で『無意識の発見』に匹敵する大部の本がある。素人の気安さで勝手読みしていて思ったのは、西洋では仰々しく「無意識の発見」などと言っているが、仏教ではそんなの当たり前のことだったのではないか、ということである。仏教の「唯識学」などは深層心理学そのもので、千年以上もたってから西洋で「発見」などと言い立てることもない、とも言えそうである。

ここで、ふと私が想起したのは、コロンブスによる「アメリカ発見」という考えである。コロンブスの偉業は西洋社会において大いに称えられてきた。ところが、ごく最近になってアメリカにおける論調が変わってきた。コロンブスがアメリカを「発見」したなどとわざわざ言うことはない、そこにはアメリカ・インディアンが元から住んでいたではないか、と言うのである。これは、何につけ欧米中心の発想でばかり考えていた人たちが、その考えの誤りに気づき発想の転換をはじめたからである。そして、アメリカ・インディアンという呼称をやめ、ネイティヴ・アメリカンと呼ぶようになった。彼らこそ先住者なのだ、というわけである。

このことを考え合わせると、仏教徒は無意識界の「先住者」だった、と言えそうに思う。ネイティヴ・アメリカンはそこに居たので「発見」などしなかった。それと同じように、仏教者たちは、無意識のなかに居たので

「発見」など思いつかなかったのだ。フロイト、アドラー、ユングなどと麗々しく言わなくとも、われわれは二千年近くにわたって自分たちの住んでいたところに誇りを持ち、西洋の学問など見向きもしない方がいいのだろうか。

アメリカを「発見」した西洋人たちは、長らく先住者の文化を蔑視し、あるいは、無視してきた。しかし、既に述べたように最近ではその態度を変え、先住者の知恵を何とか自分たちの生活に取り入れようと努力しはじめている。その結果、大いに得るところがあるのは、結局は白人たちで、ネイティヴ・アメリカンの人たちは以前より少しはよくなるとしても、自分たちの文化を発展させることは難しいのではないだろうか。

アメリカにおいて、仏教に対する関心が高まりつつある。無意識界の「先住者」に対する評価が高まってきたのだ。しかし、下手をするとネイティヴ・アメリカンに生じたのと同じことが起こるのではないか、と私はおそれている。仏教国に住んでいる仏教徒は相変わらずのままでいるうちに、それを「発見」した欧米人のみが、仏教から多くのものを得るということになっては残念なことだと思う。

まねをしないで

テレビを見ることは少ないが、ふと見ているうちに惹きつけられて終わりまで見てしまう。それが続きものだと、この次のも見ようということになる。そんな番組に出くわすと、見てよかったな、とつくづく思う。

最近そのような経験をした。実はこれはまだ続いているので次を楽しみにしているのだが。その番組は「シューベルトを歌う」というＮＨＫの番組で、日本でもよく知られている歌手のフィッシャー・ディスカウがシューベルトの歌曲を歌うのを、生徒に指導するドキュメントである。

生徒と言っても相当な歌い手と思うが、シューベルトの歌曲を歌う。それをフィッシャー・ディスカウが指導するのが、実に素晴らしい。ひとつの歌を歌うのに、どれほど細かいことに心を配らねばならぬか、それが手に取るようにわかる。ほんの少しの音の長短や強弱が聴き分けられて、注意が与えられる。歌詞の一言一言にも心が行きとどいている。何気なく歌っているように見えて、ほんとうの芸術家というのが、どれほど細部のひとつひとつに心を使っているか。芸術作品というものの恐ろしさが実感される。

しかし、その指導においてもっとも感激するのは、そのような細部を通りこして、文字どおり、たましいからたましいへと何かが伝えられる、という感じである。そのことが一番端的にわかったのは、フィッシャー・ディスカウが、このように歌うのだと生徒に歌ってみせ、生徒がそれを聴いて歌いはじめるとすぐに「まねをしないで」と言ったときであった。先生が歌うことによって生徒に教えようとしているのは、その「歌い方」を真似よということではない。自分が歌っているような「たましい」をもって、生徒が自分の歌を歌うように、ということなのだ。先生は言うならば、シューベルトのたましいを自分はこう感じとっているのだと伝え、それを受けとめることが生徒にとって大切なのであって、先生の行為を真似してもはじまらないのだ。

私はこんなときでもすぐに自分の専門のことに関連づけて考えてしまうのだが、心理療法とか教育とかの本質と、このことは深く関連していると思う。今回は教育のことで考えたことを述べる。日本の教育は、これまで、知識を早く伝えることに熱心すぎたのではなかろうか。その一番手っとり早いのが、すべて先生の真似を上手にすることである。先生の方も、こうするのが正しい、こうすれば能率よくできる、というのを教えるし、生徒はそれを早く真似するほど「よい生徒」ということになる。

しかし、ほんとうの教育において、先生が生徒に「伝える」べきものは、そんなことではない。それでは何を伝えるのか。私は「シューベルトのたましい」などという表現をしたが、「たましい」などというのが伝わるものなのか。それはどうしたら伝わるのか。

ここでまたフィッシャー・ディスカウの番組にかえろう。これを見ていると、理屈抜きで「たましい」が伝わるのを実感できる。これが映像のいいところだ。歌を指導しているフィッシャー・ディスカウの顔、しぐさ、それらのすべてが「たましい」を伝えるために総動員されている。人間が生きているということ、人間が歌うということ、それがどんなに凄いことか、それをフィッシャー・ディスカウという存在が直接的に伝えてくれる。「たましい」が大切なら細かいことはどうでもいい、というのも間違っている。既に述べたように、ほんの少しの強弱、長短に配慮が向けられ、フィッシャー・ディスカウはそれをいちいち注意する。その細かいひとつひとつを通じて、たましいが伝わっていく。

このことは、何を教えるにしろ、教育の本質として大切にしたいことだと思った。

センチメンタルの効用

最近、詩人の谷川俊太郎さんが京都に来られ、そのときに一枚のCDをいただいた。「MI・YO・TA」(日本コロムビア)というのだが、谷川さんは「武満にもこんなセンチメンタルなところがあるんですよ」というようなことを言われた。「MI・YO・TA」は、谷川俊太郎作詞、武満徹作曲の歌だが、これにはお話がある。武満さんの葬儀のとき、黛敏郎さんがかつて武満さんが黛さんの助手をしていたときに作ったこの曲を覚えていて、そのメロディーを繰り返し歌ったと言う。それに谷川さんが後で詞をつけたものである。

このCDにはこの他、武満さんの作詞作曲などの曲が数曲入っている。武満さんというと、私も二度ほど対談させていただいたが、実に厳しい姿勢を感じさせる人である。そして、その作風は微塵もセンチメンタルなところを感じさせない。優しい曲や静かな曲でも、しっかりとした線が通っている。その武満さんがセンチメンタルな曲を作っていて、死後発売されたのだ。私はさっそく聴いてみることにした。

センチメンタルと言えば、私は子どもの頃からそうで、したがってそれが嫌で仕方がない。センチメンタルは嫌だと言いつつ、それに惹かれている自分に気づくので、また嫌になる。年をとると少しはましになるかと思ったが、なかなか生来の傾向は変わらない。

センチメンタルの特徴として感情の過剰ということがある。場にそぐわない、あるいは、個人としてもてあましてしまう感情が溢れる。どこかで現実を見る目がぼやけてくる。そんなときに、その感情を拒否せずに、それに身をまかせてしまうと、センチメンタルな作品ができたり、センチメンタルな物言いが生まれたりする。そのとき、それに乗る人、あるいは、乗せられる人は一種の快感を味わう。一体感のようなのを感じるときもある。それは美しかったり素晴らしかったりするが、そこから少しはずれると一挙に馬鹿らしくなる。底が浅いのだ。私流の表現で言うと、感情にはたらきかけてくるが、たましいとは無縁なのである。

武満さんの曲を聴いた。これは何とも言えぬ体験であった。なかなかうまくそれを言語化できない。それは確かに感情にはたらきかけてくる。「センチメンタルなところもある」と谷川さんは言った。しかし、これらの曲を決して「センチメンタルな曲」とは言えない。もちろん、そこには歌詞の力もはたらいている。歌詞と音楽がひとつになりながら、感情のゆらぎを通して、どこかでたましいに響いてくるのを感じるのだ。

センチメンタルな作品は錯覚を生み出す力をもっている。それに乗ってしまうと、感情の揺れがたましいの揺れのように感じさせる作用をもっている。「MI・YO・TA」の曲にしても、武満さんの突然の死、その葬儀に昔のメロディーを覚えて繰り返し歌った黛敏郎さん、後でそれに歌詞をつけた谷川俊太郎さん、それと演奏している人たちすべての友情がある。こんなことを前もって知っていると、曲を聴く前から涙が出そうになる。センチメンタルなお膳立てができている。しかし、幸いにも曲そのものは、そんな飾りを必要としない。感情の揺れのなかを、一本の糸がまっすぐにたましいに達してくるのを感じるのだ。と言って、これは武満さんの他の作品と異なるのも事実である。武満さんの作品はいつもセンチメンタルを厳しく拒否する姿勢を感じさせるものがあった。

この曲を聴いていると、センチメンタルを拒否することばかり考えずに、少しそれに乗ることもやっていいかなと思ったりする。もちろん、うっかり乗ると感情の波に押し流されてしまうのは当然のことだが。ともかく、センチメンタルについてのおきまりの考えを破ってくれた点で、これはありがたい贈り物であった。

おもしろ精神ともったいない精神

ＯＭと言うと、ＯＮのまちがいだろうと思われる。あるいは、落合ともう一人誰かな、と言われたりする。何でもプロ野球のことと思うのは単純すぎる。先日も東京のタクシーの運転手さんが話かけてきて、ＭＫというので、ジャイアンツの打線の話かと思ったら、タクシーの話だった。ともかく、多様化の時代だから、気をつけねばならない。

ＯＭというのは、大げさに言うと人生の指針にしたいほどの大切なことと私は考えているが、それが何であるかを言う前に少し前置きをしなくてはならない。

目下、『現代日本文化論』(岩波書店)というシリーズを編集し出版中である。日本人論は聞きあきたと言われそうだが、これは観点を変え、未来志向的な立場で日本文化を考えようとしている。国際化の勢いが強くなり、しかも、日本がそのなかで主体的で積極的な役割をもたねばならぬようになってきた状況を踏まえ、日本人として国際社会のなかで、いかに生き抜いていくべきかを考えようとしている。そこで私が責任編集をして、家族、学校、科学、死、などの主題ごとにもう一人他の編集者をお願いして、全十三巻を完結させるべく努力しているところである。

このような仕事で責任編集者として非常に得をするのは、役目上、すべての評論を読まねばならないことである。生来あまり本を読まない私が、このような強制のために、たくさんの評論を読み、少しは「エライ」人になったように思って悦に入っている。

ところで、OMである。これは内橋克人さんとの共同編集による第四巻『仕事の創造』にある、小池一三さんの「自然と共生する住宅——エネルギー自給にとりくむ」のなかに出てくる言葉である。小池さんはOMソーラー協会を設立した人だ。OMソーラーとは、できる限り自然の力を利用して、エネルギー問題を解決していく考えによって、住宅を建築する工務店の協会である。ソーラーの名前より推察されるように、太陽熱と光をフルに利用し、それに風力発電などを加味して、住宅に必要なエネルギーを確保するシステムを考える。と言っても実際には極めて困難であることは、すぐに予想される。北国でも可能か、風の吹かないところはどうするのか、など。これを解決するには、極めて個別的でなければならない。これは量産効果によって経済性を追求する近代の考えとは逆である。

編集者の内橋さんは、「OMソーラーの本質は「思想性をともなった技術」にある」と言う。そして「その思想性は、反時代・反主流・反卑俗であったがゆえに未来形であり、哲学的であり、土着的であった」と解説する。OMソーラーシステムはどんどん成功し、北海道の釧路で厳冬期に摂氏六〇度の熱風が吹き出るほどになる。

このアイデアを考案したのは建築家の奥村昭雄という人で、小池さんは奥村の名からOMと名づけたが、奥村さんは名誉や利益に関して実に恬淡《てんたん》とした人で、自分の名前を冠することには絶対反対という。そこで、「今では、OMのOは「おもしろ精神」、Mは「もったいない精神」だと説明するようにしている。この説明を聞いた人は、たいがい破顔一笑して、なるほどと相槌を打ってくれる。」

これを読んだとき、私もまさに「破顔一笑、なるほど」の反応をしてしまった。自然との共存には「もったいない精神」が必要だ。しかし、それだけだと何だか押しつけが強くて身動きできなくなる。そこに「おもしろ精神」が加わると、一挙に心が自由になり、新しい工夫が生まれてくる。この態度によって困難な状況のなかでも、それにふさわしい「おもしろい」解決策が見いだされるのではなかろうか。こう考えると、最初にOMは「人生の指針にしたいほどだ」と言ったことも了解されるだろう。

日本人は「諍」と「友」の両立が難しい

最近、日文研顧問(前所長)の梅原猛さんたちと一緒に中国に行ってきた。これは梅原さんたちが強い関心をもっておられる長江文明の調査研究を中国と共同で推進していく企画に、日文研も深くかかわることになり、その話し合いのために行ったのである。これまで、中日両国の間に少し行き違いがあったりして、必ずしも簡単な話し合いというわけではなかったので、正直なところ少し緊張して出かけていった。

ところで、正式な話し合いをする前日に、中国の文化部の前副部長の劉徳有さんがわれわれを招待して下さった。劉徳有さんは日本にも長くおられた知日家で、日本語は極めて上手。私も北京大学と国際シンポジウムをしたときに、一度お会いした方である。文化部の方も数人来られたが、文化部対外文化連絡局の方で、陳諍さんという人が居られた。

劉さんは陳さんを紹介するときに、「諍」という字は、日本人は「論争」などを連想するかもしれないが、これはそのような意味ではなく、お互いにまったく自由に腹を割って話し合うということなのですよ、と言われる。そして、それに続いて、「中国には、諍友《そうゆう》という言葉があるのです」とにっこりとされ、続けて「諍友というのは、お互いに自由に思っていることを話し合い、なおかつ友情をもつという関係です」と言われた。

劉さんの温和な話しぶりのなかに、われわれが今後、中国の方々と話し合っていくときに「諍友」としての関係を打ち立てていく心構えをもっていくべきことを教えて下さっているようで、非常にありがたく思った。何しろ日本側は、ある程度緊張しているので、下手をすると言うべきことも言えずに、相手の言い分をきいてしまうようなことがないように、という温かい配慮をそこに感じたのであった。

名前の紹介に関連づけて、さりげなく話をし、われわれの緊張をほぐされるのは、さすがである。「大人《たいじん》」という言葉が当てはまる態度である。劉さんのこのような配慮のおかげもあって、翌日、国家文物局(日本で言えば文化庁のようなところ)の方との話し合いは、非常に円滑に行われ、われわれはほんとうにうれしく思った。それにしても、中国の方々の大人ぶりには感心してしまった。まさに諍友の言葉どおり、言うべきことはしっかりと言いながら、温かい人間関係がちゃんと維持されている。

この点で、日本人はもう少し「諍友」ぶりを見習うべきではなかろうか。われわれは人間関係の維持の方に心を使うと、つい言いたいことも言わずにいたりする。そして、ついに言いたいことを言うと相手の気持ちも考えずに言ってしまって、人間関係が壊れ、時には、まったくの「敵」になってしまう。「諍」と「友」が両立し難い。

ともかく劉さんの「諍友」談義は、日本人一同の心を打って、ありがたくお聴きしていると、最後に劉さんは破顔一笑して、「では皆さん、そういうことで」と言われ、一同思わず顔をほころばせた。

私は洒落好きの本領を奪われてしまって、一瞬あれっと思ったが、「諍友を成立せしめるものにユーモアがある」と思った。焦ると矛盾していると思ったり、正面からの対立と思ったりすることが、ユーモアによって、余裕のなかに両立の道を見いだせる。余裕があるからユーモアが生まれるとも、ユーモアが余裕を生み出すとも考えられる。まさに「そういう」つもりでやれば、いろいろな対立がとけていくのではなかろうか。

これから、日本と中国との間には、いろいろと難しいことが起こってくるかもしれない。そんなときにすぐにいきり立つことなく、「では、そういうことで」とゆっくり話し合っていくことが大切と思われる。

伝統文化が新しく甦る

外務省の企画で、ニューヨークとワシントンに行ってきた。これはなかなかユニークな企画で、「花の心・心の花」と題して、私が講演し、京都出身で御存知の方も多い、川瀬敏郎さんが立花のパフォーマンスをする、というものである。日本文化の紹介ということで考えられたものだが、聴衆の反応は非常によくて、うれしく思った。

このようなユニークな企画が生まれてきたのは、京都における建都千二百年の催しからである。その時のシンポジウムで、私ははじめて川瀬さんのパフォーマンスを見た。私は日本の伝統的芸術や芸能には弱い方なのだが、このときは知識の有無をこえて、川瀬さんの発する気迫にまず圧倒された。それと、日本の伝統的な生け花の世界のなかで、彼があえて立花として、他の流儀からフリーになることの説明を非常に説得的に感じた。そして、すぐ思ったことは、このような説明は外国人にも非常にわかりやすいだろう、ということであった。

日本の伝統的なものはややもすると、その特殊性のほうが強調され、それを好きになる人はいいが、そうでないときはまったく別世界のことのように感じてしまって無関心になってしまう。ところが、川瀬さんの説明とパフォーマンスは、私のように生け花のことなどまったく知らない者でも、関心をぐっと惹きつけられる。

そのシンポジウムは面白い企画で、一緒に司会をした森谷尅久さん(武庫川女子大学教授)のアイデアに負うところが大きいのだが、そのとき、外務省の会計課長だった田中映男さんも参加していた。京都の芸能を世界に紹介するという意図である。田中さん、川瀬さんとも初対面だったが、森谷さんの口添えもいただいて、このようなことを外国でやってみてはどうだろう、というようなことをそのときに申し上げた。

そのときは、ちょっとした思いつきで言ったのだが、田中さんの実行力によって実現され、シンガポールの建国三十周年記念のとき、一九九五年の十月に川瀬さんと二人で公演した。はじめてのことで成功するかどうか随分心配だったが、好評で受け入れられ少し自信を持つことができた。

その後、田中さんが国連公使としてニューヨークに赴任され、それが機縁で今回のニューヨーク公演ということになった。そして、その会場はなんと——田中さんのアイデアなのだが——メトロポリタン美術館ということになった。ほんとうに人間の一生にはいろいろ思いがけないことが起きるものだ。メトロポリタン美術館はこれまで何度か訪ねているが、自分がそこで講演をするとは思ってもみなかった。私は丹波篠山の出身だが、まさに花のお江戸で芝居するような心境で壇上に立った。

シンガポールのときは日本文化について、日本の神話を話題にしたが、今回は、日本の昔話の「花女房」を中心にした。若い馬子を訪ねてきた美しい女がプロポーズをして結婚する。幸福な結婚生活をおくるが、ある日、美しい月見草の花を見て、馬子は妻に贈ろうと持ち帰る。ところが、彼女は実はその月見草の精だった。楽しい結婚生活のことを感謝しつつ彼女は死ぬ。

まったくの悲劇だが、死ということが「この世ならぬ美」の背後に存在することを感じさせる話である。川瀬さんは、これも田中さんと相談した上でのことだが、一言も話さず、壇上でひたすら花を立てる。思い切って捨てられていく花の姿が「美」を一段と輝かしくする。公演の後で、「お前の話を聞いたので、川瀬さんの花がよくわかった」と言う人と、「川瀬さんの花を見ていると、あなたの話がよくわかってきた」と言う人があった。講演と花のパフォーマンスというユニークな取り合わせが成功したことを感じ、われわれはうれしく思った。

「だから」と「だって」

面白い本を読んだ。斎藤次郎『気分は小学生』(岩波書店、一九九七年)。教育評論家の斎藤次郎さんが青森県の百石《ももいし》小学校四年竹組に生徒として「留学」、子どもたちと共に学び、遊んだ体験記で、読んでいて実に面白い。それに、じーんと感動してしまうところも多い。しかし、これは皆さんに読んでいただくことにして、その紹介ではなく、読んでいるうちに気づいた、日本語の表現について、今回は述べることにする。

斎藤次郎は同級生に「ジロちゃん」と呼ばれて仲良くなるが、やがてお別れの日がやってくる。そこで、クラス全体で「お別れ会」をしてくれることになる。そのとき、友人のエリカさんの手紙には次のように書いてあった。

「次郎ちゃん、明日泣く人はいないとおもうけど、こころの中では友だちがいなくなってみんなかなしいはずです。だから次郎ちゃん、さいごはあかるくいこうとおもいます。」

実際、子どもたちは「お別れ会」を明るく楽しくすごし、誰も泣くものはなかった。

ところで、先ほどの文を読んで、読者の皆さんは何もひっかかりを感じられなかっただろうか。これは、日本語として別におかしいものではない。しかし、私のように、ときどき英語で話をしている者にとっては、「おやっ」と感じるところがあった。

それは、最後の文の「だから」という接続詞である。広辞苑を見ると、「だから」は「そういうわけで。それゆえ」と書いてある。この手紙をそのまま英語に訳して、英米人に見てもらうとすると、この「だから」のところは、「しかし」ではないかと言われるに違いない。

誰も別れを悲しく思っている、「しかし」あかるくやろう、というのが正しくて、悲しく思っている、「それ故」あかるくやろう、というのは論理的ではない、と言われるだろう。とはいうものの、日本人の心情としては、ここは「しかし」よりも「だから」のほうが、自分の気持ちにぴったりくるのではなかろうか。「別れは悲しい。悲しいからと言って皆が泣いたりするとジロちゃんが困るだろう。だから明るくいこう」というのなら英語にしてもいいだろう。しかし、そこまで言ってしまうのは言いすぎだし、ジロちゃんに対して気持ちを押しつけているようなところがある。というわけで、「だから」という接続詞に、いろいろな想いをこめて用いることになる。

日本語の接続詞の使い方は面白いなと思って、考えてみると、この本には次のようなところがあった。

斎藤さんは夢のなかで、同級生の女の子から、担任の鎌田先生を美人と思うかと尋ねられる。

「思う」とぼくは答えた。「だって、ぼく好きだもん」

答えながら、夢の中で「だって」という言い方は正しくないな、と考えていたような気がする。

これは夢の中でのことだ。そして、夢の中でさえ斎藤さんは、「だって」と言うのは正しくないと考えている。それでも心情のほうに注目すると、この「だって」もなかなかぴったりの表現だと言えそうにも思う。

ともかく、すべてを言い切ってしまうと、それは野暮になる、と考える。あるいは、大切な心情は間接的、潜在的に表現されるべきと考える。このため、日本人は——特に会話のとき——接続詞の味のある使い方をする。

しかし、それをそのまま英語にすると誤解される。日常生活でも、文章を論理的に構築する話し方のほうを、欧米の人は好むのではないだろうか。

以上述べたようなことを、あるところで話したら、教え子の一人に、「先生、次は『「だって」と「だから」の心理学』という本を書くのでしょう」と言われた。「だって、時間がないもの」と言うと、「だから、本を書くのですね！」と。

「これは危ない」というバランス感覚

どういう風の吹きまわしか、行政改革審議会の委員をしている。毎週のように首相官邸に行き、各界の錚々たる人たちと共に、日本の重要な問題を考えているのだが、気のひける思いをすることがある。私は他の委員の人たちと異なり、行政、政治、経済、法律などの領域とまったく関係がない。こんな人間が行政改革という重要なことにかかわっていてもいいのか、という気がする。

心理療法をしていると、いろいろな方とお会いするが、時には、アルバイトの自給が八百円か八百五十円かということとか、一月の部屋代が二万八千円か三万円かなどということが、真剣な話題となる。少しの違いと言う人もあろうが、当人にとっては、時に死活の問題ということさえある。

このようなことを話し合った翌日、行革の委員会に出席すると、お金のスケールが一挙に変化してしまう。時には、年間三百億の予算では、あまり大したことも出来ない、などという話題が出てくる。兆単位の話になることも、もちろんある。こうなると話のスケールがあまりにも変わってしまって、判断も何もできなくなるのでは、と思われる。

こんなときに、ふと思い出したのは、私が一九五九年にはじめてアメリカに留学したときのことである。当時は日本でマイカーを持っている人などほとんどいなかったし、高速道路などというのも、ともかく私自身はそんなところを車で走ったことはなかった。ところが、アメリカに行くと学生たちが車を持っている。それに、フリーウエーなどというと、速度がまったく違う。時速百五十キロぐらいで走るのは別に珍しくもない。

アメリカの友人の車に乗せてもらって、走っていると別世界に来た、という感じがした。何もかも日本のスケールと異なるのだ。しかし、そのうち自分がオンボロ車を運転することになった。人生にはいろいろと思いがけないことが起こるものだ。

自分が体験してみてわかったことは、フリーウエーを走るときと、町中を走るときと、確かに速度の数字は異なるが、周囲の状況とか、走りながら見る景色の変化などから感じる、「速いなあ」とか、「これ以上は危ない」などと感じる体験のようなものは、いつも変わらないのではないかと思いはじめた。

町の中だと時速六十キロで走ったりすると、速くてたまらぬ感じがする。フリーウエーに出ると道幅が広いし、アメリカだと景色もゆったりと変わらないし、それ相応の速さというものが感じられる。全体状況の変化に応じた速さの体験をしっかりもつと、それによって運転がうまく運ぶのである。これを数字だけに縛られて、自分の車は二百キロ走れるのだとか、自分は走ったことがあるとか、だけを指標に考えはじめると、危険なことが生じると思われる。

政界、官界、財界のいわゆる大物と言われる人が、驚くべき多額の金の汚職などに関連してしまうのは、先に述べたような健康な体感度のようなものを喪失してしまうからではなかろうか。いつも時速百五十キロで走っていると、どんなところでもその速さで突き走れるような錯覚を起こしてしまうのかもしれない。随分前のことだが、多額の金の汚職を「つまみ食い」と言った人があった。これなど、その典型であろう。

こんな風に考えると、もちろん金額のスケールが変わると、それに応じて対応ももちろん変わるわけだが、「これは危ない」というようなバランス感覚は、あまり変わるものではなく、それをしっかりと身につけていると、その時その時の状況に応じて、あまりあわてることなく判断が下せるのではないかと思われる。行革の審議会においても、私は具体的なことは詳しくわからなくとも、このような体感による判断が求められているのではないか、と思っている。

人ニ教ヘラレタル理屈ハ皆ツケヤキバナリ

最近、鶴岡市を訪れ、文化に関心の高い鶴岡市長さんのはからいで、史跡の庄内藩校「致道館」を見学することができた。市長さんが自慢にされるだけあって、実に立派なものだが、ここにはその時に特に印象に残ったことについて述べる。

致道館では庄内藩の子弟が学問をするのだが、その趣意書(被仰出書)を見ると、人間には「天性、得手不得手」がある。そして「天性の大なる者は大成し、小なる者は小成」するので、個々の天性を見抜いて指導することが大切だと書いてある。

これを見て、「アレッ」と思ったのは、今、日本の教育界で大切な課題となっている「個性の尊重」ということが思い浮かんだからである。

そのときにいただいた、社団法人庄内文化財保存会『史跡庄内藩校 致道館』を帰宅後に読むと、次のようなことがわかった。入学する者は士分以上の子弟だが、それ以下の者でも能力ある者は特に入学させる。入学後は成績次第で年齢に関係なく進級させる(これはトビ級ではないか!)。

それに次のようなこともある。入学したての少年たちの指導者に対する注意として、「学校の儀は、少年輩の遊び所」だから、「何事も寛大に取扱い」、子どもたちが退屈しないように「面白く存じ業を教え遊ばせる」ように努力するべきである、というのである。これは個性を伸ばそうとする初等教育の方法として最高のことではないだろうか。

上級者はどうなるのだろう。最上級生は「舎生《しゃせい》」と呼ばれ、今日の大学院に相当するだろう。このような生徒(と言っても立派な成人である)は、一人一室を与えられ、「完全な自発学修である。すべての雑用から離れ各室において修学に専念」し、質問があるときのみ指導者に教えを乞うシステムであった。面白いのは、宿泊希望者は「勝手次第」というところ。強制的でないところがよい。学風は荻生徂徠の教えによっているのだが、その教えに従って、指導者はあくまでも学生の自発性を尊び、自説を押しつけることのないように注意した。教えるにしても「人ニ教ヘラレタル理屈ハ皆ツケヤキバナリ」と心得て、教えすぎにならぬようにしなくてはならない。「彼ヨリ求ムル心ナキニ、此方ヨリ説カントスルハ説クニアラズ売ルナリ。売ラントスル念アリテハ、皆己ガ為ヲ思フニテ彼ヲ益スルコトニハナラヌコトナリ」。こんなものを読むと、日本の教授は自説を「売ラントスル念」が強すぎないか、反省すべきであると思う。ともかく、致道館の教育方針は、現代の大学院においても理想的と言っていいだろう。

第十五期の中央教育審議会(私もその委員の一人だが)では、「トビ級」の可能性が論じられたが、おそらく国民全体の承認を得られないだろうということで見送りとなった。欧米では「トビ級」などは普通に行われているのは周知のことである。欧米の個人主義の考え方からすると、個人に能力差はあるのが当然で、個人の能力に応じた指導をするのがよいと考える。日本人は、その点、「平等感」が非常に強い。個人の能力差を認めるのに強い抵抗感を抱く。中教審が今度、十七歳でも大学入学の可能性をひらく答申をしたが——こんなことは欧米では当然至極のこと——それに対する反撥も強い。

ところで、ここに紹介した致道館の教育方針はどうだろう。トビ級など平気で認めているのだ。日本人は明治以前は、個性教育をしていたのだろうか。

ここで考えねばならぬことは、致道館で言われる「天性」と、欧米人の言う「個性」は同じものか、かつて、これほど能力差を肯定していた日本人がなぜ、絶対平等主義になったのかの二点である。これは時間をかけてじっくり考えるべき問題である。

非現実によって現実を語る

小樽の絵本・児童文学研究センターが「児童文学ファンタジー大賞」というのを出しており、いろんないきさつで私がその選考委員長を務めている。先日も第三回の選考委員会を開き、ファンタジー大賞として、伊藤遊さんの「鬼の橋」の受賞が決定した。

これは、梅原猛さんの『京都発見』(新潮社、一九九七年)にも触れられている、小野篁の伝説を種としたファンタジー作品で、過去の話でありながら、現代的意義も備えているし、心を惹きつける力をもっている。そのうちに出版されることになるだろうが、京都の人たちにとっては特に興味深いだろう。

今回は、しかし、この作品のことではなく他のことについて述べたい。それは、最終選考に残ってきた他の候補作品を読んで感じたことである。「鬼の橋」以外のどの作品を読んでも、共通に感じたことは、上手に話がつくってあるが、こちらの心に迫ってくるものがないということである。確かに話はうまいし、筆力もあり、最後まで読ませるのだが、ある審査員が「ペープサイド」と言ったように登場人物はまるで紙人形のように並べられ、作者の意のままに動いて、お話つくりに協力する、という感じなのである。

文学作品というものは、作者が登場人物の性格や話の道筋を大体きめて書きはじめると、作中人物が作者の意図と異なって勝手に動きはじめ、それをどうするかと作者が苦労しつつできあがってくるものだ。そこには作者と登場人物の格闘がある。このような作品に接すると、読者も自分の意識を超える存在に触れる実感がして、時には汗が流れたり、体がふるえたりするほどになる。桑原武夫先生が、読みながら身体が反応するほどではなかったら、それはよい本ではない、と言われたことがある。

ところが、応募作品を読むと先に述べたような感じとはまったく異なる。それは作者がすべて思いどおりに作った「つくり話」である。それと、これは審査委員の言った言葉であるが、どれも「無機質」なのである。便利なプラスチック製品のように、手触りの感じや、厚みなどを感じさせない。

こんなことが生じるのは、ひょっとして、ファンタジーということが一般に誤解されているからかも知れない。ファンタジーというと「現実」に関係のない絵空事のように思われているのではないだろうか。確かにテレビやマンガや、安手の読み物のなかにはそんなのもあるが、私がファンタジー作品として期待しているのは、そんなのではない。

現実というのは、思いがけない深さをもっているものだ。われわれは通常その表層の現実だけを見ている。十四歳の中学生の「現実」がどれほど恐ろしさを秘めているかを、われわれは最近知らされたばかりである。それを「男子中学生」という一般的な名前で呼ぶことで「現実」がわかっていると思うと大間違いである。自分が見た「現実」の深さを、どのように記述することによって他人に伝えることができるのか、という困難な課題に答えるものとして、ファンタジーが生まれてくる。それは見方を変えると、現実そのものとも言えるのだ。非現実によって現実を語る、あるいは、非現実によってのみ語れる現実、という難しい課題に挑戦するところにファンタジー作品の意味があると思う。

第一回ファンタジー大賞受賞者の梨木香歩さんは、滋賀県在住で本紙(京都新聞)の「現代のことば」の執筆者の一人である。第二回は大賞受賞者がなく、今回の受賞者は札幌在住だが、京都で学び、京都の伝説を素材として作品を仕上げた。よく言われることだが、京都は古いものと新しいものが不思議な共存をしているところである。そのような京都はファンタジーを生み出す力をもっているのではなかろうか。

夢と現実の不思議な関係

夢と現実とは不思議な関係にある。まったく無関係とも言えるし、大いに関係しているとも言える。現実の方であまりに思いがけないことがあると、「まるで夢のよう」と表現するし、夢もあまりにも生き生きとしたのを見ると、「現実のようでした」と言ったりする。

私は夢分析を仕事にしているので、自分の夢について考えることが多い。そういうわけか知らないが、現実の方で「夢にも思わなかった」ようなことが、よく起こる。この年齢になっても、思いがけないことが起こって、ほんとうに人生はオモシロイと思う。

誰しも苦手のことというのがある。私は感覚とか感情に関することが未発達で、失敗することが多い。そのことが夢のなかにモロに出てきて、それが私の場合、フルートと結びついて出てくる。学生時代にやっていたが下手なのでやめていたフルートを、人前で演奏しなくてはならないのに、曲も楽譜もわからない、という類の夢をよく見る。もっといろいろあるが、音程をはずさずに、というような感覚の鋭さ、感情をこめて演奏する、というような点で、すべて駄目なのである。

わかっているけれど、あまりにも夢のお告げで駄目、駄目と言われるので、それならば還暦を機会に生まれ変わることにして、とまでは思わなかったが、苦手なことに挑戦しようというわけで、五十八歳からフルートを再び手にして、水越典子先生に弟子入りした。

以後、「おさらい会」などに出演したが、大発見をしたのは、私が聴衆を前にやたらに「あがる」ことであった。私は人前で話すのは苦痛ではなく、相手が千人でも二千人でも平気である。ところがフルートになると、やたらに「あがる」。結婚式のスピーチで「あがる」などと聞くと、ウソだろうくらいに思っていたが、この頃は、そんな人もいるだろうとわかってきた。

ところで、それほどあがったりとちったりしていた私が、遂に八百人(ウソ八百ではない)の大聴衆を前にフルートの演奏をしたのだから、まさに「夢にも思わない」ことが実現したのである。現実は夢よりも奇である。

先日、京都大学百周年記念の音楽会で、京都市交響楽団と、尾高尚忠のフルートコンチェルトの名演奏をされた、佐々木真さんというフルート奏者が居られる。この方は、京大理学部物理学科の大学院まで出られた後に、プロの音楽家になった、変わった経歴を持っている。私も「同窓」のよしみで知り合いになる機会があり、フルートを教えていただくようにもなった。

そこで、何か面白いことをやりましょう、と二人で「響き合う、音と心」という企画をし、私が講演、佐々木さんがフルート演奏という会を昨年開いた。これが好評だったので、力を得て、今年は思いきって東京の紀尾井ホールで去る十月二十六日に第二回を開催した。

昨年は佐々木さんのすすめに乗って、アンコールのときにフルート二本とピアノのための曲に出演、思いがけない演奏ができて嬉しかったが、今回は佐々木さんの御指導を得て、とうとう独奏曲を演奏した。あまりにも大それたことと思ったのだが、思いきってやってみた。八百人の人を前にする舞台で、自分がフルートを吹くことになるなどとは、三年前でも「夢にも思わなかった」ことだ。人生というのは、いつどこで思いがけないことが起こるかわからない。文字どおり「夢中」で吹いたが、好評で悦にいっている。と言っても、何しろこの一曲を一年間練習してきたのだから、当たり前とも言える。

コンサートの後のパーティーで「河合さんがあれだけやるのなら」、自分も楽器の演奏に挑戦しようという人がつぎつぎ現れ、こんなことで私もクラシック音楽の普及に貢献していると思った。皆さんも何かはじめられてはいかがです。夢の演奏を目指して。

死を迎えることの困難さ

キューブラ・ロスと言えば、日本人でも知っている人は多いだろう。不治の病で死んでゆく人の傍らにつき添って、たじろがずにその話に耳を傾けることをはじめ、「臨死体験」について多くの発表をした人である。著書も多く訳され、日本の読者も多い。私も二度対談をし、その素晴らしい人柄に感心した。

彼女は今、何回も脳卒中に襲われて入院中であり、彼女に対してドイツの新聞シュピーゲルがインタビューを行い発表した記事を、ノンフィクション作家の柳田邦男さんより送っていただいた。これについては、いつか柳田さんとゆっくり話をしたいと思っているのだが、実はこれを今朝、奈良から京都に向かう電車のなかで読んだ。柳田さんも書いておられたが、内容はショッキングなものであった。全体は暗いトーンに包まれており、キューブラ・ロスは孤独であり、今は誰にもあまり会いたくない、夜になって鳴き声の聞こえてくるコヨーテや鳥こそが自分の友人だと語る。

死んでいく自分を受容することは、実に難しい。それには「真実の愛」が必要だが、自分にはそれがない、と彼女は言う。インタビュアーが、あなたは長い間精神分析を受けたので、それが役立っているだろうに、と問いかけると、精神分析は時間と金の無駄であった、とにべもない返答がかえってくる。

彼女の言葉は激しい。自分の仕事、名声、たくさん届けられるファン・レター、そんなのは何の意味もない。今、何もできずにいる自分など一銭の価値もない、と言うのだ。

これを読みながら、私の心はだんだん沈んでいった。キューブラ・ロスほどの人が、と思う。この頃は、自分の老いや死について考えることが多いので、死を迎えることの困難さに思い至らざるを得ない。

しかし、この記事だけで、ロスの生き方や人生観についてとやかく言うのも間違っている。彼女自身もインタビューのなかで認めているが、彼女はこのとき抑うつ状態にある。これを脱したとき、その発言も変わる可能性がある。死に近づいたとき、相当な人でもその心は揺れるものである。

いろいろと考えながらも、私は重い気持ちを引きずったままで、その日(十二月四日)に行われた京都新聞社の五大賞の授賞式に出席した。私は文化賞の選考委員をしている関係で、出席したのである。

そこで第三十五回社会賞の受賞者のなかに、一人の高齢者の姿をお見かけして、受賞理由などを聞くうちに私の心の重さがだんだんと薄れていくのを感じた。

その方は保田以ちさん。九十二歳の御高齢である。保田さんは「きれいなお手玉ではなかったが、子どものころよく遊んだ」ことを思い出し、六年前から余ったきれでお手玉をつくり、保育所などの子どもたちに贈ることをはじめられた。子どもたちから「おじゃみのおばあちゃん」として親しまれ、「子どもたちが欲しがるのを見ると、うれしくなる」のを励みに、毎日平均五個は作られるとか。

部屋には子どもたちから贈られたお礼の手紙が飾られている。これをキューブラ・ロスのファン・レターに対する言葉と比べてみるとどうだろう。これは別に、キューブラ・ロスを非難することにはならない。一人の人の全人生というものは、実に多くのことがからみ合っていて、何かのことを取り出して単純に評価できるものではない。しかし、この九十二歳の保田以ちさんが、実に幸福な老いを生きておられることについては、誰もが賛成することだろう。

保田以ちさんの姿に接することによって、私の心も軽くなってありがたく思った。だからといって、ロスの投げかけた重い言葉が消えてしまったのではない。この点については私は今後も考え続けていこうと思っている。

我は我なくして我なり

最近はずっと、「私」のことについて考え続けている。と言って、いわゆる私事について考えているわけではない。『現代日本文化論』(岩波書店)という十二巻にわたるシリーズの編集をしているのだが、それもほとんど終わりとなり、第一巻『私とは何か』にエッセーを書かねばならず、そのことでずっと考えこんでいるわけである。「あなたは誰ですか」と言われたときに、「私は河合隼雄です」と答えてわかったつもりになっているが、あらためて考えはじめるとわからぬことばかりである。私は自分の心理療法家という仕事上お会いした人たちのことを考える。それらの人のなかで、「自分がなぜあんなことをしたのかわからない」とか「我にもあらず」何かをした、と言う人がある。なぐる気がないのになぐってしまった。盗む気がないのに盗んでしまったなどなど。

あるいは死後のことを気にする人もある。自分が死んでもすべての人や物が何事もなく存在し続ける、と思うとたまらなくなって、何もできないという。「私」は死んでからどうなるのか。しかし、「そんなこと私の知ったことじゃない」と言って平気で生きている人もある。「私とは何か」は難しい問題だ。

困ったときには思いがけない助けがあるもので、ちょうど送られてきた、上田閑照さんの『ことばの実存』(筑摩書房、一九九七年)を読んでいると、「私」のことがたくさん書かれている。私のために書かれたのかと思うほどおあつらえ向きである。現代人必読の書などと思って読んでいたが、哲学の本はやはり難しい。たとえば、自己の二重性について次のような文がある。

「世界/空虚に於いてある自己はその自覚において「我は 我なくして 我なり」(自己の独特の二重性、これは西田──注・西田幾多郎──の言う「矛盾的自己同一」の原態)という自己、「自己ならざる自己」である。」

このあたりになると私の頭はだんだんとボンヤリしてくる。と突然電話が鳴り、私は反射的に受話器をとった。私は電話は嫌いなのでファックスにしておき、特に仕事中は電話を聞かないことにしているのに、このときは「我にもあらず」受話器を取ってしまった。すると、相手はまったく聞き覚えのない女性の声で、「あなた誰?」ときた。私は仰天してしまった。思わず、「それがわからなくて、今困っているのです」と言いそうになったが、やっとの思いで日常の私にかえり、そもそも自分の名前も言わずに、「あなた誰」はおかしいではないかと思いかえし、「あなたはどなたですか」と訊きかえした。ところが答えはなく、「あなた誰?」の繰り返しである。

残念ながら対話は続かず切ってしまったが、あまりのタイミングのよさに驚いてしまった。「あなた誰?」と言われたとき、「我は 我なくして 我なり」と言えばよかったと気づいたが、後の祭り。気のきいたことはワンポイント遅れて思いつく。これが「私」というものだろう。

突然の呼びかけによって眠気を覚まされたので、『ことばの実存』の内容もよく心に収まってきた。上田さんの考えによると、私は私の世界に住み、世界とのかかわりによって生きていると思っているが、私が「世界」と思っている地平の彼方にも世界がひろがっているはずという。その世界を上田さんは虚空《こくう》と呼ぶ。この世界にある私と、虚空の世界においてある私の二重性。これに気づくことによって私という存在に深さが生じる、と上田さんは指摘している。

そんなことに気づかず、単純に「私は私」と考えそうになったとき、「あなたは誰」という電話がかかってきたと考えると面白い。それにしても誰だったのだろう。まさか虚空の世界からでもあるまい。まさに事実はおとぎ話よりも奇なりである。面白い事実で幕開けして、「平成おとぎ話」は今年も何やら期待がもてそうである。

「十四歳」の恐ろしさ

「十四歳」と言うと皆さんは何を連想されるだろうか。おそらく昨年の神戸に起こった連続殺人事件の少年の年齢を思い出す人が多いことだろう。中学生の犯罪がつぎつぎと起こるので、思いを新たにする人も多いことであろう。

ところで、シェイクスピアの有名な演劇、『ロミオとジュリエット』のジュリエットの年齢が十四歳であることをご存じだろうか。実は蜷川幸雄さんの演出でシェイクスピアの演劇が、彩の国さいたま芸術劇場で連続して上演されることになり、その第一弾として取りあげられた『ロミオとジュリエット』について、それを新たに訳された松岡和子さんと対談した。そのとき、それを読み返し、ジュリエットが十四歳であることを知って驚いたのである。学生時代に読んだが、当時はそんなことをまったく意識せずに読んでいた。

『ロミオとジュリエット』と言えば、「あー、あの純愛ものの」と知っているつもりでいたが、いま読み直してみて、シェイクスピアが「十四歳」の恐ろしさを、いかに的確に生き生きと描いているかに思い当たり、うーんとうなってしまった。さすがは天才というところである。

まず第一に気づいたのは、ロミオの友人たち(男性)や、ジュリエットの乳母などが、下手なジョーク、それも卑猥なのをこれでもかとばかりに飛ばしまわることである。実は、ロミオとジュリエットの愛は極めて純愛である。しかしその愛の周囲に猥雑極まりない存在が駆けめぐっている。これが十四歳の心のなかなのである。もっとも強く意識されるのは純愛かもしれない。しかしそのまわりには、得体の知れない猥雑なものがうごめいてとらえどころがない。

「心のなか」のドラマと言えば、この演劇は、幕があけるとすぐに、キャピュレット家とモンタギュー家の連中の争いになるが、このような争いこそ、十四歳の心のなかに生じているものなのだ。この両家の連中は極めて些細なことから闘争する。そして、果ては命を失ってしまう。無意味としか思えないようなことで、若者が命を落とす。

純愛とは言うものの、ジュリエットの愛の何と直情で止まるところを知らないことか。それは破壊的とさえ言えるだろう。演劇として鑑賞などしているのはいいかもしれぬが、自分の娘がジュリエットのような恋をすると、親としてどう思うだろう。困り果てるのではなかろうか。十四歳は恐ろしい。

昔、学生時代に読んだときにどうしてこんなことに気づかなかったのかと思う。そのひとつは、昔の訳では性に関する駄洒落の類は、わざと訳されずにおかれたためではないかと思う。昔の人は「あのシェイクスピア」の偉大な演劇に、そんな下品なことがあってはならないと思ったのだろうか。その点、今度の松岡和子さんの訳はそれらが実に巧みに訳されていて、原文の感じが伝わってくる。

限りなく猥雑で、限りなく純粋で、というのが十四歳なのだ。それを生きることは大変であり、ちょっとした「偶然」が命を奪い、悲劇を生む。そのことをシェイクスピアは、十六世紀の時代によくよく知っていたのだ。その知恵はどこへ行ったのか。近代人は人間はもっと理性的で、子どももちゃんと育てれば、馬鹿なことはしない、などと思いあがったのではなかろうか。ところが、どっこい。現在、われわれは十四歳の恐ろしさをはっきりと思い知らされているのではなかろうか。

このような『ロミオとジュリエット』を本番の演劇で見たいものだと思っていたら、大阪のシアター・ドラマシティで二月十三日から二十二日まで公演されるという。ぜひ見に行くことにしよう。舞台の上で見る「十四歳」は、また新たに考えるべき種を与えてくれることだろう、と楽しみである。

感性と理性の両立

二月二十四日に、日本工業大学主催の「感性と工学」という国際フォーラムに参加してきた。これは一年ほど前から依頼を受けたのだが、まず工業大学のフォーラムに招待されるのに驚いた。それに「感性と工学」という主題にも驚いてしまった。工業と感性とはあまり結びつきそうに思われない。その上これを「国際フォーラム」として行うとのことだが、そもそも「感性」を英語にどう訳すのかもわからなかった。

日本工業大学の準備委員の先生たちの説明を受けて、納得がいくようになった。工業というと合理的、論理的な思考力のみが要求されるようだが、工学的に効果を狙って作られる機器が、どのように環境に影響を与えるのか、人間の心にどう関係するのか、などについて以前よりも配慮すべきことが非常に多くなってきた。いろいろな状況に対する配慮のなかで、創造的な仕事をしようとすると、単に知的な能力、思考力のみではなく、「感性」が大切ではないかと考えられる。そして、そのような「感性」にぴったりの英語はないので、ローマ字でそのまま書くのが適切ではないか、とのことだった。

こうなるとよくわかるし、私が招かれたわけもよく了解できた。私の専門の心理療法は感性を磨かなかったらできない仕事である。

しかし考えてみると、これは実に画期的なことではないだろうか。私が最初に心理学を学びはじめたときは、それを「客観的」「科学的」に研究しなくてはならない、というので、「感性」などという用語を心理学において用いるのは許されなかった。しかし、私は心理学のなかでも臨床心理学は、むしろ人と人との関係に対する「感性」を磨くことが大切と考えていた。そのために、私のしていることは「科学ではない」とか、「学問的ではない」などと批判されることもあった。ところが、なんと、工学の方が「感性」の重要性を提唱しはじめたのである。そして驚くべきことに、このフォーラムの聴衆は申し込みが二千名をこえ、主催者をあわてさせるほどだったのである。

基調講演をされたのは、元東大総長の有馬朗人先生。理論物理学者でかつ俳人でもあるだけあって、「感性とは何か」についての話は非常に示唆に富むものであった。そこでは「勘」についての考えも述べられ、かつての心理学の世界では、「勘」の研究をした人もあったが、それはよほど特異と見なされたことなど思い出した。

しかし、現代は物理学者が勘について語り、工学関係者が「感性」の重要性を提言して、二千人以上の人たちを惹きつけているのだ。文科系の人間は視野の狭い「科学的思考」にとらわれていないで、もっと新しい科学を生み出すために、己の感性を磨くべきではなかろうか。

ところで数日後、新聞を見ていると、次のような大きい見出しが目に入ってきた。「感性の時代の犯罪」というのである。記事の内容は要するに、近ごろの中学生は、「感性のみに頼って生きている」ので、ものごとをじっくり考える力がなく、少しのことで「切れてしまう」のだ。それが最近に生じている多くの中学生の犯罪である、というので「感性の時代」の到来を大いに嘆いているわけである。

これは、「感性」などというあいまいな言葉のもつ危険性をよく示している。それは両刃の剣のような作用をもっている。そこでわれわれは「感性」という言葉を使うときには慎重でなければならないし、感性と理性というものの両立をはかるための努力をしなければならない、ということになるだろう。感性は大切だが、「感性」をふりまわして得意になっていると、周囲からその感性を疑われる、ということになるのに違いない。

一言……が難しい

帯にもいろいろあって、ホテルの寝巻についているのも帯なら、一本百万円という帯もある。私もかつては家に帰ると和服に着がえていたが、このごろはあまり和服も着なくなってしまった。ところが、最近は帯との縁が逆に増えてきたのである。

と言っても、こちらは本の「帯」のことである。「腰巻」という人もあるようだが、本の下にぐるりと巻きついている形は、確かに帯よりも腰巻の方が適切かもしれない。その「帯」に一言書いていただきたい、という注文をよく受けるようになった。

「二十―三十字で一言お願いします」というわけである。浮世の義理で引き受けたりすると後が大変である。ともかく、その書物のゲラを読まねばならない。そして、そこから得た印象をもとに、やはり販売のお役に立つようになどと考えながら、二十字の一文を書く。これが何とも難しい。書物から得た印象のどこに焦点をあてるか。読者の関心を惹きつける言葉は何か。それらを短い文にして示さねばならない。

私はこんな仕事はあまり向いていない。余計なことをダラダラ喋ったりするのは、割に才能があるが、短くするのは苦手である。心にもないほめ言葉というのも書けない。二十字のために二千字を書く以上の労力を必要とする。

実際に仕事に取りかかり、ゲラを読み出し、いい本の場合は帯のことなど忘れてしまって興奮する。ぐいぐいと惹きつけられて読んでいくわけだが、このようなときは、読み終えたときに不思議にすらすらと言葉がでてくるものである。自分がそこから得たものを短い言葉の中に凝縮させるのに、一種の快感さを伴う。もっともこの逆のときは、読むのにも書くのにも時間がかかり、適切な言葉もでてこないので四苦八苦する。

今西錦司先生に、ある編集者が帯を書いて下さいとお願いしたら、「わしは中身は読まんと書きますけど、お礼はたんまりいただきまっせ」と言われたという逸話が残っている。それにしても今西先生の帯は高くついた、という人が居たので、「当たり前や。今西先生は西陣の織物屋さんの御曹司で、西陣の帯が高いの知らんかったんか」とやりこめておいたが、私は西陣どころか、寝巻の帯程度なので、大先生の真似はできない。

われながらいい加減な人間だと思うこともあるが、あんがいカタイところがあって、中身を読まずに帯を書いたりはできない。ゲラを飛ばし読みもできない。期日がきて催促されながら、必死でゲラを読み続けていることが多い。帯の難しさを話していたら、ある人がこんなのはどうと、ひとつの帯を見せてくれた。それにはたった三文字、「よんで」とあった。これは大したものだ。こんなの簡単と思う人は、帯を書いたことのない人の言うことだ。こんな言葉はゲラを読んでよほど共感するところがないと出てこないし、推薦によほど自信がないと書けない言葉である。

あんまり感激したので、ゲラを読んで感激した本に、「よんで」の向こうを張って、「こうて」と書こうかと思ったが、これは関西以外では通じない。「かって」では「勝って」とか「借って」とか受けとめる人もいるだろう。というわけで、結局のところはなかなかうまくいかないのである。

まったく知らない人の、しかも私の専門と関係のない領域の書物の帯の依頼を受けた。何のことやらと思って電話をしたら、「先生は有名ですので……」よく売れるだろう、「それに、一言書いていただくだけでよろしいので」と、二、三分あればできるでしょうという感じである。私は何のかのと丁重にお断りをしたが、心のなかでは「アホか」とか「やめて」などという文字が浮かんだり消えたりしていた。

アイヌの昔話「父親殺し」の物語

この頃新聞を見ると、中学生が父親を殺害したとか、父親が高校生の息子を殺したなどという記事が目につく。かつてだと、このような尊属殺しの事件は、相当大きい見出しがついていたが、最近はそれほどでもなくなったのは、事件が以前ほど珍しくないからだろう。ほんとうは実に大変なことなのに。

あるいは、「オヤジ狩り」などという言葉もあって、少年たちが集団で自分たちの父親くらいの年輩の男性に襲いかかる、ということもある。別に何の理由もあるわけでもないのに、「オヤジ」と見なされる人に理不尽な攻撃を加える。実に嘆かわしいことである。

父・息子の葛藤は欧米では日本よりもっと強い。統計的にしらべたことはないが、アメリカでの父と息子間の殺人事件は、おそらく日本をはるかに上まわることだろう。

ところで、父・息子の関係ということになると、フロイトの提唱したエディプス・コンプレックスのことを想起する人も多いであろう。ギリシャ悲劇「エディプス王」の話では、エディプスは自分がそれとまったく知らないうちに、父親を殺し、母親と結婚する。これは大変な悲劇である。フロイトはこの話を用いて、男の子は生まれたときより母親に性愛を感じ、そのために邪魔者である父親を亡きものにしたいという願望を無意識的にもっている、と考えた。しかし、それは実行するのは恐ろしく大変な不安を伴う。男の子はそれは実現不能と知り、現実との折り合いをつけ、父親とも親しい関係になる。しかし、無意識内にはエディプス・コンプレックスが存在し続け、成人になってからもその人間の行動に影響を与える。

以上がフロイトの考えであるが、その後、文化人類学者の研究によって、異なる文化によっては、父・息子の葛藤はそれほど強くなく、エディプス・コンプレックスも存在しない、と主張されるようになった。

ところで、最近アイヌの昔話を読んでいたら、「父親殺し」の話があって、大いに興味を惹かれた。そのひとつは、娘と父親(養父)の物語である。実はこの村に病気が流行し、全員が死に絶えそうになったとき、ある母親が神々に祈って、この子を育てて欲しいと願う。それを聞いて、ある神が人間になって彼女を育ててきた。それが父親なのだが、困ったことに彼は「人食い」で低い地位にある神だとのこと。彼は成人した娘を食いたくなって困る。詳しいことは省略するが、彼女は「人食い」の父親を小屋に閉じこめ、それに火をつけて焼き殺してしまう。何とも凄まじいことだが、これが悲劇にならぬところが、アイヌの話の特徴である。娘の夢に人食いの父親が立派な服を着て現れ、「お前のおかげで、自分は人食いの罪を犯すのを免れ、位の高い神に生まれ変わった」と感謝する。後はこの神が娘の守護神になって、娘は幸福に暮らす。

娘が父親を焼き殺したりするのに、結果は悲劇にならない。これはどうしてだろう。それは、この他のアイヌの昔話を読み、アイヌの人たちの生き方について知ると納得できる。それは、アイヌにおいては、人間と自然、神との間や、生と死、などの境目がきつくなく、すべてがつながり循環して全体性を保っているという事実による。娘が養父を焼き殺しても、それはむしろ「火」による浄化であり、父は生まれ変わって幸福になるのだ。

子どもは親を乗り越えて成長していくのだから、何らかの方法で象徴的に「母親殺し」「父親殺し」をやらなくてはならない。それがうまく行われると、アイヌの話で、殺された父親が守護神になるように、新しいよい関係が生まれてくる。自然の知恵から切り離され、「父親殺し」の物語など忘れてしまった現代人は、象徴的にではなく実際的に父親を殺してしまうような生き方をするようになった。このあたりで少し「物語」の価値を見直してはどうだろう。

日本人女子留学生の問い

日本の国内外で行われている国際会議によく参加する。私の所属している国際日本文化研究センターは、日本文化を国際的な視野のなかでかんがえることを使命としているので、できるだけそのような機会を逃さないようにしている。あるいは、外国から講演や講義を依頼されるときも、できるだけ引き受けるようにしている。

国際会議などに参加していて、非常に有り難いことは、まったく考え及ばなかったような質問やコメントが寄せられることである。日本人のなかでは通用し、時には常識のように思っていることでも、外国から見れば不可解だったり奇妙に見えたりする。そのことを指摘されて、説明しようと努力しているうちに、新しい発見が生まれてくる。こちらの思考が大いに刺激されるのである。

ところで、六月五日より八日まで、ハワイで行われる、「浄土宗ハワイ「国際シンポジウム」」に参加するのだが、それを前にしてこの原稿を書いている。私に与えられた演題は「平和共存と仏教」という題である。

仏教に関しては、私は長い間無関心と言っていいほどだったが、夢分析を仕事にしているので、明恵上人の『夢記』を研究しはじめたのがきっかけで、少し関心をもつようになった。そんなために、まったく素人ながら、今回のようなシンポジウムにも招かれるようになり、まことに有り難いことである。

演題をいただいてから、いろいろ考えていたが、やはり明恵上人を通じて好きになった華厳の考えを中心にしようかな、などと思いめぐらしていた。あくまで「関係」を優先する華厳の教えは「平和共存」に結びつくのではないかなどと考えていた。

ところで先日は中国で国際シンポジウムがあり、それに参加してきた。日中両国で「夫婦」の問題について討論、実に有意義であった。シンポジウムが終わって、中国に留学している日本人女子学生が真剣な顔をして、「ぜひ読んで下さい」と一通の手紙を手渡した。帰りの機中で読むと次のようなことが書いてあった。留学以来、中国人に親切にしてもらい大変親しくなった。そうなると中国人が、「親しくなったから言うのだが」と前置きして、日本軍の残虐ぶりを詳細に語る。そして、「日本人にはなぜあんなことができるのか」、「日本人とはどんな人間なのか」と問うてくる。

それは単純な攻撃ではなく、親しさを土台にして問いかけられてくるものだけに、彼女としてはたまらない。「先生、ぜひその問いに答えて下さい」と、彼女はその問いかけをそのまま私に向けてきている。

日本軍の残虐性については、私も知っていると言えば知っている。しかし、このような形で、一人の真面目な日本の女子学生が、毎日それと向き合って生きている姿として、つきつけられると、私の姿勢も変わってくる。なまはんかに答えることはできない。手紙のなかには、日本の軍人たちの残虐な行動が、こと細かく記載されていた。これを中国の友人たちに囲まれ、聞かされている彼女の姿を心に思い浮かべ、自分も身のすくむような感じがした。

残虐な行為をした日本の軍人は、ほんとうの仏教徒ではなかったのだ、とか、戦争になると人間はすべて残虐になる、などと言ってすましておれるだろうか。

私自身が日本人として、この問題を避けて通ることはできない。そんなことはずっと以前から問題になっていることだと言われそうだが、やはり、個人の体験としてなまなましく語られるとインパクトが異なるのだ。

それにしても、私はパールハーバーのあるハワイまで行って何の話をすればいいのだろう。仏教の教義には「共存」の特性が示されていますなどと言ってすましておれるだろうか。出発を前にしてまだあれこれと考え悩んでいる。

韓国の核家族化志向

先日、韓国の全州にある箱庭療法研究会に招かれて、研修を行なってきた。韓国でも箱庭療法がだんだんと盛んになり、今回も熱心な参加者がたくさんあって嬉しく思った。韓国出身でわれわれ日本箱庭療法学会会員である、京都文教大学の禹鐘泰助教授が同行して通訳して下さったので、私も安心して研修をすることができた。

箱庭療法の研修においては、参加者自身が実際に箱庭を置いてみて、自らが体験する、という実習の時間もある。韓国の参加者の人たちも熱心に箱庭作りをされて興味深かったが、そのなかで気がついたことがひとつあった。独身の女性が作る箱庭には、自分の理想とするような将来の家族の姿が置かれることが多く、それがすべて非常によく似通っているのである。若い夫婦が自然に包まれた環境のなかで、子どもたちと遊んでいる。あるいは、子どもたちの遊んでいるのを見ている。子どもが五人も居て、「これだけの子どもを生みたい」と言われる人もあった。テーブルの上には果物やケーキなどが豊富に置かれている。それと必ず、マイカーが一台、あるいは二台置かれている。このような箱庭を見ていると、参加者の人たちの健全さが表されていて、頼もしい感じがする。しかし他方では、これは一昔前の日本の若者たちの憧れたアメリカンファミリーそのものであり、果たしてこのような家族像の追求が、韓国に何をもたらすのだろうか、と考えてしまうのである。

日本では封建的な「イエ」が崩壊し、テレビや映画に映し出されるアメリカンファミリーを理想と考え、われわれは努力してきた。確かに、核家族化は急激に進行し、マイカーを持つ家庭も増えた。食べ物は豊富にある。理想が急激に実現したかに見えた現在において、日本人の多くが家族問題に苦しんでいる。日本では子どもが親に暴力をふるう家庭内暴力がひどく、時には親子の間で殺人が行われたりするのは周知のとおりである。

韓国は日本と異なり、儒教の精神がまだまだ強いので、家庭内における長幼の序は相当に守られている。したがって、家庭内暴力などは起こらないようである。しかし、箱庭に置かれた家族に祖父母が登場するのはなく、核家族化志向がそこに明確に認められている。

家庭内暴力はないが校内暴力は韓国においても相当に生じているようだ。つまり家庭外においては、権威に対する反抗は強く生じている。このような点から考えると、近代化がすすむにつれて韓国の家族はどのように変化していくのだろうかと思う。

ところで、研修においては韓国の人たちの箱庭療法の事例が提出され、それに対して私がコメントしていくのであるが、そのなかに、子どもに対する性的虐待の例があった。母親が娘を連れて再婚し、その義父が娘に対して性的虐待をする。そのような女性が大きい心の傷をもって大人になるときに、いろいろと心の問題を示すのも、むしろ当然である。このような不幸な女性が、箱庭療法によって見事に立ち直っていく過程には、ほんとうに感激させられるが、それはそれとして、このような性的虐待のケースが韓国に生じてきている点に注目したい。

性的虐待、特に父親と娘との間における関係は、アメリカに非常に多い。その多数であることにわれわれは驚いてしまう。この現象も近代化が家庭にもたらす問題のひとつと私は考えているが、それが韓国においても生じてきている。実は日本においても、子どもに対する性的虐待の数は少しずつながら増えてきている。米日韓でこの現象の比較研究をすると、家族問題を考える上で何か有益なヒントがでてくることだろう。近代化による家族の問題は今後とも深刻になると思うが、比較文化的な研究がその解決に少しは役立ってくれるであろう。

アメリカの仏教

七月下旬にアメリカのコロラド州デンバーで開かれた「仏教と箱庭療法」というワークショップの講師として招待され、参加してきた。箱庭療法については、世界の各地から講師として招かれるが、仏教との組み合わせは初めてである。これは私が『ユング心理学と仏教』という本を英語で出版したので、そのために、このようなテーマを考えたのかなと思って行ったのだが、そうではなかった。

八十名の参加者があったが、全員が箱庭療法に関心をもつ人であるのは当然のことながら、そのなかの実に多くの人が仏教にも強い関心をもっていた。しかも、その関心の持ち方が生半可のものではないのだ。デンバーはもともとチベット仏教のアメリカにおけるひとつの拠点のようなところではあるが、多くの人がチベット仏教の信者であり、その修行を行なっている。

このワークショップの間、一時間ほどではあるが、必ず瞑想の時間があり、全員がそれに参加する。すわっている姿を見ていても、なかなかさまになっている。参加者のなかで瞑想をしたことのない人はごく少数である。私が「瞑想をしたことがない」と言うと、冗談だと思って本気にしない。とうとうほんとうだとわかると、今度は、日本の仏教徒はどのような修行をしているのかと真剣に訊きたがる。説教も聞かない。修行もしない。葬式以外に儀式に参加しない、などという「ないないづくし」の宗教など、存在するのかと言いたげである。

日本は極めて特殊な国で、日常生活と宗教生活が融合していてはっきりとわけられない。日常語のなかに仏教語がたくさん入っているのを、日本人は意識せずに使っていたりして、毎日の生活のなかに仏教が浸透しているのだ、などと説明したが、このことは今回はまずおいておこう。

アメリカ人の仏教に対する真剣な取り組みを見ていると、日本の仏教はいったいどうなるのだろうと心配にもなってくる。仏教と言ってもいろいろな派があり考え方も異なるが、もともと仏教は今日で言う宗教、哲学、心理学などが一体となっているようなところがあり、西洋に起こった深層心理学の知識についても、仏教においては随分と昔に知っていたと言ってよいだろう。と言っても、昔からそんなことを知っていたはずの日本人は、西洋近代における深層心理学の知識をまったく新しいことのようにして学んでいるのが実状である。つまり、その知識をいかに体系化し、それを現実と関係づけていくかにおいて、西洋の方がはるかに優れているからである。

このようなことに気づいて、私はおそまきながら仏教の重要性を指摘しているのだが、アメリカではこれだけ多くの人がこれだけ真剣に取り組んでいる。そのうちに、仏教のことを学ぶにはアメリカに留学するべきである、などということになるかもしれない。そのときになって、仏教については日本は昔から知っていたのですが、などとブツブツ言ってもはじまらないのである。アメリカでは生きていくことと深く関連した形で、仏教が息づいている。これに対して、日本の仏教はどうであろう。

こんなふうにアメリカの仏教を見ていて、脅威さえ感じるが、その半面でこれでいいのかなという危惧を感じることも事実である。端的に言うと、これほどキマジメにカンカンになって仏教のことが果たしてわかるのかな、と思うのである。宗教にフマジメに取り組むとよいなどということはないが、キマジメ宗教も何か危惧を感じさせる。

朝から晩まで瞑想や講義やらで頑張り、夜はアルコール飲料なしでやっているので、「こんな健康な生活を一週間も続けると、私は健康病で即死するだろう」などと嘆いていると、夜になって私にはビールの特配があった。やはりアメリカの仏教も柔軟性があるらしいとわかって、ほっとした。

かなう夢もある

一生高校の教師をする、と言っていたほどなので、私は教育現場のことには関心が高い。京都市教育委員会のはからいで、ときどき現場の先生の教育実践について発表を聞かせていただき大変嬉しく思っている。

先日は、月輪中学校の廣瀬忠昭先生から、前任校、樫原中学校一年一組(副担任・波多野好美先生)において、「欽ちゃんの仮装大賞」に挑戦して準優勝を得た実践についての発表を聞かせていただいた。「子どもたちにうれし泣き、感動して涙を流すことを経験させたい」という廣瀬先生の願いもさることながら、それが見事に達成されていく過程を聞いて、こちらも涙が浮かんでくるのをおさえきれぬほどであった。

結果は華やかだが、これに到るまでにどんな苦労があるか。嬉しいことに教頭先生も出席され、管理職としての苦労や、どうして保護者や学校全体の協力を得たかという話があり、研修会参加者の先生方の質問やコメントも、さすがに経験者と思える的を得たもので、ほんとうに一同が「感動」する有り難い会であった。

発表全体が素晴らしかったが、残念ながらそれは割愛して、そのときに感じたことをひとつだけ述べる。廣瀬先生の発表のなかに次のようなことがあった。先生が転任をされるので生徒たちが寄せ書きをしてくれた。ある生徒がそこに「かなう夢があることを教えてくれて、有り難う」と書いてあるのを見て、先生は嬉しくてほろりとされたと言う。

「子どもたちに夢をもたそう」などと叫ぶだけでは駄目である。廣瀬先生のように、世の中には「かなう夢もある」、そして、夢をかなえるにはどれだけ努力しなくてはならないのか、などと子どもと共に体験する大人がいてこそ意味があるのだ。先生も素晴らしいが、こんなことを書く生徒も素晴らしい。

しかし、ここで「今時の子どもに珍しい」、「昔の子どもはよく素直に感動したものだが」などと妙に昔を懐かしまないで欲しい、と私は申しあげた。昔も今も、思春期の子どもは難しいのだ。大人の思うより遥かに醒めた目で、彼らは大人を見ているのだ。

私は京都の高山寺に住んでいた、鎌倉時代の名僧・明恵上人が十三歳で自殺しようとし、「我、十三歳にして既に老いたり」という言葉をそのときに残されたことを話した(幸い、自殺は未遂におわった)。つまり、子どもは生まれてから、どんどん成長し、ある意味では十三歳で頂点に達するようなところがある。彼らは大人顔負けの賢さを持ち、「夢なんて、かなうものではないよ」というような、シラーとした現実認識を持っているのだ。

このような思春期の子どもたち全体を、心から感動させるのは、ほんとうに難しい。彼らは時によっては、大人を喜ばせるのに感動したフリをするほどの賢さをもっているので、注意が必要である。だからこそ、この廣瀬先生の実践が尊いのである。

経過を聞くと、途中で生徒たちが、やっぱり出来ないから止めようと言いだしたり、自分は本当は舞台に立ちたかったのに裏方になってしまったという子どももあった。そのようなマイナスのことがいろいろあり、それを取りあげて全員で克服してきたからこそ、最後の感動があるのだ。夢などめったにかなうことはないという現実認識をもった上で、「かなう夢」のあることを教えてくれた先生に有り難うといえるのである。

私は「夢分析」という仕事をしている。それは簡単には説明できないが、世の中には「かなう夢」もあることを信じて行なっていることとも言える。先に引用した明恵上人も、実は当時には珍しく自分の夢を記録し、『夢記』を残した人である。「十三歳にして既に老いたり」と言った上人が、現代の少年たちの言葉を聞いて、あちらの世界で微笑んで居られるように感じた。

無力の自覚が大切

去る九月十九日から二十一日まで、日本心理臨床学会第十七回大会が、名古屋大学で開催され、私も参加した。そのときの発表で非常に感心したことがあったので、ここに紹介したい。それは聖マリアンナ医科大学の周産期センターの臨床心理士、橋本洋子さんの発表である。周産期センターと言ってもピンとこない人でも、早産や難産の母子のための医療機関と言うとわかるだろう。

最近の医学の進歩により、二十二週くらいで早産する赤ちゃんも助けることができる。と言っても、もちろん大変で、ここで働く医者や看護婦は大変な緊張感をもって仕事をしている。少しのことで赤ちゃんが死亡したり、大きい障害が残ったりするからだ。こんなところで臨床心理士が何か役に立てるだろうかと、橋本さんは「押しかけ」気味に訪れていく。まあ来てみてもいいだろうというセンター長のはからいで、橋本さんは行ったものの、まったくの無力感に襲われる。赤ちゃんの状態が危険になるとアラームが鳴り、それに対処すべく、医者も看護婦も一瞬の息抜きもなく働いている。しかし、橋本さんは何の手助けもできない。要するに自分は「邪魔者」にしか過ぎないのではと感じていたとき、ふと気づくと、自分と同じ無力感を味わいながら、そこにたたずんでいる人がいることに気がついた。それは、保育器のなかに入っている赤ちゃんの親であった。

自分の赤ちゃんに触れることもできず、親はただ黙って見ているだけ。父親も母親もまったく無力なのだ。そのようなことに気づいたとき、その親と橋本さんとの間に不思議な心のつながりが生まれてきた。「あなたは何をしている人ですか」と親が話しかけてきた。「私は臨床心理士で……」などと説明する必要もなかった。相談室で向き合うと、親御さんからはつぎつぎと溢れるように言葉が出てきた。それまで、言いたくても誰にも言えない言葉が、一杯につまっていたのだ。

ほとんどすべての方が、自分の罪悪感について語られる。「あんな状態で生んでしまって……」と。なかには自分のしたり考えたりしたことが「原因」になっていると思うと言う人もある。しかし、それらはほんとうのところは個人の罪でも何でもない、ただ致し方のない不幸が生じているのだ。

そこで橋本さんのしたことは、「すぐに慰めない」ことだった。「慰めると終わってしまう」とも彼女は言っている。と言って、もちろん聞き流すのではない。心をこめてじっと聴き、その悲しみや苦しみを受けとめている。そうすると、なかには、「あんな子はいらない」「自分の子と思えない」と言う人もあった。

しかし、そこまで言ってしまうと、「いや、赤ちゃんも生きようと頑張っているのに」とか、「私もこの子と一緒に大人になっていくのです」などという肯定的な言葉が出てきて、母親も父親も急激に変化し、親としての責任をもって頑張ろうとする姿勢が見えてくる。

詳しいことを伝えられず残念だが、このような橋本さんの仕事を理解して、医療スタッフの人たちも協力するようになり、周産期センター全体の雰囲気も変化してくる。確かに秒を争う緊張感は同じである。それなのに、そこにある種のゆとりや暖かさが生まれてくる。親にとっても同様である。

この話から学ぶことは多い。私が一番感銘を受けたのは、「無力」ということが媒介になって、心と心が触れ合うところである。「無力」の自覚が大切なのだ。ところで、「心の教育」ということがよく言われるが、「よし子どもの心を教育しよう」などと頑張っている「有力」な人は、心の触れ合いなどできないのではなかろうか。子どもの心とそっとつながる深い体験なしに、心の教育などできないのである。

それぞれ勝手やけど

第一回国際神話伝説会議というのがフィリピンのマニラで去る十月二十六日より二十九日まで開かれ、招待されて参加してきた。これはユネスコの関連している国際民族芸術協会のアイデアで開かれたもののようだが、その趣旨を知って、感心してしまった。

それは、今やグローバリゼーションということが強く叫ばれるが、それは下手をすると世界中を平板化してしまうようなことになりかねない。個々の文化はそれぞれのアイデンティティをしっかりと持ちつつ、国際的にお互いがよく理解し合い、共存していく道を探してこそグローバリゼーションの価値がある。そのとき、各文化のルーツを探るという意味で神話や伝説が非常に大事になってくる。それらは荒唐無稽なものでも、自然現象の幼稚な説明などではなく、人間の思想、世界観のルーツにあるものなのだ。

ここに述べたようなことは、ユングが早くから主張していたが、なかなか一般には受け入れられなかったことだ。それが、このように一般に受け入れられ、国際会議まで開かれるようになったのだから、私としては非常に嬉しく感じた。しかも、私が招かれて、日本神話について語るのだから、私としては感慨にふけらざるを得ないものがあった。

と言うのは、戦争中に日本の軍閥は、日本神話を好きなように解釈し、「日本は神国なり」などと言って、日本人を無謀な戦いに追いこんだだけでなく、アジアの国々に対しても馬鹿なことを随分とやってきたのだ。実を言うと、敗戦のとき以後、私は日本神話など大嫌いになった。こんな非合理なことを信じるから、日本人は大失敗したのだ。私は一生の間に二度と日本神話を読むことはあるまいと思っていた。

ところが、一九五九―六五年の間にアメリカ、スイスに留学し、自分のルーツを探す旅を続けているうちに、日本神話の重要性を再認識し、それを一九六五年に、ユング派分析家の資格を取るときの論文として提出したのだ。しかし、当時は日本で神話のことなどうっかり言うと右翼とまちがわれそうだったので、長い間沈黙を守ったのだった。

それが、フィリピンに招かれて、日本神話のことを語るようになったのだから、時と共に大変な変化が生じたと言うべきだろう。ところで、私の日本神話に関する最も大切な解釈は、それが「中空構造」をもっているということである。ここに詳述はできないが、要するに、中心に力のある神や、最高の神が存在するのではなく、中心にある神は名前だけで無為であり、多くの神々がそれを囲み、全体としてうまくバランスを調和する構造をもっている、という考えである。これは、キリスト教のように、至高至善の神が中心に存在し、すべてを統合している構造と比較すると、その特性がよくわかる。

この国際会議のテーマは「ユニティ　イン　ダイヴァース」であった。これをうまく訳すのは難しいが、「多様のなかの全一性」とでも言おうか。関西弁の方が感じがよくわかると思うが、「それぞれ勝手やけど、何やらまとまってまっせ」という感じ。それぞれの文化は思いきって、その独自性を主張するのだが、バラバラでは困るのである。

私の「中空構造」の説は大いに受けて、参加者の一人は「これこそ、ユニティ　イン　ダイヴァースそのものだ」と言ってくれた。

私はこのような日本神話について、語りながら、だから日本は優れている、と言ったわけではない。中心が力をもって統合するのもひとつの方法だが、中空均衡もまた別の方法であり、実は一長一短である、と言ったのである。そして、この両立し難いふたつの構造を、どのようにして自分の心のなかに両立させていくか。それを探し出すことこそ来世紀の課題だと思っている。

「おはなし」は人間関係の潤滑油

去る十二月一日に、第三回「日本・シンガポール・シンポジウム」というのに参加してきた。これは外務省の協力のもとに、日本とシンガポール両国の相互理解と友好関係の促進のために開催されているもので、今回の私の参加したセッションは「高齢化とそれに関連する問題」という主題であった。

シンガポールと日本は、アジアのなかで近代化を相当に成し遂げてきた国と言えるので、多くの点で共通点をもっている。近代化のおかげで長寿になったのはいいが、今後は大変な高齢化社会になるという問題を共通に背負っている。これはなかなか深刻な問題で、考えねばならぬことも多い。

私は最初のスピーカーだったので、どのような話をするか迷ったのだが、えいままよと決心してお得意の昔話をした。昔におば捨て山の風習があったところで、かくまわれた老人が知恵を発揮するので、殿様が感心して、老人を大切にしようと言って風習をやめる話である。殿様が「灰で縄をつくれ」と言ったのに対し、老人が「縄を固くなってから燃やすとよい」と助言するのだ。ここで大切なのは「逆転の思想」である。皆が灰でどうして縄をなうかと悩んでいるときに、縄をなってから灰にするところがミソである。

逆転の思想こそ高齢者問題の解決に必要で、たとえば「老人は何もできないから素晴らしい」というふうに考えるべきだ、などと言うと参加者の偉い学者たちがにこにこと笑い出した。このような「無用の用」を語るのは、荘子のお得意のところで、シンガポールの人たちも、いかに近代化しても、そのような深い知恵をもっているはずである、と私は結論を述べた。

すると、シンガポールの学者が、そういうことなら私もとばかり、老人問題を種にした「おはなし」をされた。飛行機が不時着して無人島に三人の人が暮らすことになった。そこへ突然に魔法使いのジンが現れ、一人にひとつずつ願いをかなえてやると言う。最初の若者はシンガポールに早く帰って近代的な便利な生活がしたいと言い、願いをかなえてもらう。二人目の中年も同様である。ところが、三人目の老人は、シンガポールなんかに帰りたくない、こちらの方がよほどよい、と言って、家族を無人島に呼びよせるように願う、という話である。

もちろん、われわれは「おはなし」ばかりしていたわけではない。少子化社会への対応、介護や保険のシステム、女性の社会進出と高齢者の介護の問題など、随分と深刻な話題も多く論じられた。しかし、議長の東大の国際保健計画学教授、梅内拓生先生のユーモアのある司会にも助けられたが、一同が実に打ちとけて、気持ちよく討論を続けることができた。これは我田引水ながら、やはり「おはなし」の持つ効果というのが大いに役立ったと思っている。事実、終わってから司会の梅内先生をはじめ、両国の人から、お話が面白くてよかったと言ってもらった。

何か問題を考えるとき、まず実状を把握することが必要であるし、それには多くの調査統計の結果を知らねばならない。今回もそのような報告が多くあり、もちろん、それらは有用であった。このようなアプローチに対して、「おはなし」を語るのは、まったくのナンセンスとも言えるのだが、それが有用な効果を生み出してくるところが興味深い。

近代化というものは、効率化、数量化などを大切にし、明確な概念によって合理的、論理的に思考することを必要とする。しかし、これはともすると人間をギスギスさせたり、冷たい人間関係を生み出したりする。そんなときに、「おはなし」はそこから人間を救い出す効果をもっている。さりとて、おはなしばかりしていては、何とも不能率になるし、全体との兼ね合いが難しいところであろう。

心理療法のプロは難しい

プロとアマという点で考えることの多いこの頃である。まず第一に、私の専門にしている心理療法やカウンセリングの仕事を、やってみたいとかやってみようと思う、アマの人が多いこと、および、そもそもこの分野において、アマとプロの区別があるのか、ということも考えさせられるからである。

次に、趣味で吹いているフルートで、レッスンを受けているときにアマとプロの差ということを如実に感じさせられることが多い、ということがある。実はこの点のみならず、フルートを吹いていて、専門の心理療法について考えるヒントをもらうことは多いのである。

まずフルートについて。こちらは話がしやすい。プロはアマに対してテクニックがまったく異なる。アマには不可能なことでもプロは容易にこなす。では、易しい曲のときはどうなのか。プロでもアマでも吹けると言えば吹ける。心ない人が聞くと同じに聞こえるかも知れない。しかし、その一音一音に対する配慮、その曲に関する背景となる多くの知識、演奏会場における多くの条件の差などに対して、プロはアマとはるかにレベルの異なる心づかいをしている。そして、その差は聴く耳をもった人には歴然としている。

しかし、スポーツの場合、絶対に弱いと思われている個人やチームが、ひょっこり勝ってしまうことがある。音楽の演奏でもそんなことは起こり得るだろうか。アマが一曲のみを精魂こめて練習したときに、その演奏がプロなみになることはあるだろうか。それはおそらくあり得るだろう。しかし、それは無意識的な要因がうまくはたらいたときのみ起こる。そして、そもそもプロと言うのは、そこにはたらいている無意識的な要因をできる限り意識的に把握している人なのである。

プロは意識化の程度がちがう。したがって、アマのように言うなれば「奇跡」に頼るのではなく、どんなときでもある程度の水準は保持できるという点に特徴がある。しかし、ここで面白いことに、名演奏というのは、何らかの「奇跡」を要求し、それは意識的努力が強すぎるときは生じ難いということがある。ここに、アマが時にプロが感心するような演奏をする可能性が潜んでいる。

心理療法の場合においても、フルートについて述べたことはそのまま通用する。ただ、心理療法の場合は、音楽に比して修得するべき「テクニック」というのが、それほど明確にあるわけではない。したがって、アマの「奇跡」が起こりやすい状況にある。時に思いがけない大成功が生じる。このため、カウンセリングや心理療法など「私にもできる」とか、「私はこんなに素晴らしいことをした」などと思わせることが多い。

「奇跡」をそのとおりに認識していればいいが、多くの場合、それは自分自身の能力のように錯覚され、そうなると以後はあまり効果がなかったりとか、有害であったりする。ここが、アマチュア・カウンセリングの非常に恐ろしいところである。それはフルート演奏に関して述べたと同様、プロのようにいつでもどこでもある程度のレベルを保持する、ということができない。少数の成功例を種にして、威張るだけということになる。

ただ、カウンセリングは明確なテクニックの取得に依存するところが少ないだけに、プロずれを起こすと、これまた何の役にも立たないという怖さがある。常に自分のなかに、ある程度のアマチュア性を残す態度をもっていないと、真のプロとして役に立たないという逆説がはっきりとある。この「ある程度」を把握するために四苦八苦していると言っていいだろう。心理療法のプロは難しい。

難しいことはさておいて、実は一月十六日には大阪のいずみホールという舞台で、一曲フルートを吹くことになっている。今はただ「奇跡」の起こるのを祈るのみである。

あがらない大家はいない

前回に、大阪のいずみホールでフルートを吹くことについて書いた。一月十六日、いずみホールはほぼ満席で、まことに有り難いことだった。ところで、演奏の出来栄えはどうだったのか、それを報告しておこう。

私はモーツァルトのフルートソナタを吹いた。指遣いはやさしいが、ほんとうは難しい。私は先生の教えをアレコレと復習しながら、自分としては珍しく、あまりあがらずにちゃんと演奏できた。アンコールは「七つの子」。これは好きな童謡で、乗って吹いた。ところが、おまけのアンコールに、私の先生の水越典子さんも共演していただいた、テレマンの曲では、思いがけないところでミスをしてしまった。練習のときに上手にやりすぎたのがまずかったなどと、先生たちに慰められたが、立ち往生とまではいかなかったので、これも御愛嬌ということになった。

かくて、総合して合格点と喜んでいたが、近親者の評価は厳しくて、「モーツァルトは、萎縮していて、小学生の学芸会のようだった」とのこと。先生には、いままでは一番うまくできたなどとほめていただいていたのに、と思ったが、後に自分の演奏のテープ録音をきいたりして、なるほどと思った。

東京ではじめて同様の催しをしたときは、ほんとうにあがって、緊張の極みであった。ところが、回を重ねてきて、関西でははじめてとなると、関西には知人も多いので、どうしてもうまく演奏しなくては、と思ってしまう。そうなると、練習中に先生にいろいろと教えられたことを意識して、ここも注意して、あれも忘れず、ということになる。そんな点で、大阪では先生にほめられるように演奏したのだが、前回に記したような「奇跡」は起こらなかったのである。

舞台に立つと、「あがる」という現象がある。私は人前で話をするときはともかく、音楽の演奏となると、やたらにあがってしまう。これまでもあがって失敗したことは何度もある。まあ、あがるのを楽しんでいるようなところもあるが、先月のいずみホールのようなときは別で、やたらな失敗は許されない。わが国のフルーティストの大家である吉田雅夫先生と、「あがる」ことについて話し合ったことがある。先生は言下に「あがらないと駄目です」と言われた。先生の著書のなかにも、「あがらない大家はいない」という言葉があったように思う。

あがるとは、普通の意識とは異なる状態になることだ。だから、われわれアマチュアは、思いがけない失敗をすることになるのだが、プロは、通常の意識を超えて、忘我の状態になりつつ、かつ失敗しない。それでこそ名演奏と言われるのである。何度同じ曲を演奏しても、そのたびに「あがる」ことができて、よい演奏をしてこそプロと言えるのだろう。

私がモーツァルトを演奏したとき、細かいところに気をつかいすぎているのなど、やっぱりあがっているのだが、あがり方がまったく間違っている。私のはあがっているというより「下がっている」とでも言うべきだろう。だから「小学生の学芸会」などと言われることになるのだ。

その点で、アンコールのときは、ミスをしたが、やっぱり「あがり方」がよかったのではなかろうか。不思議な高揚感と緊張感があるのだ。

終わったときは、まずまず合格点などと思っていたが、ここまで考えてくると、何だか下手なあがり方をした、あがりそこなったなと反省が生じてきた。やっぱり人前で演奏するのは大変なことで、この反省を先生に言うと、「どうしても、ああいう点を通過しないと」と言われた。やっぱり細部を意識して、うまく吹くというのも、通過点としては必要なようである。これをこえて、次はどんなふうにあがるのかが課題になるらしい。なかなか前途多難である。

「あいまい」の再評価を

三月五、六、七の三日間、日文研で「あいまい」をテーマにしたミニ国際シンポジウムを開催する。この記事が出る頃、それは終わっているのだが、今の私はまだ、そこに発表する原稿に四苦八苦しているところである。「あいまい」についてのシンポジウムなど、どうして企画することになったか、と言われそうだが、そのいきさつは次の通りである。

最近、私は仏教に関心をもつようになり、そんなことから、宗教の学者であり、かつ実践家でもある中沢新一さんと対談したりした。その後、彼を通じて、宇宙物理学者のピエト・ハットさんと知り合った。ハットさんはオランダ生まれだが、今はアメリカのプリンストン大学・高等研究所の教授を務める一流の物理学者である。ところが、ハットさんは仏教に関心があり、物理学と仏教との接点についてよく考えている人で、日本文化にも理解があり、中沢さんと三人で話をしていると話がつきない。

ヨーロッパに起こった近代科学は、テクノロジーと結びついて、現代において圧倒的な力をもっているが、来世紀に向けて、われわれ人間はそれを超える努力をするべきである。近代の世界観を超えていくための、新しい考えを展開していく上で、何かキー・ワードを選んで、それについて国際的・学際的にシンポジウムを企画してみよう、ということになった。そして、三人が同意したキー・ワードが「あいまい」ということだった。

そこで、日本と欧米の数学者、物理学者、宗教学者、深層心理学者、それに芸術家も加わって、「あいまい」について、それぞれの考えを述べて論じ合うことになった。おそらく面白いことになるだろうが、何しろ発表の一番バッターを務める私は、なかなか気が重い。

そんなことを考えているとき、最近、雅楽の演奏で若い人たちにも人気がある、東儀秀樹さんと対談する機会があった。東儀さんは宮内庁楽部に勤務していたが、そこを出て独立し、雅楽器、特にひちりきの演奏をし、時には西洋の楽器と合奏をしたりして、極めてユニークな活動をしている。その人気は最近とみに上昇中で、若者も老人もファンが多いという。

ところで対談のとき、東儀さんはひちりきの音は、音程にしろ、長さにしろ極めて「あいまい」である、という。実は一般にわかりやすいので「あいまい」と言っているが、実は自分の心の中では、「そのあいまいさが完璧さとなっている」と言われた。これを聞いて、私が嬉しくなったのは当然である。

どうもこのような幸運なことが、私には非常に多いように思う。何かを考えあぐねて困っていると、大切なヒントが外からうまくやってくるのである。東儀さんの話は、私の発表の「枕」に使えると思った。「あいまい」について多くを考えさせる事実ではないか。東儀さんにとって、ひちりきを演奏するとき、それは「完璧」でなければならない。とすると、それは「あいまい」どころか、むしろ、細部に至るまで精密にきまっているというべきである。それを「わかりやすいので、あいまい」と表現するとは、どういうことなのか。これは何かあることが、記号や数によって一般に伝達できないと、それが「あいまい」であると極めこんでいるからではないだろうか。ここにも近代の科学思想万能の悪い影響が認められる。

科学や芸術の先端を行く人たちと「あいまい」の再評価ができると面白いと思っている。

ただ「存在」することの大切さ

先月下旬に、アメリカ箱庭療法学会から招かれて、テキサス州オースチンにおいて講演をしてきた。箱庭療法については、これまでもあちこちに書いてきたので、大分一般に知られてきたが、心理療法の一種で、相談に来られた方に箱庭を置いてもらうことによって治癒にいたるというものである。日本において非常に発展したので、おかげで私はあちこちの国から招待されることが多い。

外国の学会から招かれるのは有り難いことなのでお引き受けするのだが、いざ行く頃になると気が重くなってくる。何しろ最近は、英語力より老人力の方が優勢になってくる年齢に達したので、一時間半、英語で話すのがおっくうになる。それにアメリカ人は質問が大好きだから、それにもちゃんと応答しなくてはならない。日が近づいてくると引き受けなかったらよかった、という心境になる。

と言ってもいまさらやめるわけにはいかない。話す種を考えるが、まず大切なことは最初にどのようなジョークを言うかである。アメリカ人はジョークが好きなので、はじめに、わっと受けると後がぐんと楽になる。それさえ思いついたらしめたものと考えているうちに、いいのを考えついた。今回の私の演題は、「箱庭療法における、ビーイングについて」というのである。ビーイングとわざわざ英語で書いたが、これは少し工夫した題である。ビーイングは、「存在」とか「存在すること」とか訳されるだろうが、「箱庭療法における存在」というのは、はて何のことかと思わせる題である。

ところで、私は話のはじまりに、「なぜ、このような題にしたかと言いますと、今、先進国と言われている国々を見ると、そこには人間が居ないからです」と言った。もちろん、誰でもそんな馬鹿なと思うが、これには仕掛けがある。人間というのを英語で表現するとき、「ヒューマン・ビーイング」と言う。人間という存在、という言い方である。私はこの表現を使って、「先進国にはヒューマン・ビーイングはいない。いるのは、ヒューマン・ドゥーイングだけである」と言うと、案の定、わっと笑いが起こった。私の言いたいのは、先進国の人々は、「何かをすること(ドゥーイング)」に忙しすぎて、ただ、「そこにあること」というのができない、ということである。

したがって、心を病んでくる人に対して、何をするべきかと考えたり、私が何をしてあげるかというのではなく、私がただそこにある、ということが非常に大切になってくるのだ。箱庭を置いてもらって、「どんな指導をするのですか」とか、「これで心のなかのことがわかって、解釈や説明をされるのですか」などと言われる。しかし、そんなことはしない方がいい。ただ何もせずに治療者はそこに「存在(ビーイング)」しておればよい。と言っても、これは実に難しい。何もせずに居ると、人間の心というものはどこかよそに行ってしまう。そうならずに全身全霊をあげてそこにいる、というためには修練が必要である。それができてこそ、箱庭療法の治療者になれるのである。

もちろん、それだけでは不十分なのだが、このことは箱庭療法の絶対的基本と言えるだろう。それを人間(ヒューマン・ビーイング)にひっかけて話をしたら、すごく受けたので、こちらも乗ってしまって、つぎからつぎへとジョークが出てきて、笑いの連続の学術講演になった。聴衆の学会員たちは、一時間半があっという間に経ってしまったとか、こんな面白い学会の講演はめったにないとか言って喜んでくれた。

何もせずに、ただそこにあること（ビーイング）の大切さを盛んに強調しながら、私の方は「笑わせる」ことばかりやっていたな、と後で少し反省した次第である。

心のなかの「世界」の表現

日文研の行なっている長江文明の研究のひとつとして、雲南省における調査研究のための打ち合わせや現場の視察を兼ねて、僅か四日間であるが、川本管理部長、安田教授らと共に、雲南省の昆明に行ってきた。発掘現場や、発掘物の説明は、雲南省文化庁主任の熊さん、文物考古研究所所長の肖さんがして下さる。通訳は日本に来たこともある同済大学副教授の蔡さんである。熊さんは日本語の発音で「くまさん」とお呼びするので、何だか親しみが湧いてくる。

私は考古学にはまったく門外漢だが関心は強い。実はフロイトもユングも考古学が非常に好きであった。発掘したものから古代のことを類推するのと、無意識の世界から取り出されてきた素材から心の状態を考えるのと、どこかに相通ずるものがあるからである。

ところが、肖さんはこれから考古学においても心理学が大切だと力説される。埋蔵物から、当時の人が何を考え、何を感じて生きていたかなどと心のことを考えることに意味があると言われる。それはそうだとしても、なかなか難しいことだろうと私は思った。

ところが、後漢時代の墓の副葬品に、面白いものがあった。直径数十センチの円形のもの（土器も青銅器もある)で、半分は明らかに、田であり、半分は池のようで水鳥や魚がいて、池から田に水がひけるようになっている。いったいこれは何かと一同首をかしげていると、安田教授が「これは箱庭ですね」と言う。私が箱庭療法をしていることを知っているので、明らかに私に向かって言われた発言である。

箱庭療法は、来談された人が心理療法の経過中に作られるのだが、私はそれをその人の心のなかの「世界」の表現と思っている。そのような「世界」が表現されるからこそ、その人は箱庭を作ることによって癒されていくのである。

とすると中国の古代の人たちは、人が死んだときに、その人がその人の「世界」をあちらの世界へと持って行こうとしたのであろうか。あるいは、この円形の「箱庭」は豊穣の世界を表しており、死後の世界においても、食糧が豊かであることを祈願してのことであろうか。このような思いつきを話すと、熊さんも肖さんも大変喜ばれて、そんな考えも参考にしたいと言われる。思いがけないところで少しは役立ったようで嬉しく思った。

文物考古研究所に行くと、発掘された物がたくさん保存されている。多くの武器らしいものに混って、魚の木彫がある。これだけは武器ではなくて、何か杖の頭の飾りのようなものではないかと言われる。すると、また解釈癖がでてきて、魚は視界が三百六十度あって、人間とまったく異なるし、日本には老僧が魚に生まれ変わったという説話があったりして、あんがい、老人の知恵を象徴する杖の飾りとして使われたのではなどと言ってみる。ともかく、思いついたことをあれこれと言うと、お世辞もあろうが、熊さんと肖さんが興味深いと反応するのでうれしがっていたが、見事な漆の塗りのほどこされた副葬品が、水につけられているので、どうしてかと訊くと、こうしないとすぐ乾燥してボロボロになるとのこと。こうしていても一年くらいしかもたないだろうと言われ、急に深刻になってしまう。

安田さんによると、このような物をうまく乾燥させて保存する方法が日本で開発されたのだが、中国の文化財を海外に持ち出すのは不可能に近いほど難しいとのこと。その機械は三千万円すると聞くと、中国に持ってきてとも言えず、私も絶句してしまう。

それまでは発掘物を見て、思いつきの「心の考古学」で中国の人たちを面白がらせていたのだが、目前にある美しい塗り物がそのうち色あせるかと思うと口惜しくて、口が重くなってしまった。何とかならぬものだろうか。

苦しみの伴わない面白さは長続きしない

お菓子屋さん、八百屋さん、散髪屋さんなどと、昔は「屋」をつけて職業を示しながら、人を呼んでいた。もっとも、医者、芸者、学者などというのもあって、「者」のつくのはあやしいのが多いなどと言われたりした。この頃は、屋はあまり使われないようだが、私自身は自分の職業を考えるときに、「面白屋」というのがいいかなと思ったりしている。

講演をするとき、「河合先生は実に幅広い分野で御活躍……」などと紹介されると、まったく恥ずかしい話で、「おかげで、最近は狭き門など通れなくなりました」と切り返したりしている。それにしても、我ながら何に対しても「面白い、面白い」と思って手を出しているうちに、昔話、児童文学、王朝物語、それにシェイクスピアまで手を出してしまった。趣味のフルートでも、腕前をわきまえず手を出すというか、音を出すというか、「御活躍」をしている。

私自身は、ともかく面白くてたまらぬからしているのだが、他人にすすめようとしても、「難しい」、「面倒くさい」、「幼稚だ」などと言われて敬遠されるので驚いてしまう。昔話や児童文学はまったく幼稚なことはない。日本の古典は難しいと言われる。確かに難しいが、なんだか無理して難しく読もうとし過ぎているのではないかと思う。シェイクスピアでもそうである。滅法面白いのに何やら「深淵にして高尚なもの」のように思っている。私は駄洒落が大好きだが、シェイクスピアには負けるだろうと思うほどなのだが。

最近、小渕恵三総理の「二十一世紀日本の構想」懇談会に出席して、いろいろと有益な話を聞いて勉強させてもらっている。そのなかで、現在のハリウッド映画は、観客の興味を集中して持続させる時間を九十秒と考えて製作されていると知りショックを受けた。一分半ごとに何か新しいことが起きるようにしないと、観客はそっぽを向く。テレビの場合だと他のチャンネルに切りかえてしまう。テレビはチャンネルを他に奪われぬためには、一分半単位でドタバタを繰り返さねばならない、というのである。

これはほんとうに「面白い」のだろうか。これも面白いのかも知れないが、これだけが面白いと思って人生を生きる人は、相当に「オモロナイ病」にかかる可能性が高いと思う。結局は何を見ても聞いても「オモロナイ」と言わねばならぬことになる。

ところで、これほど面白いことがたくさんあるのだから、子どもの頃から何か面白いことを見つけておくと、それを別に専門になどしなくても、その人の人生はずいぶんと味わいが深くなるだろうし、特に老後の楽しみも大きいことだろう。と思うのだが、あんがいそれを見つける人が少ないのは、専門家と言われている人たちにも責任の一端があると思う。私が面白いと思っていることでも、専門家の手になると俄然難しくなるのである。さすがに賢い人は違うと感心もするが、何だか無理して難しくされているのではないか、と思ったりもする。古典、クラシックなどと名がつくと、ますますその傾向が強く、世に「先生」と呼ばれる人は、面白いことを面白くなくするために努力しているとさえ感じられる。

と言って、テレビなどにあるが、古典やクラシックの「面白さ」を世に知らせるため、と称して、本質と無関係なエピソードやドタバタをやたらに提供するのがある。これはだめである。ほんとうに面白いのは、どんな初心者に対しても、本質をピタリと伝えることによって生じる。

こんなわけで、私はいろいろな分野で「面白屋」をやらしていただいている。「おかげで××を読むようになった」とか「聴くようになった」とか言われると嬉しい。もっとも、面白いことには苦労もつきもので、苦しみの伴わない面白さは長続きしないことを最後につけ加えておく。

言、文、生の混然一体

第二回桑原武夫学芸賞の授賞式が東京会館で行われ、選考委員の一人として出席した。桑原先生の業績を後世に留める意味をこめて、潮出版社が創設したものである。授賞式もいろいろ印象的なことがあったが、今回はそのときおみやげにもらった、桑原武夫『文章作法』(潮出版社、一九九九年)について書く。

実を言うと、この式の後、ホテルに帰ってきて、これを読み出すととまらなくて、十二時すぎても結局終わりまで読まされてしまった。こうなると、これを種にして原稿を、ということになって、「うまくやりましたな」と桑原先生に冷やかされそうだ、と思いつつペンを持っている次第である。

桑原先生は確かに文章がうまかった。岩波書店の『文学入門』(岩波新書、一九五〇年)を学生時代に読んだときの感慨は忘れられない。当時は大学生は哲学書を読んでいないと肩身が狭い思いをしたものだ。私も挑戦したが、どんな哲学書も難しくて読めない。よほど自分は頭が悪いのではと悲観していたとき、桑原先生の本は、すいすいと読めてよくわかるのだ。文章は平易だが、考えさせられることは多い。考えながら読んでいるうちに知的興奮を感じてくる。一見、普通の文章と思えるのに、それは決して「普通」ではないのだ。

ところで、この『文章作法』は、桑原先生の文章の書き方の秘密を相当に明かしてくれる。それに、第一章のタイトルが、「人さまに迷惑をかけない文章の書き方」というのだから、先生の面目躍如としている。文書の書き方についての書物はたくさんあるが、まずはじめに「人さまに迷惑をかけない」について書いた人はあるだろうか。

桑原先生の生涯を見て、「好きなことをやり抜いた人」という見方ができるだろうが、あれだけ好きなことをしつつ、「人さまに迷惑をかけない」配慮のある人も珍しいのではなかろうか。「私は文章を書くとき、できるだけサラッと書きたいと思っています」。まさにそのとおりで、サラッと書けるところに、変に美辞麗句をつけたり、まわりくどくひねったりするのは、「人さまに迷惑をかける」ことになるわけである。

この本の面白いところは、実例をもとにして説かれている点にある。先生の言われることは「当たり前」と言いたくなるようなことなのだが、いざ、文章を書くとなると、その「当たり前」のことがいかにむずかしいかが、例を通じてよくわかるのである。

「たとえば宮崎滔天はえらいひとでっせ、読まんやつらはあほうでっせ、買うてください、ではだれも買いません」などというところでは、思わず噴き出してしまった。桑原先生の声がそのまま聞こえてくるし、表情まで見えてくる。

いろいろと楽しませていただいたが、最後に、多田道太郎さんの「解説」を読んで、これにもまた心を動かされる。そのなかに、標題にかかげた「言、文、生が混然一体となっている」というのがあった。これに続いて、「それぞれにけじめをつけつつ、ま、ふつうありえないことですね」と述べられている。この短い文に、桑原先生の文章の特徴のみならず、その生き方までが的確に表現されている。

桑原先生は話が好きだった。私は晩年の桑原先生の「お話」を何度も聞く幸運に恵まれた。それは人を惹きつけてやまぬものがあった。それが文章に示され、「語ることがそのまま書くことになっており、書くことが人間の生き方の手本になっている」と多田さんは言う。「言、文、生の混然一体」が生じてくる桑原先生の姿をほうふつとさせる。私も真似をしたいなと思っていると、「他人の文章をまねない」という見出しが目に映る。すべてお見通しで恐ろしいが、まあ少しぐらいは真似るのもよかろう、と自ら慰めている。

「落とされた」と「落ちた」

文部省の主催する「洋上研修」に今年も参加してきた。これは新任の小、中、高校の教師で全国から選ばれた人を対象として、豪華船に乗って寝食を共にしつつ研修をするもので、今年は六団に分かれている。そのうちのひとつに講師として参加したのだが、一流の歌手によるコンサートもあるし、実に素晴らしいものである。

今回、講師として御一緒になったのは、元広島カープの選手の衣笠祥雄さんである。「鉄人」として京都の人ならどなたでも御存知であろう。私はスポーツは大好きなので、講演を聞かせていただいたが、自分の体験を踏まえての話で、実に迫力あるものだった。いろいろ教えられるところが多かったが、そのなかでひとつ特に印象的だったのは、選手になって三年目、期待に反して二軍選手として登録されたときのことである。

もちろん残念に思ったが、そのときに衣笠さんが気づいたのは、一軍から二軍に「落とされた」と思っている人と、「落ちた」と思っている人がある、ということであった。「落とされた人」は、必ず弁解があるし、時には恨みもある。自分は一軍にいるべきなのに、というのであれこれ言い立てながら、一軍に「あげてもらう」のを待つ。どこかで他を頼むことになる。

これに対して、「落ちた」と思っている人は、二軍に落ちている間になすべきことを、自分でよく知っている。「投球フォームがバラバラになったので立て直す」という選手もいるし、打者は打者で自分にとっての課題をよく知っていて、それに取り組んでいる。なぜ落ちたかと考えることは、何をなすべきかという課題を見つけることになるし、努力の目標がある。

衣笠さんは多くのことを話されたが、ひとつの大きいポイントは、「目標」を持って努力することがいかに大切か、ということであった。目標なしにただ頑張ろうでは、努力のカラまわりになる。

このことを聞きながら、私は日本の国のことを考えていた。「経済大国」とか、GNPがどうのこうのと言って、世界の一流などと言っていたが、今は「二軍落ち」の状況ではないだろうか。ここで、日本人が二軍に「落とされた」と考えるのか、「落ちた」と考えるのかが大切だと思われる。

二軍に「落とされた」と思っている人は、どうしても嘆きや恨みが多くなるのではなかろうか。ああすればよかったとか、あいつが悪いからだ、などと過去のことをあげつらうばかりになる。あるいは、急に「バブルよもう一度」などと実現性のない甘いことを考えたりする。ここで、日本人は「落ちた」ことをよく自覚し、自分のなすべき課題を見つけて、それと取り組んでいかねばならない。それは継続する努力を必要とし、すぐに効果の現れることではない。

二軍に落ちた衣笠選手は、自分の打球の「飛距離を伸ばす」という課題と取り組み、一年間の努力の結果、一軍にあがり、後は栄光への道を歩んで行く。一朝一夕のことで道が開かれるはずがない。

とすると、二軍落ちの日本人の今なすべき課題は何なのだろうか。私は「個性を尊重する」「個人の能力を最大限に伸ばす」ことだと思っている。これまで、日本人は全体として力を発揮することに成功してきた。しかし、このような在り方は、個人、特に傑出した能力を持った人をおさえる形でなされる傾向が強かった。個人主義と利己主義の区別がつかなかったのだ。この点を自覚して、初等教育の段階から、子どもひとりひとりの個性を伸ばす努力を重ねていくと、遠まわりのようだが、日本はしっかりとした足腰を持って一軍で活躍できることになろう。実は私は「個性を育む教育」について講義したので、衣笠さんの講義にうまく呼応していると思った。

京都らしい発想で『創造の世界』

京都から三十年にわたって発信を続けた、雑誌『創造の世界』(小学館)が終刊を迎えることになった。次の一一二号で終わりとなるので、最後の締めくくりとして、編集者である、梅原猛、山折哲雄、河合雅雄、それに筆者を加えて、四人で座談会をした。世紀の変わり目でもあるし、二十世紀をふり返りつつ、次の世紀を展望するような話題であった。

座談会が終わってから思い出話になったが、やはり、この雑誌をはじめられた湯川秀樹先生に関することが多かった。湯川先生の晩年は、「創造性」ということに強い関心を持ち続けておられた。したがって、『創造の世界』も湯川先生の発案ではじまったのだが、三十年も続いたのだから大したものだと思う。最初の出発のときは、湯川先生と市川亀久彌、園原太郎の両先生が編集者だった。市川先生が工学、園原先生は心理学が専門なのだから、この取り合わせもユニークである。その後に、哲学の梅原猛、社会学の作田啓一の両氏が加わることになった。湯川先生は実に博学多識で、文科系の学問の必要性をよく認識しておられたので、この二人を編集者に加えることを思いつかれたと思う。

この五人の編集者が面白そうに思う人——つまり、創造性にかかわる人——を、領域や年齢や職業などに一切お構いなく招待して、話を聞き、後は自由討論をする、といういかにも京都らしいスタイルを確立し、雑誌を発行していった。

私が忘れもしないのは、一九七四年に招待され、「夢」について話をするようにと言われたことである。私は自分の専門分野で、それも相当慎重に、夢について発表をしていたが、一般には今と違って、夢のことに関心を持つ人などほとんどなかったときである。私はうれしくもあったが、不安の方がよほど強かった。そもそも、湯川先生のような「科学者」が、夢のことなど、ナンセンスと言われないだろうかと思ったのである。

それでも思いきって話をすると、案に相違して、五人の方がすべて興味を示され、湯川先生は自分の夢まで話されて、私は大変うれしかった。そして、これだったら夢について一般の人に話をしても通じるのではないか、というような自信をもつこともできた。このとき、驚くべきことに、湯川先生は明恵の『夢記』を読んでおられ、それを研究するようにと私にすすめられ、梅原さんもぜひに、と強く言われた。これが十年以上もたってから成就することになるが、これは他にも書いているので省略する。

それ以後、年月のたつうちに創始者のうちの二人の先生方が亡くなられたが、編集者を変えつつ今まで続けてくることができた。三十年とは、それにしてもよく続いたものと思う。編集しているわれわれは、いろいろとユニークな人を招いて興味深い話を聞くことができて、新しい発想の種となるし、創造的な人たちとの交友もひろがるし、実に楽しく有益な体験をさせていただいた。ただ残念ながら、このような雑誌はどう考えても商業ベースに乗るはずがなく、そんな点でここまで発行を続けられた小学館と、編集者の前芝茂人、森岡美恵子の両氏には、心から感謝している。

ところで、座談会の方はまさに談論風発で止まるところを知らないありさま。四人とも専門が異なるので、切り口は異なるが不思議に話は重なりを見せて、大いに面白かった。内容はぜひ、『創造の世界』最終号でお楽しみいただきたい。

それにしても、これが最終回とはとうてい思えず、われわれの調子はあがって、編集者が「まるで初回のよう」というほどであった。これは老いたりといえども、四人ともまだ創造の仕事に携わっている感じがあり、『創造の世界』は終わっても、京都の創造の仕事は、これからだという強い思いがあったからだと思う。

グローバル・リテラシィ

聞きなれない横文字の標題をかかげて申し訳ないが、しばらく辛抱してお読みいただきたい。難しい言葉や、横文字の言葉を使うのは、私は好きではないのだが、この言葉にショックを受けたので、どうしてもそれをお伝えしたいと思い、あえて標題に掲げたのである。

小渕総理による「二十一世紀日本の構想」懇談会の座長を務めているが、そのまとめに際して、諸外国の要人たちの意見を聞こうということになり、その最初に、今月のはじめにシンガポールに、懇談会の主なメンバーと共に行ってきた。シンガポールの首相をはじめ、東南アジアの国々の方にもお会いして、大いに得るところがあったが、そのなかでの、ひとつの印象的なことについてお話ししたい。

シンガポールの次期のリーダーとして期待されている、テオ教育相と話し合いをしたときである。将来の教育、人間関係などについて話し合っていて、これからはいかに国際化をすすめることが重要であるかという話となったとき、テオ教育相が「国民全体のグローバル・リテラシィを高めることが、二十一世紀においてはぜひ必要である」と述べた。グローバルはこのごろはやりの「地球的」つまり「世界的」という意味だし、「リテラシィ」は文字や言葉をよく知っている程度という意味で、識字率と訳されたりしている。これは文字どおり訳すると「世界語の識字率」ということにもなろうが、具体的に言うと「英語」がどれだけできるかを意味している。

なんだそれ、と言いたくなる人もあろうが、シンガポールに来て、いろいろ具体的なことを知ると、インターネットの急激な発展と、世界中に通じる言葉として、その際に英語が用いられている実情がわかってきて、何と言っても、英語を操ることができなかったら、国際的に通用しないことが実感されるし、テオ教育相の言う「グローバル・リテラシィ」という用語が実感として感じられる。

この点でシンガポールは日本よりはるかに優位にある。情報化のアジアにおける中心はシンガポールということになって、東京の影が薄れ、日本は経済的にも後れをとってゆくことにならないだろうか。

実を言うと、私自身は英語が非常に不得意で、何とか英語を話す機会を少なくしようとしているところがある。正直言って英語は好きでないし、関西弁で喋っている方がよほど気楽である。しかし、そんなことは言っておられないのではなかろうか。

日本は明治の開国以来、西洋の文明を取り入れる際に、それを日本語化することに成功し、大学でも日本語で教えることを可能にしたので、西洋の知識が急激に日本に広がり、吸収されることになった。これは、アジアの他の国々が、西洋の知識の吸収をもっぱら外国語に頼り、大学においても自国語で講義をすることが少なかったのと好対照を示している。

この事実は、アジアの国々のなかで、日本のみがいわゆる先進国の仲間入りに成功したことのひとつの要因になっている。しかし、「二十一世紀日本の構想」懇談会において、これまでの日本の発展を支えてきた、システムや考え方が、二十一世紀を考える上においては、逆にマイナスにはたらくと感じることが多く、この英語問題もそのひとつであると思われる。

したがって、英語を学ぶことがグローバル・リテラシィを高める、という意識をもって、日本人の英語能力の強化について相当根本的に考え直す必要があると思う。もっとも、テオ教育相も何もかも英語でなどとは言っておらず、シンガポールでも国民は自分の母国語を学ぶことが必要と考えている。日本で日本語をしっかり学ぶことは、もちろん重要だが、英語の重みについてもっと自覚すべきである。私も七十歳を過ぎて、もう一度、英語を学ぼうかと思っている。

編集者におだてられ旧悪の暴露

時に自分の出版した書物の目録を見せられることがある。あまりにもたくさんで「世間を騒がせて申し訳ない」という気持ちになる。

これはひとつには次のような理由にもよっている。出版社の編集者というのは恐ろしい人で、私も忘れてしまっているような、あちこちに書いた雑文や講演記録などを拾い集めてきて、なんだか上手にまとまりをつけ、書物のかたちにして、出版しませんかと持ちかけて来られる。こんなのあったのかなあ、と思うようなものもあるが、何と言っても自分の署名が入っているので承服するより仕方がない。

特に困るのは講演記録というものである。他にも書いたことがあるが、講演はそのときの聴衆に対して語りかけているので、その場の雰囲気にも影響されて、われながら馬鹿げていると思うようなことを言ったり、舌足らずだったりする。そこで最近は講演記録を残すところはお断り、ということにしているが、浮き世の義理に流されて、記録を承服することもある。ところが、編集者は不思議な嗅覚をはたらかせて、それを集めてくる。自分の馬鹿さ加減を思い知らされる気持ちがして、「旧悪の暴露」などという言葉が脳裏をかすめるのである。

この言葉は子ども時代に愛読した『モンテ・クリスト伯』のどこかにあった言葉である。子ども時代にモンテ・クリストがあまりにも好きになり、何かにつけて口走るので、兄弟たちに「モンクリ党」などと冷やかされたりしていた。そのときに、この言葉を非常に難しいと思ったので、いまだによく覚えている。

主人公エドモン・ダンテスは無実の罪でイフの城に閉じこめられるが、脱獄後モンテ・クリスト伯爵になり、彼を陥れた人間の旧悪をつぎつぎと暴き出して復讐する。そこで、「旧悪の暴露」などという難しい見出しが出来るのだが、図らずもモンクリ党が再燃して、編集者によって、つぎつぎと私の旧悪が探し出されてくるような気になったのである。

編集者につぎつぎ旧悪を暴露されて本ができる。出版すると幸か不幸か売れるので、またもや編集者は私の旧悪の収集に励むということになって、申し訳ないことに自分でも呆れるほどの書物を出版することになった。何とかして、この悪循環(?)を絶たねばならないが、答えは簡単で、そんな書物は出版しませんと私がお断りすればすむことだ。

ところが、読者の方々が待っておられるなどとおだてられると、つい嬉しくなって同意してしまったり、編集者の迫力に押されると、日本的気弱さのため「ノー」と言えなくなったりして、旧悪暴露本を重ねている。そのうちまた一冊ができそうで困ったことである。

このような類ではなく、自分の発想を大切にしながら、一冊の書物を書き下ろすのは、まったく違った感じになる。ある程度の案ができてても、それと関連する文献に目を通さねばならない。いろいろ読んでいると、最初の案を変える必要も出てくる。これは時間がかかるが苦しくかつ楽しい作業である。ただ、私は読書の時間があまりないので、本を書こうと思ってから出版までに数年を経ることになり、このときは編集者をやきもきさせることになる。

現在も一冊進行中である。五年程前にプリンストン大学に滞在中、『源氏物語』を読んで、自分なりに持った発想を中核として、書物を書いている。それでも時間がなくてなかなか進まないが、旧悪暴露ではないのでいいと思っている。

ところが、考えてみると、この本のなかでは、作者の紫式部の心中を忖度して好きなことを書いているので、紫式部がこれを読むと、こんなに勝手に旧悪の暴露をするのは困るなどと思うのではなかろうか。

自分の場を確保する

日本工業大学の依頼を受けて、「感性と教育」というシンポジウムに参加した。去る十一月二十九日に東京国際フォーラムで行われ、千五百人の聴衆が集まった。二年前にも「感性と工学」というシンポジウムに招かれ、工学の人たちが感性に関心を持つのは興味深いと思って参加したのだったが、その続きとして、今回は「感性と教育」というテーマで行われ、また多くの人たちの関心をひくことができた。

私は「感性と二十一世紀日本の教育」という基調講演をしたが、私として非常に嬉しかったのは、その後で「感性と教育はどうあるべきか」という題で、高名な工学研究者で前東北大学総長の西澤潤一先生と、劇作家で演出家の如月小春さんと鼎談ができたことである。感性ということを思いきって広い立場から考えてみようとして、まったく専門の異なる三人の組み合わせを試みた。これからの日本の教育を考え、感性について論じるのなら、これくらいの広さが必要と思ったのである。

この試みは見事に成功して、鼎談をしているわれわれも興に乗ってどんどん話が展開した。日本の教育はこれまで「追いつき追い越せ」に熱心なあまり、他から与えられる正しい知識を、できるだけ多く早く吸収するのが一番と考えられてきた。しかし、これからは他から与えられることよりも、自分自身の個性を伸ばしていくことが大切で、そのためには、自分の感性を磨くことが必要になる。

こんな話をしているうちに話に釣り込まれすぎて、司会兼任で話をしていた私が終了時間を忘れてしまって、時間を延長してしまうという、めったにない失敗をするほどであった。

このとき面白い話がたくさんでてきたが、そのなかで特に印象に残ったことをお伝えしよう。それは、如月小春さんがいかにして感性を磨くかという話題になったとき、ご自分のしておられる演劇のワークショップの話をされた。これは何も役者を育成するなどというのではなく、それを通じて自分の感性を磨くためと言ってよく、中学や高校などの一般の生徒に対して行われるとのこと。

あるとき、予備校から依頼を受け、珍しいことと思っていくと、予備校生たちが教室のなかで硬い表情をして待ち受けていた。そこで、「あなたたち、それぞれ自分に一番ぴったりの場所を選んで、もっとも自分らしい感じの姿勢になって下さい」と如月さんが言うと、生徒たちが動きはじめた。

見ていると、カーテンにしがみつく子、机の下へもぐる子、教卓の上であぐらをかく子、実にさまざまだが、まず感じとられるのは、すべての子の表情が生き生きとしてくることである。そのようにそれぞれが自分の「場」を確保した後に、いろいろ発表をしてもらうと、各人の個性がよく出てきて、まさにその生徒の感性が輝き出すのが感じられる、というのである。

こんなのを聞くと、現代人というのは自由を好むといいながら、一般的にはいかに画一的な生き方をして、自分の感性など棄ててしまって、他から与えられるものに易々として従っているかと痛感させられる。

自分の好きな場、好きな姿勢、それを思いきって取るだけで、その人の感じるもの、表現するものが個性的になり、その人の感性ということを感じさせる。このことは、日本の教育の現場で、時に思いきって試みてみるべきことではないだろうか。

あるいは、パーティーなどでも思いきってやってみたらどうであろう。議会でやるとどうなるだろう、などと想像してみるだけで楽しくなる。ところで、私もこの紙面に「平成おとぎ話」という場を設けていただき、相当に好き勝手を言わせていただいたが、四年も経ったのでこのあたりで終わることになった。長らくのご愛読に感謝申しあげる。

解説——村上龍『イン　ザ・ミソスープ』

『イン　ザ・ミソスープ』は、二十歳になったばかりの日本の青年、ケンジが、アメリカの正体不明の中年男性、フランクと年末の十二月二十九日から大晦日までの三日間を東京で行動を共にした間の出来事について記している。人間は時に極めて短期間に、自分の、あるいは自分の属する文化や社会のもつ重要な課題を凝集したような体験をさせられることがある。ケンジがフランクと共にした三日間の体験は、まさにそのようなものであった。ケンジとフランクの最初の接触の場面は、この作品の冒頭に次のように述べられている。

「おれの名前はケンジ。わたしの名前はケンジと申します。ぼくはケンジ。あたしケンジっていうのよ。日本語にはいろいろな言い方はあるがそれは何のためなんだろうな、と思いながら、おれはそのアメリカ人に、マイネーム　イズ　ケンジ　と言った。おお、君がケンジか、とそのアメリカ人は大げさな身ぶりで喜んで見せた。」

この文を英語に訳すとどうなるのか。おれ、わたし、ぼく、あたしはすべて「アイ」になってしまうのだろうか。状況によって一人称がいろいろに変化する文化と、「アイ」というのは常に「アイ」という文化と。日本人がアメリカ人に会って、お互いがほんとうに理解し合うのがどれほど困難であるかを、この事実が示している。

と言っても、ケンジとフランクの間にはすぐに「商談」(?)が成立し、契約に基づいてケンジはフランクのために、歌舞伎町で彼が三日すごす間のアテンドをすることになる。この程度の話し合いや契約などをしている限り、文化差とか理解の深さなどと余計なことを言う必要はない。二人の間に了解は成立するのだ。ケンジもフランクを案内するのに、それほどの困難も感じない。しかし、そのうちにケンジは少しずつ不安になっていく。それは文化差などということではなく、フランクという人間個人のもつ何とも言えぬ不気味さに由来している。フランクは少しのことで顔色を変え「目から人間的な表情が消えた」りする。それに彼のもっている一万円札には「血が乾いた痕のよう」な黒い汚れがついている。「その顔と、全体の姿が、異様に寂しげ」に見えるときもある。ケンジにはその日に新聞で見た「手足と首を切断されて殺され歌舞伎町のゴミ収集場に捨てられていた女子高校生」の殺人事件の犯人がフランクではないかと思えてくるのだ。

何の証拠もないのに、フランクが殺人犯だという確信は強くなるばかりだが、ケンジはだからと言って彼との契約を破ることはできない。結局は、恋人のジュンと携帯電話でできるだけ連絡をとる、ということを支えに、二日目もケンジはフランクと行動を共にする。

ケンジはジュンを頼りにしている。この二人の若者の共通点は小さいときに両親の離婚を経験していることだ。「不安や悩みや恐れを抱えていて誰かにそばにいて欲しいが絶対に話しかけられたくはない、そういったことを数え切れないほど経験してきた」二人である。そして、ケンジは「おれやジュンのようなタイプの人間がこれからこの国の主流になっていく」と思っている。

ケンジの予感は当っていた。二日目になって、フランクはその不気味さをモロに発揮してくる。はじめは彼の左手首に残るおびただしい「自殺の痕」がケンジの目に入り驚かせるし、次は催眠術をやらかしてみせたりする。しかし、最後のはまったく予想を越える恐ろしさであった。

フランクはつぎつぎと凄絶な殺人をやり抜いていく。と言っても、彼はその途中で何度もあくびをしながら殺人をするのだ。それがどんなに冷酷なものであるかは、本文を読んでいただきたい。それを見ているケンジも体がこわばって動けなくなってしまう。ケンジは自分も殺されると覚悟しただろう。しかし、フランクはケンジを殺さずに殺人現場から共に出てくる。そして、それまで出まかせの嘘ばっかり言っていたフランクが、ケンジにはほんとうのことを語りはじめる。自分の犯した殺人について、「このぼくのからだの中にいる自分が、一人ではなく何人もいて、それが決して一つに結びつくことがないんだ、(中略)さっきの店の中でぼくがやったことは、今こうやって喋っているぼくには理解できないことなんだ、違う人間になっていると言ったらあまりにも図々しいかもしれないが、実際はぼくとそっくりの双子の弟がやったような気がしてるんだ」と言う。

フランクがその後に語る彼の生い立ちも、想像を絶するものがある。彼は子どものときに白鳥の首を切って血を吸ったのをきっかけに、無差別殺人を繰り返してきているのだ。このようなフランクに対して、ケンジが「おれはフランクのことは好きではない。フランクが逮捕されたり死んだりしても、たぶん悲しくなんかない」と言うのも当然だ。

しかし、フランクに殺された連中は、いったいどのような人間なのだろう。男も女もただ何となく寂しく、それをまぎらわすために歌舞伎町などに来ているのだ。「みんな誰かに命令されて、ある種類の人間を演じているだけのようだった。おれはあの連中と接しながら、こいつらのからだには血や肉ではなくて、ぬいぐるみのようにおがくずとかビニールの切れ端がつまっているのではないかと思って、ずっと苛立っていた」。フランクは苛立つより先に、そのような「ぬいぐるみ」を切り裂いたのではなかったか。

後の方で、フランクがホームレスを厳しく批判するところがある。「貧しい国には、難民はいるが、ホームレスはいない、実はホームレスはもっとも楽に生きている、社会生活を拒否するのだったらどこか他の場所に行くべきだ、何らかのリスクを負うべきだ。少なくともぼくはそうしてきた、彼らは罪さえ犯せない、退化している、ぼくは、ああいう退化している人間達を殺してきたんだ」と彼は言う。

だからと言って、殺人を肯定する気はさらさらないが、フランクの言うところにも一理あるのではないか。などというより、そもそも、フランクのような強力な破壊力が日本の社会に侵入してきたとき、いったい誰がそれに抵抗できるのだろう。と心配になってくる。フランクのような目から見ると、日本人の大半はおがくずのつまったぬいぐるみであったり、「リスクを負う」のを避けて、全員でぬるま湯につかったりしているように見えるのではなかろうか。

日本人はぬるま湯につかっている、と言っても、以前のように全体としての一体感のようなものがある場合、そのよし悪しはともかく、それはそれでひとつの守りになっていた。ところが、フランクに殺された連中は、同じ場所には居たが、ひとりひとりはバラバラだったのではなかろうか。それぞれがまったく勝手に寂しさをまぎらわそうとしていた。かと言って、それぞれが個人としての強い意志をもっていたのではない。彼らは殺しに来るフランクに対しても、へらへらとしていた。フランクがケンジを殺さなかった理由について、ケンジはケンジなりに考えている。これに対して、私はあの「お見合パブ」に居たなかで、ケンジだけがはっきりと自分の意志をフランクに対して表明したからではないか、と考えている。

「イヤだ」

舌に嘔吐物のかすを載せたままおれはフランクに、ノー、と言った。Nという文字とOという文字が画像としてはっきりと見えた。(中略)この外人に意志を伝えなくてはならない、と思った。何か言うのと、伝えるというのは違うのだと初めてわかった。」

個々バラバラでありながら、一緒にぬるま湯につかっている。フランクはそんなものたちには怒りを向け、切り棄てるのだ。フランクのようなアメリカ人に対抗するためには、われわれは、自分の「意志を伝える」強さと、表現力をもたねばならない。さもなければ、苦もなく切り棄てられるだけである。

したがって、すべての日本人はぬるま湯から出るべきである、と単純に大声で言うわけにはいかない。「ぬるま湯」を濁らせたような「ミソスープ」の方は、どうなのだろう。日本人は全員ぬるま湯につかっている、というよりは味噌汁《ミソスープ》づけになっている、という方が実状に合っているようにも思う。

ところが、フランクはミソスープについて、次のように言っている。ケンジと別れるときに、一つやり残したことがある、「一緒にミソスープを飲みたかったんだが」と言っている。そして、「もう飲む必要はない、ぼくは今ミソスープのど真ん中にいる、(中略)巨大なミソスープの中に、今ぼくは混じっている、だから、満足だ」と、ケンジと握手し、別れていくのだ。

しかも、彼は除夜の鐘の音によって、自分の中のイヤな部分がきれいに消されることを期待しているのだ。あれほど強力に日本的なものを切り裂いた彼が、ミソスープのど真ん中において、まさに日本的な除夜の鐘によって癒されることを期待しているのだ。

だから、やはり日本の文化は素晴らしいなどと言いたくはない。それよりもまず、個々バラバラのつながりのない日本人が、ぬるま湯につかって、自分の意志を伝える力ももたないとき、フランクのような強力な存在が侵入してきたら、ひとたまりもなく殺されるだけだという事実をフランクに認めることだと思う。その自覚が必要だ。それにミソスープは野菜の切れ端やら何やら、いろんなものを放り込んでも、けっこうおいしいのだが、フランクがケンジに最後に残していった「白鳥の羽」はいただけない。フランクのもたらすものは、簡単には日本文化に溶け込まないようだ。課題はまだまだ残されている。

初出一覧

序説　日本人の生き方　書き下ろし。

Ⅰ

「日本人」という病を背負う私　『「日本人」という病』一九九九年一月、潮出版社刊。

震災後の復興体験　『「日本人」という病』一九九九年一月、潮出版社刊。

Ⅱ

おはなし　おはなし　『朝日新聞』日曜家庭欄、一九九二年十一月—一九九三年十月、に連載。『おはなし　おはなし』一九九四年三月、朝日新聞社刊、に所収。

Ⅲ

平成おとぎ話　『京都新聞』一九九五年八月—一九九九年十二月、に連載。『平成おとぎ話』二〇〇〇年六月、潮出版社刊、に所収。

解説　村上龍『イン　ザ・ミソスープ』　村上龍『イン　ザ・ミソスープ』一九九八年八月、幻冬舎文庫。

■岩波オンデマンドブックス■

河合隼雄著作集 第II期 10
「日本人」という病

2002年11月8日 第1刷発行
2015年12月10日 オンデマンド版発行

著　者　河合隼雄《かわいはやお》

発行者　岡本　厚

発行所　株式会社 岩波書店
〒101-8002 東京都千代田区一ツ橋2-5-5
電話案内 03-5210-4000
http://www.iwanami.co.jp/

印刷／製本・法令印刷

ISBN 978-4-00-730342-5　　Printed in Japan